KB068714

비트전: 사이버전의 혁신

BITSKRIEG

THE NEW CHALLENGE
OF CYBERWARFARE

윤상필 · 김법연 · 권헌영 공역

박영사

피터 데닝과 도로시 데닝에게 감사를 표하며

너무 많은 정보 탓에 현대 시대는 잘못된 우월감을 가지고 있다.
직접 형성하고 활용할 수 있는 정보만이 진정한 의미를 갖는다.

요한 울프강 폰 괴테(1810)

지식은 곧 역량이다.

카를 폰 클라우제비츠(1830)

사이버 공격은 우리를 완전히 망가뜨릴 수 있다.

마이크 멀린 장군(2011)

세상의 회사는 해킹을 당했거나 해킹을 당할 회사로 구분된다.

로버트 뮬러(2012)

목차 ─────────────────────

감사의 글

지난 40년간 정보사회와 안보 연구에 헌신해 오신 최고의 전문가분들과 함께한 덕에 많은 배움을 얻을 수 있었습니다. 제가 랜드연구소(RAND corporation)에 재직할 당시 윌리스 웨어(Willis Ware)는 모든 연결의 이면에 반드시 취약점이 존재한다는 사실을 일깨워주었습니다. 톰 로나(Tom Rona)는 사이버전이 훗날 전장에 엄청난 영향을 미칠 것이라는 점을 일찍이 이해하고 있었습니다. 전직 미 해군 대위 리차드 오닐(Richard O'Neill)도 이 점을 인식하고 저와 동료 연구자인 데이비드 론펠트(David Ronfeldt)의 연구를 지원하도록 국방부의 고위 관료들을 설득해 주었습니다. 딕(Dick)은 하이랜드 포럼(Highlands Forum) 설립을 지원했습니다. 덕분에 사이버 문제에 대한 사회 인식을 제고할 수 있었습니다. 테크 저널리스트 존 마코프(John Markoff)와 미래학자 폴 사포(Paul Saffo), 세계 최고의 해커인 "M"과 "MHN"은 제 생각의 저변을 넓혀주었습니다. 이 책의 헌정 대상인 피터 데닝(Peter Denning)과 도로시 데닝(Dorothy Denning)은 제가 미 해군대학원(Naval Postgraduate School)에 재직할 당시 혜안을 나눠주고 생각을 다듬는 데 도움을 주었습니다. 라이언 매네스(Ryan Maness)에게도 같은 의미로 감사의 뜻을 전합니다. 존경하는 리언 패네타(Leon Panetta)와 그의 아내 실비아(Sylvia)는 직접 연구소를 운영하며 사이버 관련 연구에 제가 참여할 수 있도록 많은 배려를 해 주었습니다. 마지막으로 Polity 출판사의 루이스 나이트(Louise Knight)는 긍정적이고 현명하며 결단력까지 갖춘 완벽한 편집자임을 밝힙니다.

추천사

통신과 정보는 승전의 핵심 요소다. 안전하게 통신하고 적의 동태를 정확하게 파악함으로써 부대의 안전과 지휘체계의 신뢰를 확보할 수 있기 때문이다. 그런데 통신의 거리가 멀어지면서 새로운 문제가 드러났다. 송수신하는 정보에 적이 더 쉽게 접근할 수 있게 된 것이다. 제2차 세계대전 당시 연합군이 독일과 일본의 암호를 성공적으로 해독해 결정적인 우위를 차지할 수 있었던 울트라 작전(the Ultra)과 매직 작전(the Magic)이 대표적인 사례다.

오늘날 우리는 국가 전반의 모든 물질과 규범, 지식을 총동원해야만 하는 더욱 위험한 시대에 들어섰다. 컴퓨터를 활용하는 극소수의 사람들이 선진 군대와 민간인들에게 파괴적인 손실을 입힐 수 있게 되었기 때문이다. 일부 사이버전 전문가들은 사이버 전쟁에 최후의 승리는 없다고 주장한다. 패배하지만 않으면 승리라는 것이다.

그간 전쟁사를 돌아보면 새로운 무기가 개발된 초기에는 종종 가장 위험한 상황이 벌어지곤 했다. 신기술의 소유자들은 처음에는 우위를 차지했다. 하지만 기술은 금방 확산됐고 그런 순간은 그리 오래가지 않았다. 기술을 먼저 사용하지 않으면 신기술의 이점을 누리지 못하는 것과 같았다. 기술이 미칠 수 있는 영향과 그 결과에 대한 이해도 부족했다. 결국 유례없는 파괴가 이어졌다.

존 아퀼라(John Arquilla)의 *비트전: 사이버전의 혁신(Bitskrieg: The New Challenge of Cyberwarfare)*은 중요한 역사적 사실들을 풍부하게 다룸으로써 일반 독자와 사이버 전문가 모두에게 의미있는 분석을 명쾌하게 제공한다. 아퀼라는 사이버 전쟁이 대규모 부대에서 더욱 작고 민첩하며 고도로 연결된 부대로, 대규모 전투에서 유연한 집단 전술로, 그리고 양측 군대의 구성, 배치 및 의도에 대해 적보다 많이 알아야 한다는 더욱 큰 전략적 목표를 두는 형태로 변화할 것이라고 주장한다. 최근의 사이버 전쟁은 군대의 규모나 전투력, 자원과 상관없이 얼마든지 무력을 행사할 수 있는 적을 상대로 한다. 독자들은 그러한 사이버 전쟁의 최신 양상들을 접할 수 있을 것이다.

아퀼라는 미국이 핵무기뿐만 아니라 항공모함과 이에 탑재된 전투기에 관하여 확실한 군사적 우위를 차지하고 있다고 본다. 그러나 인터넷을 통해 정보에 접근할 수 있게 되면서 상황이 바뀌었다. 군집 전술을 구사하는 이란이나 사이버전을 활용하는 북한이 미국의 거대한 군사력을 무력화할 수 있게 된 것이다. 심지어 사이버 영역에서는 소수의 비국가행위자들도 강대국에 얼마든지 도전할 수 있다.

이러한 과제들은 내가 중앙정보국(CIA) 국장 및 국방부 장관을 역임하던 2009년부터 2013년에 걸쳐 본격적으로 떠올랐다. 이 사이버 시대의 7년이 이전 시대 1세기의 변화와 같다는 점을 고려하면 이제는 아퀼라가 내 뒤를 이어가고 있다고 봐도 과언이 아닐 것이다. 그는 사이버전의 최근 양상을 짚어보면서 안전한 연결성과 정보, 미군 조직의 설계 및 그 구성의 대전환, 그리고 사이버 군축 협정의 필요성을 주장한다.

아퀼라는 이 연구에서 암호화 및 클라우드 컴퓨팅의 활용을 통한 연결성과 보안을 강조한다. 군사 및 안보 분야에서는 상호 연결된 소규모 팀들을 활용해 더 큰 적을 성공적으로 공략할 수 있는 군집 전술의 중요성을 역설한다. 아울러 정보의 흐름과 조직의 형태를 비효율적인 계층적 구조에서 네트워크 중심 구조로 전환해야 한다고 설명한다. 산업 시대에나 적합한 형태의 조직 구조와 업무 방식에서 벗어나야 한다는 것이다. 마지막으로 사이버 무기 통제 조치를 논의하고 채택할 수 있는 국제회의가 조속히 구성되어야 한다고 주장한다.

사실 아퀼라는 1990년대 초부터 사이버 무기 통제 협정이 필요하다고 주장했지만 별 소용이 없었다. 당시 미국은 사이버 세계를 선도하고 있었고 그 지위는 변하지 않을 것처럼 보였다. 미국이 여전히 공격적으로 사이버공간의 우위를 점하고 있는 반면, 러시아와 중국은 방어적 역량에서 앞서고 있다. 실제로 아퀼라는 이란과 북한의 사이버 방어 역량이 미국보다 뛰어나다고 평가하면서 개방된 사회의 사이버 방어가 불리할 수밖에 없는 이유를 설명한다.

이 선구적인 책이 제시한 아이디어와 사례들은 사실 일부에 불과하다. 미국과 세계가 직면한 사이버 도전 과제들에 대한 독자들의 이해와 깊이를 더할 자료들이 훨씬 많다. 국방부 장관으로 역임할 당시 나는 미국이 '사이버 진주만 공격'에 취약하다고 경고한 바 있다. 우리의 전력망, 금융, 정부 시설, 화학, 교통 및 기타 기반시설 시스템을 마비시키는 사이버 위협은 실재한다. 아퀼라는 이러한 복잡한 문제들을 능숙하고 명확하게 다루고 있다. 미국에 대한 그의 애국심과 우리를 안전하게 지키기 위한 노력에 비추어 볼 때 그는 우리 시대의 선도적인 국가안보 사상가임이 틀림없다. 아퀼라는 사이버 위협으로부터 민주주의와 안전을 수호해야 하는 국가에 경종을 울리고 있다.

Leon E. Panetta[*]

---

[*] 캘리포니아주 출신의 하원의원을 지내고 클린턴 행정부 당시 대통령 비서실장, 대통령실 관리예산처 (OMB) 처장 및 오바마 행정부 당시 중앙정보국(CIA) 국장과 국방부 장관을 역임하였다.

서문

1941년 12월 일본이 진주만을 기습했다. 당시 미 해군장관 프랭크 녹스(Frank Knox)는 "현대전이란 그 누구도 모든 것을 알 수 없고 아는 사람도 거의 없는 복잡한 비즈니스"라고 설명했다. 그런데 6개월도 채 지나지 않아 상황이 급변했다. 미드웨이 해전을 통해 일본이 주도하던 흐름이 역전된 것이다. 게다가 1942년 말에는 독일이 엘 알라메인(El Alamein) 전투와 스탈린그라드(Stalingrad) 전투에서 패배한다. 연합군은 해전에서 항공모함을 활용하는 방법을 빠르게 학습했고 육상전에서는 탱크와 전투기를 조합해 독일의 이른바 '전격전(Blitzkrieg)' 교리*를 돌파하기 시작했다. 제2차 세계대전 중 탄생한 우수한 전술들은 신속하게 확산됐다. 여러 중요한 전투를 거쳐 개발된 기법들은 종전 이후 75년 이상 많은 군사 전략의 주류를 형성해 왔다.

그러나 오늘날 전쟁에서는 이전과 같은 신속한 채택 사례를 거의 찾아볼 수 없다. 수십 년간 어둡고 약탈적인 사이버전의 개척자들은 지속적으로 다양한 방어 수단들을 뚫고 자유롭게 행동해 왔다. 예를 들어 러시아는 미국과 다른 자유주의 국가의 선거 절차에 개입하면서 사이버 정치전 역량을 보여줬다. 민주주의에서 가장 중요한 투표 절차의 신뢰성을 훼손한 것이다. 중국은 전 세계 기업들이 소유한 최첨단 기술의 지식재산권에 접근하고 종적을 감추는 고도의 역량을 개발해 왔다. 북한과 같은 중견 국가는 핵무기 확산 등 독재정권의 다양한 악의적 활동을 지속하기 위해 상당한 수준의 전략적 범죄들을 저지르고 있다. 모두 사이버전의 다양한 모습이다.

테러리스트와 무장단체에서 해커 집단에 이르기까지 더욱 악의적인 비국가행위자들도 사이버공간을 제한없이 누비고 있다. 이들은 다양한 방법으로 진보된 기술 시스템의 취약점을 악용해 기반 시설을 공격하고 자산을 탈취하고 있다. 적성국이나 범죄집단은 사물인터넷(Internet of Things, IoT) 기술을 활용해 연결된 수백만 개의 가정용 기기를 좀비로 만들어 공격에 동원하고 있다. 그러나 현재의 방어 역량은 이러한 공격 역량을 따라잡지 못하고 있다. 여전히 악성 소프트웨어의 발전에 뒤떨어지는 방화벽이나

---

* 제2차 세계대전 당시 독일군이 전차와 기계화 보병, 항공기와 공수부대를 이용해 적의 방어선을 신속하게 돌파하고 후방전력을 진입시켰던 전술 교리를 말한다.

안티바이러스 프로그램 등 가장 비효율적인 마지노선에 의지하고 있기 때문이다.

따라서 오늘날 우선해야 하는 과제 중 하나는 바로 방어 역량을 개선하는 것이다. 개인적으로는 강력한 암호와 더불어 클라우드 시스템, 즉 타인의 시스템에 데이터를 백업하는 전략을 함께 구사해야 한다고 본다. 자체 정보 공간으로 구성된 포그 컴퓨팅 기술(The Fog)도 '유휴 데이터는 위험한 데이터'라는 근본적인 문제를 완화해 보안을 개선할 수 있다. 그러나 매우 견고한 원격 저장소나 백업 시스템을 활용하더라도 강력한 암호화를 대체할 수는 없다. 근본적으로 취약한 코드가 사이버공격의 빌미를 제공한다는 사실은 두말할 나위도 없다.

열악한 사이버보안이 사회 번영과 정치 발전을 저해하는 문제보다 더 큰 위험이 있다. 바로 네트워크와 웹에 연결된 군 통신망이 훼손될 경우 전시 육해공 및 우주의 모든 영역에서 재난이 발생할 수 있다는 점이다. 향후의 미래 전장은 매우 빠르게 변화할 것이다. 인공지능 기술로 강화된 무기가 전장을 채우고 네트워크에 연결된 군집 드론들이 공격하는 모습을 보게 될 것이다. 이 시대에서 파괴형 컴퓨터 바이러스나 웜, 그리고 다른 사이버 무기에 발 빠르게 대응하지 못하는 군대는 뒤처지고 쉽게 패배할 수밖에 없다. 사이버전의 이런 측면을 전장 단위의 관점에서 바라보면 제2차 세계대전 당시의 '전격전(Blitzkrieg)' 교리가 떠오른다. 전격전이 군사 및 안보 패러다임의 중요한 변곡점이었다는 점에서 사이버전의 양상은 이른바 '비트전(Bitskrieg)'으로 비유해 볼 수 있겠다.

특히 정치적 혼란이나 해킹 범죄, 잠재적인 기반 시설 공격 등 익숙한 사이버전의 위험과 달리 사이버보안 위협으로 인한 군사 작전 실패는 훨씬 심각한 문제다. 사이버전의 무력충돌 문제에 대한 진지하고 효과적인 논의가 시급한 이유다. 그러나 최근의 사건들을 고려해 보면 사이버 위협의 범위는 더욱 넓어지고 다각적이며 위압적으로 변하고 있다. 사이버보안 수준을 개선하고 비트전(Bitskrieg) 형태의 작전을 준비함과 더불어 군비통제의 필요성이 증가하고 있는 것이다. 사실 모든 첨단 정보기술은 상업과 서비스, 사회관계의 제공 또는 전쟁에도 쓰일 수 있는 이중용도 기술이다. 단순히 미사일의 숫자를 세고 핵분열 물질을 통제하는 형태의 규제 모델은 이제 더 이상 적합하지 않다. 그간 대부분의 사람들은 사이버 군비통제라는 개념 자체를 허황된 것으로 인식해왔다. 그러나 숫자를 세는 방식에서 나아가 행위를 규제하는 모델도 고려할 수 있다. 지난 수십 년에 걸쳐 국제사회는 많은 나라들이 손쉽게 제조할 수 있는 무수한 기초 물질들이 치명적인 무기로 쓰이지 않도록 화학 및 생물학 무기 금지 조약(Chemical and Biological Weapons Conventions)을 체결해 성공적으로 규제해왔다. 조약국들은 실제로 생화학 무기를 제조하거나 사용하지 않겠다는 약속을 지켜오고 있다. 이러한 행동 규제를 통해 사이버 군비도 통제할 수 있지 않을까?

사이버 공격으로부터 개인과 지식재산, 기반 시설 및 선거 시스템을 보호해야 한다는 인식은 이제 당연한 것이 되었다. 문제는 변하지 않는 대응 방식이다. 사이버보안은 방화벽과 백신 프로그램에 의존하는 데서 나아가 가장 강력한 암호기술을 적용하고 클라우드 컴퓨팅과 포그 컴퓨팅 기술을 활용해야 한다. 뒤에서 설명하겠지만 기존의 보안 시스템은 이미 돌이킬 수 없을 정도로 실패했다. 새로운 보안 패러다임으로의 전환이 시급하다. 미 해군 참모총장은 최근의 사이버 위협 양상을 적색 신호에 빗대어 표현했다(the redlight is flashing). 이제는 정말 멈춰서고 주변을 살펴야 하는 때다.

나아가 군대와 무력충돌의 문제를 생각해보면 인공지능을 포함한 첨단 정보기술이 전쟁에 미치는 직접적인 영향은 그간 너무 주목받지 못한 것일 수도 있다. 가장 근본적인 문제는 기존의 오랜 관행들이다. 이로 인해 '전격전(Blitzkrieg)'에서 '비트전(Bitskrieg)'으로의 이행은 여전히 이루어지지 못하고 있다. 나의 목표는 이 중대한 전환을 공격자들이 먼저 하지 못하도록 막는 것이다. 기계화 시대 초기 1939년부터 1941년까지 나치의 전쟁 기계로부터 얻은 고통스러운 교훈을 잊어서는 안 된다. 컴퓨터 시대 새로운 전쟁의 심오한 의미를 깨닫지 못할 경우 치러야 할 잠재적 비용을 생각할 수 있어야 한다. 사이버 환경이 사회와 보안에 미칠 영향들을 식별하고 미리 대응하지 못하면 우리는 분명 큰 비용을 치러야 할 것이다.

직면한 과제뿐만 아니라 지난 경험을 돌아보는 일도 중요하다. 먼저 전쟁과 정보보안시스템의 문제를 상기해 보자. 1942년 제2차 세계대전 당시 미드웨이 해전에서 연합군은 세계 최초의 고성능 컴퓨터를 사용해 추축국을 "해킹"하고 절망적인 시기에 중요한 승리를 거두었다. 연합군이 확보한 정보는 추축국의 패배에 중요한 기여를 했다. 과거에도 그랬지만 현재에도, 미래에도 정보는 승리를 위해 가장 중요한 요소라고 할 수 있다. 둘째, 나는 전쟁과 평화를 반복해 온 지난 30년간 정보화시대의 전략적 영향을 논하기 위해 다양한 고위 정책 토론에 참여하고 실제 사건에서 중요한 역할을 맡기도 했다. 이러한 경험에 바탕해서 나는 그간 공개되지 않았던 이야기들을 서술하고자 했다. 독자들은 사막의 폭풍 작전 당시 사담 후세인(Saddam Hussein)에 대한 노먼 슈워츠코프 장군(General Norman Schwarzkopf)의 정보 우위가 어떻게 과감한 상륙 작전(left hook)으로 이어졌는지, 코소보 전쟁 당시 78일간의 공습이 세르비아 군대에 거의 피해를 입히지 못했던 이유는 무엇인지, 미국과 러시아의 사이버 전문가들이 처음으로 대면한 회의에서 어떤 논의가 오갔는지, 그리고 인공지능의 군사적 사용에 관한 논의가 현재 어느 지점에 와 있고 어떤 방향을 향해가고 있는지 알 수 있을 것이다. 수년간 이런 경험을 할 수 있었던 것은 큰 특권이 아닐 수 없다. 그러나 특권을 경험하는 일과 진정한 진전을 목격하는 일은 다르다. 이러한 점에서 나의 경험은 매우 일부분에 불과하다. 본격적인 '비트전(Bitskrieg)'의 시대를 마주하기 전에 이 책이 사이버 전쟁에 대한 사람들의 인식에 새롭고 광범위한 자극이 되어주길 바랄 뿐이다.

John Arquilla

2020년 12월 몬트레이(Monterey)에서

역자 서문

⌄

사이버전이라고 하면 흔히 사이버공간에서 해커들끼리 벌이는 끊임없는 공방을 떠올리기 마련이다. 이 책은 이런 인식을 과감히 부순다. 사이버전의 가능성을 경험하기 시작한 1990년대 이래로 학계에서는 사이버전의 개념을 두고 여전히 논쟁을 벌이고 있다. 사이버전은 일어나지 않을 것이라는 도발적인 주장*에서부터 전쟁을 대체하는 새로운 대안으로 사이버전을 이해해야 한다는 혁신적 시도**에 이르기까지 다양한 접근의 탐구가 이루어지는 가운데 첨예한 디지털 경쟁의 시대가 도래했다. 국가와 사회의 기반이 사이버공간에서 서로 연결되고 있다. 전 세계 군대도 디지털 전환에 박차를 가하고 있다. 이런 환경에서 국가들은 제한없는 사이버 군비경쟁을 벌이며 사실상의 사이버전쟁에 뛰어들고 있다.

사이버전을 어떻게 이해해야 하는지 와닿지도 않는 상황에서 디지털 기술 의존도가 급증했다. 모니터 저편에서 눈에 보이지 않는 전쟁이 벌어지고 있다는 자극적인 표현은 사람들을 유혹하기에 충분했다. 상황이 이렇다 보니 사이버전은 점점 사이버공간에서만 벌어지는 전쟁이 되고 있다. 현실 공간의 전쟁에서는 여전히 최첨단 전투기와 항공모함, 핵추진 잠수함과 미사일을 동원하면서 사이버보안을 별개로 강화하는 움직임이 나타난다. 자연스럽게 사이버전은 제5의 영역으로 인식되는 사이버공간에 갇혀 기술적으로 뭔가 있는 것 같은 모호한 개념이 되고 만다. 사이버보안의 문제도 조직과 사람에 녹아들지 못하고 겉돌며 정책 기조에 휘둘리기 마련이다. 전시 우리 사이버작전사령부는 적의 네트워크와 소프트웨어 취약점을 찾아 침투하고 데이터를 탈취하거나 시스템을 마비시키면 되는가? 그렇게 한 후에 무슨 역할을 해야 할까? 소수의 해커로도 적의 시스템을 모두 마비시킬 수 있다. 도대체 그럼 사령부 수준의 사이버전 전담 군대를 유지해야 하는 이유는 무엇일까? 우리 군에서 사이버작전사령부는 어떤 지위에 있는가? 우리 군의 사이버보안은 누가 담당할까? 사이버전은 그렇다치고 비트전(Bitskrieg)은 또 무엇인가? 이 책에서 이 문제들을 해결할 실마리를

---

* Thomas Rid, "Cyber War Will Not Take Place", *Journal of Strategic Studies* 35(1), 2012.

** Richard J. Harknett and Max Smeets, "Cyber campaigns and strategic outcomes", *Journal of Strategic Studies* 45(4), 2022.

찾을 수 있을 것이다.

존 아퀼라(John Arquilla)는 1990년대 사이버전(cyber war)*과 군집 전술(swarming tactics),** 그리고 넷워(netwar) 개념***을 주창한 미국의 정치학자다. 이 책은 사이버전에 대한 인식과 전쟁의 수행방식을 혁신하기 위한 과제들을 담고 있다. 저자는 30여 년간 사이버 기술이 전장에 미치는 영향을 관찰해 온 자신의 경험과 식견을 바탕으로 방대한 사례를 들어 주장을 펼치고 있다. 아래에서는 본문의 이해를 돕기 위해 저자가 고안한 핵심 개념 요소들을 간략히 설명하고자 한다.

이 책의 제목인 비트전(Bitskrieg)은 저자가 개념화한 전술 교리다. 제2차 세계대전 당시 독일이 활용했던 전격전(Blitzkrieg)이 지금까지의 전장을 지배해 왔다면 사이버 기술을 중심으로 하는 새로운 시대의 전장에는 비트전(Bitskrieg) 교리를 적용해야 한다는 것이다. 과거 독일은 전쟁 초기 전차와 항공기, 공수부대를 활용해 전선을 빠르게 돌파하고 후방전력을 투입해 전장을 지배하는 모습을 보여줬다. 사이버전도 이런 흐름을 유지하되 전격전(Blitzkrieg)과는 달리 분산되었지만 훨씬 잘 연결된 소규모의 부대, 그리고 인공지능 기술을 적용한 첨단 무기와 로봇을 활용한 전술을 채택하자는 것이 골자다. 이러한 점에서 저자는 전격전(Blitzkrieg)의 용어를 차용해 비트전(Bitskrieg)이라는 개념을 창시하고 있다. 분산된 부대가 유연하게 소통하며 군집 전술을 펼쳐 적을 다방면에서 순식간에 압도하는 모습을 그리면 이해하기 쉽다. 그리고 이 부대들은 최적의 전략과 전술을 설계해 제안하는 인공지능, 적의 네트워크를 해킹해 실시간으로 적의 위치와 교신 내용을 알려주는 해커, 우주 공간의 고해상도 정찰위성, 무인 드론과 로봇의 종합적인 지원을 받아 적군을 신속하게 무력화하고 지휘부의 의지를 꺾을 것이다. 이 새로운 패러다임에 적응하지 못한 군대는 공격을 받는지조차도 모르는 상태에서 손 쓸 도리없이 패배하게 될 것이다.

저자는 이런 유형의 사이버전을 "쿨한 전쟁(cool war)"으로 묘사한다. 캐나다 미디어 학자 마샬 맥루한(Marshall McLuhan)의 쿨 미디어(cool media) 개념을 활용한

---

* John Arquilla and David Ronfeldt, "Cyberwar Is Coming!", *Comparative Strategy* 12(2), 1993.

** John Arquilla and David Ronfeldt, "The Advent Of Netwar", RAND Corporation, 1996.

*** John Arquilla and David Ronfeldt, "Swarming and the Future of Conflict", RAND Corporation, 2000.

것이다. 맥루한은 접근성과 참여도가 높은 매체일수록 쿨 미디어(cool media)의 속성을 가진다고 봤다.* 반대로 정적이고 일방향성이며 경직된 소통 구조를 보이는 매체는 핫 미디어(hot media)다. 방대한 개체들이 밀집해 있는 한정된 공간은 뜨거워지기 마련이다. 독자들께서 예상하셨듯 비트전(Bitskrieg)은 전자에 해당하는 쿨 워(cool war)이다. 이때의 쿨(cool)은 여러 의미를 담고 있다. 하나는 맥루한의 매체론을 그대로 준용해 분산되어 소통하는 소규모 부대들의 유연한 전술로서 "쿨(cool)함"이다. 또 하나는 단어의 의미 그 자체로서 "시원한(cool) 전쟁"이 되는데 이는 비트전(Bitskrieg)이 좀 더 적은 희생을 동반하기 때문이다. 로봇으로 대체된 더 적은 부대를 투입하면서 인공지능 기술을 활용해 전쟁을 빨리 종결할 수 있다면 그 전쟁의 온도는 낮아진다. 결과적으로 저자는 차가운 속성(cool)을 가진 비트전(Bitskrieg)이 "훨씬 더 나은(cool)" 전쟁을 만들 수 있다고 보면서 여전히 "뜨거운 전쟁(hot war)"의 패러다임 자체를 바꿔야 한다고 주장한다. 대량 살상을 목적으로 설계된 대규모 기계화 무기가 지배하는 전장에 대량의 군인을 투입하는 기존의 전쟁에 비하면 분명 더 나은 선택지일 수 있다.

진짜 문제는 이 변화를 어떻게 끌어낼 것인지에 있다. 이 지점에서 저자는 조직과 교리를 혁신해야 한다고 강조한다. 그리고 전통적인 질서를 유지하려는 미군 지도부와 산업계, 학계를 비판한다. 새로운 도전을 꺼리고 위험을 감수하지 않으려는 군 관료 조직, 전통적인 무기를 생산하는 방산업계, 정치적 이해관계와 로비의 영향을 벗어나지 못하는 전문가 집단이 변화를 방해하는 주범이라는 것이다. 비단 미국에만 적용되는 문제는 아닐 것이다. 이런 시대일수록 더더욱 기술이 아닌 본질에 초점을 둬야 한다. 디지털 기술은 과거와 달리 사회 운용의 필수 기반이 되었다. 전장도 그렇게 변화한 지 오래다. 이에 관해 저자는 초창기 자신이 제시했던 사이버전의 개념과 달리 지금의 사이버전 논의는 사이버 그 자체로서의 기술적인 부분에만 치중되어 있다고 지적한다. 1990년대 초반 사이버전이 무엇이며 그것이 가능하기나 한 것인지에 관한 논의가 막 시작되었을 당시 저자가 구상한 사이버전은 이 책을 통해 주장하는 바와 같이 군사 조직과 교리, 전략의 혁신에 초점을 두고 있었다.

그러나 사람들은 오히려 사이버 전쟁이라는 새로운 용어가 주는 자극에 관심을

---

* Marshall McLuhan, *Understanding Media: The Extensions of Man*, McGraw-Hill, 1964.

보였다. 어느 순간부터 사이버전은 사이버공간에서만 벌어지는 전쟁처럼 인식되기에 이르렀다. 근본적인 인식이나 문화, 구조가 아닌 표면으로 드러나는 것에만 집중하게 된 것이다. 보안도 마찬가지다. 방화벽과 백신 프로그램에만 집중하면서 여러 기능을 조합한 복잡한 솔루션을 개발하는 데 혈안이다. 이런 현상에 대해 저자는 근본적인 변화를 요구한다. 사이버전에 있어서는 기술적으로 어떻게 해 보려는 접근보다는 기술의 속성을 녹여 낸 전략과 조직 변화가 필요하다고 주장한다. 비트전(Bitskrieg) 형태의 사이버전은 중앙 집중화된 거대한 군대에서 수행할 수 없다. 작은 규모로 분산된 다수의 군대로 변화해야 하는 것이다. 그렇게 되면 군대 조직이나 지도체계, 수행체계, 전술과 교리가 모두 바뀌어야 한다. 보안의 문제도 사이버공간이라는 단어의 표면적 의미에 한정되어 고민할 것이 아니라 가장 본질적인 요소로서 암호화 기술을 고도화하여 확산하고 구조적 변화로서 클라우드 컴퓨팅 기반의 분산형 대응 방식을 채택해야 한다고 본다.

한편, 그런 변화를 추구하지 못하고 있는 지금의 상황에서 사이버전은 평시와 전시 구분, 민간과 군의 경계 구분 없이 벌어지고 있다. 이런 점에서도 저자는 새로운 군비 통제 모델이 필요하다고 강조한다. 기존과 같이 핵무기나 재래식 무기 통제를 하는 방식은 구조화된 형태의 규제다. 예를 들면 핵탄두나 미사일은 그 개수를 검수하는 형태로 통제하는데, 사이버 무기는 그렇게 통제할 수 없다. 모든 디지털 기술이 이중적으로 사용될 수 있기 때문이다. 따라서 이 경우에는 디지털 기술을 악의적으로 사용하진 말자는 행동 기반의 통제로 갈 수밖에 없다. 그리고 행동을 바꾸려면 마찬가지로 인식의 전환이 우선되어야 한다. 사이버 무기를 통제하기 위해 어떤 기술은 사용하지 말자는 식의 합의는 현실 가능성도 없고 효율적이지도 않다. 모든 디지털 기술의 무기화를 금지해야만 하기 때문이다. 인공지능 기술의 접목이 이미 광범위하게 벌어지고 있다. 인공지능 기술을 군사적으로 활용하지 말자는 합의를 지금 전 세계에서 이끌어 낼 수 있을까? 이런 관점에서 저자는 앞서 주장한 바와 같이 비트전(Bitskrieg)을 활용한 사이버전을 적극 확산해야 하고 그렇게 하려면 기술 자체의 사용을 금지할 것이 아니라 그 기술을 군사 문제에만 적용하자는 합의를 이끌어 행위에 기반해 사이버 무기를 통제해야 한다고 본다. 민간과 상업 기반시설에 대한 사이버 공격을 금지하는 내용에 있어서는 국제 사회의 합의가 필요하다는 주장이다. 이 지점에서도 저자는 미군 지도자들을 비판한다. 이 제안을 러시아에서 먼저 했지만 사이버 영역에서의 우위를 계속 점할 수 있다고 생각했던 미군 지도자들의 오만으로 인해 그 기회가 날아갔다는 것이다. 당시 이 밀실 회의에 관한 구체적인 내용을 본문에서 확인할 수 있다.

체제적 관점에서의 불균형도 존재한다. 러시아나 중국은 사이버 기술을 전장에 녹여 내면서 전시와 평시, 분야를 구분하지 않는 하이브리드전을 펼치고 있다. 자유주의 국가와 달리 사회적 공론의 절차를 고려하지 않는다는 점에서 이 권위주의 국가들은 미국과의 사이버전 역량 격차를 금세 좁혔다. 실제로 오늘날 우리는 러시아와 중국, 이란과 북한이 사이버 강자로 떠오른 현상과 함께 미국의 민주주의와 기반 시설이 위협받는 모습을 접하고 있다.

우리나라는 북한과 휴전 중이다. 종종 벌어지는 물리적 도발과 달리 북한의 사이버 위협은 이 글을 읽고 계신 바로 지금도 이어지고 있다. 우리나라 디지털 인프라는 북한과 달리 세계적 수준이다. 마음만 먹으면 어디든 공격할 수 있는 셈이다. 반대로 반격할 지점이 없는 적은 그야말로 무적의 방어체계를 갖춘 것과 다름없다. 이런 상황에서 우리는 어떤 전략과 전술을 수립해야 하는가? 베트남 전쟁 당시 미군은 보이지 않는 베트콩들을 소탕하기 위해 정글을 모조리 없앤다는 전략을 택했다. 고엽제를 뿌리고 수많은 헬기와 해병대를 투입했지만 막대한 경제적, 정치적, 인적 피해를 입고 패배했다. 공격할 곳이 없는 적을 상대하면서 사이버공격 역량만 키우면 같은 전철을 밟게 되지 않을까? 새로운 시각과 혁신적 접근이 시급하다. 이런 점에서 비트전(Bitskrieg)은 우리 상황에 알맞은 전술일지도 모른다. 다행히 우리 군이 국방혁신 4.0을 기치로 내걸고 국방의 혁신적 변화를 도모하고 있다. 4차 산업혁명 과학기술을 기반으로 군 전반을 혁신하겠다는 목표 아래 ① 북한 핵·미사일 대응능력 획기적 강화, ② 군사전략 및 작전개념의 선도적 발전, ③ AI 기반 첨단전력 확보, ④ 국방 연구개발(R&D) 및 전력증강체계 재설계, ⑤ 군구조 및 교육훈련 혁신이라는 5대 중점분야를 선별해 추진 중이다. 국방부는 2023년부터 국방 AI 센터 창설을 추진 중이다. 육군은 2024년 2월 육군 인공지능센터를 창설했다.

이런 변화가 있기까지 많은 관계자들의 노고가 있었을 것이다. 그러나 표면적 성과, 한시적 정책에만 그치지 않으려면 반드시 사람이 변화해야 한다. 기술로만 어떻게 해 보려는 시도는 이제 통하지 않는다. 강력하고 혁신적인 기술을 어떻게 전장에 녹여

낼 수 있을지 고민해야 한다. 이를 위한 전략과 전술, 조직, 사람의 변화도 요구된다. 너무 많은 과제들이 산적해 있다. 지도부의 인식이 어렵게 바뀌더라도 이를 구현하기 위해서는 국방부 본부와 합동참모본부, 각군 본부와 사령부, 일선 부대의 지휘관과 병사에 이르기까지 모든 인력들이 함께하지 않으면 안 된다. K-방산으로 세계 시장을 흔들고 있는 우리 방산업체도 참여해야 한다. 토종 플랫폼 업체도 필요하다. 디지털 전환 과정에서 우리는 우리 데이터를 다른 나라의 회사 서버에 맡기지 않아도 된다. 근본적인 보안은 결국 암호화 기술에 있다. 원천 연구개발이 이루어지지 않으면 혁신은 실패한다. 국가적 연구개발 체계, 군사전략과 안보, 정보보호 학계와 업계 모두의 참여가 필요한 이유다. 무엇보다 중요한 원동력은 주권자인 시민의 지지로부터 나온다. 민주주의 기반 법치국가에서 기존 질서를 혁신하기 위한 실천적 바탕은 법제도 변화 없이는 불가능하다. 주권자의 막강한 지원에 힘입어 디지털 시대에 걸맞은 군사혁신을 이뤄낼 수 있어야 한다. 사이버전을 새롭게 바라보는 유연한 사고와 도전적 실험, 제한없는 방대한 사회적 토론이 필요한 때다.

번역 전반의 과정에서 저자의 표현과 생각을 정확히 이해하기 위해 여러 문헌을 참고했다. 비트전(Bitskrieg) 개념은 저자가 이미 2011년 ACM(Association for Computing Machinery) 저널 기고문을 통해 주장하고 있었다. 대부분의 주된 아이디어는 이 문헌(From Blitzkrieg to Bitskrieg: The Military Encounter with Computers)*에서 확인할 수 있었다. 앞서 인용한 사이버전, 군집 전술, 넷워에 대한 저자의 저술도 이 책의 핵심 개념을 이해하는 데 큰 도움이 되었다. 한편, 직역할 경우 내용을 전달하기 어렵다고 판단한 원문들은 문장의 구조나 일부 표현을 변형해 번역하였음을 밝혀둔다. 원저에서 하이픈(-)을 이용한 문상이나 몇 줄에 걸친 하나의 영어식 문장들은 가독성을 위해 가능한 여러 문장으로 나눠 번역하였다. 저자의 글을 온전히 옮겨 표현하는 것도 중요하지만 이 책에서는 저자의 의도와 내용을 우리말로 쉽게 전달하는 데 좀 더 무게를 두었다. 졸역의 책임은 모두 옮긴이에게 있다. 번역에 대한 질문이나 지적은 역자 소개에 기재된 메일로 전해 주시기를 부탁드린다.

마지막으로 출판 업계의 어려운 상황 속에서도 우리 지식의 저변을 넓힐 수 있는

---

* John Arquilla, "From Blitzkrieg to Bitskrieg: The Military Encounter with Computers", *Communications of the ACM* 54(10), 2011.

원서를 발굴해 역서 출판을 허락해 주신 박영사의 안종만 회장님과 안상준 대표님, 반복되는 연장 요청을 너그러이 양해해 일정을 조율해 주신 김한유 과장님과 윤혜경 대리님께도 감사의 말씀을 드린다.

2024년 6월

윤상필·김법연·권헌영

01

쿨 워(Cool War):
더 나은 전쟁의 가능성

"Cool War" Rising

01

쿨 워(Cool War): 더 나은 전쟁의 가능성

"Cool War" Rising

독일의 전쟁 철학자 카를 폰 클라우제비츠(Carl von Clausewitz)는 전쟁을 "카멜레온"에 비유했다. 전쟁의 본질을 "근원적 폭력(primordial violence)"과 "우연의 작용(play of chance)", 그리고 "정책 종속성(subordination as an instrument of policy)"으로 표현하면서 얼마든지 뒤바뀔 수 있는 전쟁의 양상과 그 불확실성을 강조한 것이다.[1] 약 200년 전의 클라우제비츠는 이러한 그의 이해가 오늘날 정보 시대에서 뛰어난 선견지명으로 작용하리라고는 생각지 못했을 것이다. 전략가인 마틴 리비키(Martin Libicki)는 사이버 분쟁을 "모자이크"에 비유했다. 그는 사이버 분쟁이 다양한 군사 작전을 포괄하고 있으며 심리, 사회, 정치, 경제 문제와도 깊게 연관된다고 생각했다. 특히 "근원적 폭력" 요소에 대해 리비키는 사이버 전쟁이 무력 충돌에 대한 전통적 사고의 틀을 무너뜨린다고 주장했다. 기존의 전쟁에서는 양적 경쟁이 통하지만 사이버 전쟁에서는 간교함이나 교활함이 더 크게 작용한다는 것이다.[2] 이 문제는 사이버 방어자들에게 중대한 시련을 안겨준다. 전쟁이 더 이상 "대량"이 아니라는 의미는 소규모 국가와 해커 공동체, 심지어 클라우제비츠의 전쟁 개념에 얽매이지 않는 천재적인 개인들이 언제 어디서든 원하는 목표물을 타격하면서 다양한 형태의 전쟁을 벌일 수 있다는 뜻이기 때문이다.

육지, 해상, 공중, 위성 궤도 등 모든 영역에서 군의 정보시스템 의존도가 점점 커지고 있다. 이제 사이버 공격자는 군의 정보시스템을 교란하거나 전 세계의 전력, 수자원 및 기타 기반 시설의 제어 시스템을 표적으로 삼을 수 있다. 이러한 공격은 범죄로 이어져 최첨단 지식재산 등 귀중한 데이터를 탈취하고 랜섬웨어 공격을 통해 시스템을 무용지물로 만들거나 탈취한 신원을 이용하고 판매할 수도 있다. 민주주의도 사이버 공격의 표적이다. 2016년 미국 대선에서 입증되었듯[3] 고전적인 선전이 아닌 완전히 새로운 정치 전쟁의 양상이 벌어질 수 있는 것이다. 나아가 허무주의에 기반한 공격자, 통제되거나 도난당한 신분을 가진 공격자들은 이른바 거대한 "좀비" 군대에 징집되어 특정 시스템을 마비시킬 수 있는 분산 서비스 거부(DDoS) 공격에 동원될 수 있다. 사물인터넷(IoT)을 구성하는 수십억 개의 가전제품, 스마트폰과 애완동물에게 삽입된 이식형 위치추적 칩 같은 임베디드(embedded) 시스템이 "봇넷(botnets)"에 활용될 수 있는 공격자의 잠재적 병사라고 생각해 보면 사이버 전쟁의 공격력은 무한대에 가까워 보인다.

특히 리비키의 설명처럼 사이버 공격의 모든 과정은 근본적으로 "교활"하다. 전쟁이 카멜레온과 같다고 강조한 클라우제비츠의 보편적 관점과 그의 "전쟁 3요소"는 사이버 전쟁에는 적용되지 않는 셈이다. 예를 들어, 우유가 필요할 때 주인에게 이메일을 보내도록 설계된 수백만 개의 스마트 냉장고를 해킹해 무수한 이메일로 목표물을 압도할 수 있다면 굳이 "폭력"을 행사할 필요가 없다. 이제 사이버 공격자들은 익명성이라는 가상공간의 성역에 숨어 방대한 목표물들을 이용할 수 있다. 기존 전쟁과 달리 사이버 전쟁에서 "우연"이 작용할 여지는 거의 없다고 봐야 한다. 이처럼 클라우제비츠의 전쟁 요소들이 훼손되면서 방어가 공격보다 더 강력하다는 그의 확고한 신념도 무너지고 있다.[4] 클라우제비츠의 시대에서는 분명히 적용되던 원칙이었다. 실제로 러시아 제국은 심층방어 전략을 통해 나폴레옹을 물리쳤다. 영국의 웰링턴 공작은 워털루 전투에서 전열 보병 횡대인 "씬 레드라인(Thin Red Line)"으로 나폴레옹의 돌격을 막았다. 한 세기 후 벌어진 제1차 세계대전에서도 독일은 서부 전선을 돌파하지 못했다. 심지어 제2차 세계대전 당시 "엘 알라메인(El Alamein)" 전투부터 "스탈린그라드(Stalingrad)", 그리고 "벌지(Bulge)" 전투에 이르기까지 성공적으로 보였던 독일의 "전격전(Blitzkrieg)"도 견고한 방어선 앞에 무너졌다. 그러나 오늘날의 사이버 전쟁은 방어가 우선한다는 클라우제비츠의 확고한 믿음을 무너뜨리고 있다. 공격이 지배하는 시대가 도래한 것이다.

지금까지 가장 잘 알려진 사이버 전쟁의 징후는 개인적 수준이나 비즈니스 분야에서 나타났다. 전 세계 수억 명의 사람들이 직접 해킹을 당하고 보험, 금융, 도소매, 소셜 미디어 및 정부의 데이터베이스가 공격 당해 개인정보가 대량으로 유출되기도 했다. 일반적으로 가장 안전해 보이는 정부의 데이터베이스도 구멍 투성이라는 점은 이제 공공연한 사실이다. 2015년 6월 발생한 미국의 연방인사관리처(Office of Personnel Management, OPM) 해킹 사건이 이를 잘 보여준다. 당시 미국 연방공무원노동조합(American Federation of Government Employees)의 조합장 제임스 콕스(James Cox)에 따르면 전·현직 공무원 약 400만 명의 개인정보가 유출됐다.[5] 한 달 후 당시 연방수사국(Federal Bureau of Investigation, FBI) 제임스 코미(James Comey) 국장의 의회 증언에 따르면 추가 조사를 통해 기존 유출 건수의 약 5배인 2천만 건 이상의 개인정보가 유출된 것으로 확인되었다.[6] 그러나 이 충격적인 사건은 2019년 5월 First American Title Company의 데이터베이스에서 약 9억 건의 민감한 재무 기록이 해킹으로 유출되었다는 폭로에 가려지고 말았다.[7]

지식재산권 유출 등 기업을 대상으로 한 여러 유형의 해킹이나 파괴적인 사이버 공격은 매년 약 1조 달러 이상의 피해를 초래하고 있다. 대학의 연구센터들도 공격의 표적이 된다. 한 연구에 따르면 그 이유는 대학들이 "오래전부터 보안에 주의를 기울이지 않고 있기 때문"이다.[8] 현재 랜섬웨어 공격을 받아 암호화된 정보의 몸값은 연간 피해액의 1% 미만에 불과하지만 랜섬웨어 공격은 가파른 속도로 늘어나고 있다.[9] 이러한 절도나 착취는 단순히 범죄 수단을 강화하는 것을 넘어서 특정 의도를 실현하기 위한 수단으로 쓰인다. 국제연합(United Nations)은 2019년 중반 기준 북한이 전 세계의 은행과 암호화폐 거래소를 공격해 약 20억 달러를 확보하였으며 이를 핵무기 프로그램에 사용했다고 보고하였다.[10] 이처럼 불법행위를 통해 자금을 마련하는 행위는 명백한 절도이기도 하지만 국정 운영의 일환이기도 하다. 이른바 "전략적 범죄(Strategic Crime)"다. 16세기 영국도 엘리자베스 1세 여왕의 암묵적 승인 아래 금전적 이익을 위해 해상 무역을 장악하는 "해적(sea dogs)"을 운용했다. 실제로 전략적 범죄는 해군의 비공식 전투를 통해 오랫동안 국정 운영의 수단으로 쓰여왔다.[11]

이런 사이버 공격의 사례들을 보면 확실히 공격이 방어에 비해 우세한 수단임을 알 수 있다. 조지 퀘스터(George Quester)는 국제사회의 안정성과 불안정성을 다룬 중요한 연구를 통해 "공격에 동반되는 위험과 비용이 적을수록 모든 종류의 분쟁과 갈등은 확산될 가능성이 높다"고 지적했다.[12] 사이버전에 수반되는 비용과 위험은 개별적으로 보면 크지 않다. 그러나 발전이나 확산의 정도가 확실하지 않은 순수한 군사 영역과는 달리 사이버 전쟁의 누적 비용은 분명히 계속 증가하고 있다. 이 때문에 일부 분석가들은 이른바 군사화된(militarized) 사이버 전쟁의 출현 가능성이 매우 희박하다고 주장하기도 한다.[13]

물론 무력 충돌 수준의 사이버 공격이 일반적이진 않다. 하지만 논란의 여지가 있는 사례들은 충분하다. 주로 러시아에 의한 사이버 공격들이 그렇다. 2008년 러시아군과 오세티야(Ossetia) 비정규군이 조지아(Georgia)를 침공했다. 당시 러시아의 사이버 공격으로 조지아의 정보시스템과 지휘통신체계가 손상되었다. 러시아군은 점령 대상 지역 주민들의 컴퓨터와 전화를 이용해 혼란을 유발하는 메시지를 전송하고 대량의 피난 행렬을 유도해 조지아 군부대가 대상 지역 방어를 위해 이동하지 못하도록 방해했다. 그 결과 러시아는 5일 만에 일방적인 승리를 거둘 수 있었다.[14]

최근 우크라이나 도네츠크(Donetsk) 지역 내에서 벌어지는 정부군과 친러시아 분리주의자 간의 충돌 과정에서도 사이버 전쟁의 모습을 확인할 수 있다. 분쟁 후반에 부대 마크 없는 군인들(이른바 "little green man")뿐만 아니라 전술적, 전략적 수준에서 비트와 바이트가 활용됐다. 전선에서는 우크라이나 포병 부대가 지원 사격의 요청 속도를 높이기 위해 설치한 병사들의 휴대전화 앱이 해킹되었다. 이를 통해 해커들은 포병 부대의 위치를 알아낼 수 있었고 러시아는 보다 손쉽게 대처할 수 있었다. 정확한 효과를 측정할 수는 없지만 우크라이나 포병 부대의 효율성이 감소한 것은 분명한 사실이다.[15]

좀 더 전략적인 수준에서 살펴보면 러시아와 우크라이나 분쟁은 여러 골치 아픈 사이버 공격들을 동반했다. 2015년 12월 해커들은 우크라이나의 전력망 및 관련 시스템을 통제하는 "SCADA(System Control and Data Acquisition)" 장비를 공격했다. 그 결과 이바노 프랑키비츠(Ivano-Frankivsk)에 위치한 30개의 변전소가 모두 작동을 멈췄다. 거의 25만 명의 우크라이나 시민들이 피해를 입었다. 이 공격은 러시아군 사이버전 부대인 "샌드웜(Sandworm)"이 수행한 것으로 알려졌다. 샌드웜은 2017년 6월에도 우크라이나 정부, 금융 및 전력 회사를 대상으로 광범위한 사이버 공격을 수행한 것으로 알려진 조직이다.

표면상 후자의 작전은 랜섬웨어를 통해 데이터를 활용하지 못하도록 하는 데 목적을 두고 있었다. 그러나 다른 국가에 부수적인 피해를 야기한 일부 공격들은 실제로 비용적 효과를 도모하면서도 "가상의 잠자는 세포(sleeper cells)"*로 작동하도록 설계된 악성 소프트웨어를 은밀하게 삽입하기 위한 발판일 가능성이 높다. 트럼프 행정부 당시 국토안보보좌관 등을 지낸 톰 보서트(Tom Bossert)의 추정에 따르면 2017년 벌어진 러시아의 공격으로 발생한 비용은 약 100억 달러를 넘어선다.[16] SCADA 시스템이 사이버 공격에 취약함에도 불구하고 전 세계적으로 그 활용이 확장되고 있는 점 등을 고려할 때 사이버 전쟁을 "전략적 공격" 수단으로 활용하려는 관행은 매우 우려스럽다.

조지아와 우크라이나에서 드러난 러시아의 사이버 작전은 미래의 사이버 전쟁이 어떤 모습으로 벌어질지 엿볼 수 있는 최초의 "역량 시험"과 같다. 스페인 내전(1936~1939) 당시 탱크 기동과 공중 폭격을 동원한 전술은 제2차 세계대전에서 "전격전(Blitzkrieg)"으로 발전했다.[17] 이런 관점에서 러시아가 최근 조지아와 우크라이나에서 보여준 사이버 전쟁의 일면을 보면 차세대 전쟁의 양상은 이른바 "비트전(Bitskrieg)"이라고 할 수 있을 것이다.

그리고 수만 명의 독일 및 이탈리아 자원 인력을 포함한 스페인의 파시스트 세력이 무선으로 긴밀히 조정해 기갑 및 공중 작전과 시너지 효과를 냈던 것과 같이 오늘날 도네츠크 지역 분쟁에서 러시아의 "자발적 해커들"이 보여준 사이버-물리 통합 작전도 지대한 영향을 미쳤다. 제2차 세계대전 초기 독일군이 추진한 전격전(Blitzkrieg) 교리의 또 다른 목표는 적의 통신선을 교란하는 것이었다.[18] 전격전(Blitzkrieg)의 선구자인 하인츠 구데리안(Heinz Guderian)은 상대의 지휘 시스템을 무력화해 정보 우위를 확보하는 일의 중요성을 알고 있었다. 하인츠 구데리안은 실제로 신호 장교로 복무하며 1940년 프랑스를 상대로 신속한 승리를 거두는 데 크게 기여했다. 칼 하인츠 프리저(Karl-Heinz Frieser)가 관찰한 바와 같이 하인츠 구데리안의 전격전(Blitzkrieg)은 시대에 뒤처진 교리를 과감히 버리고 전쟁의 본질을 혁명적으로 바꿨다.[19] 비트전(Bitskrieg) 역시 언젠가는 시대에 뒤떨어진 교리를 대체할 것이다.

아울러 비트전(Bitskrieg)은 정치적 전쟁의 중요성을 강조한다는 점에서도 제2차 세계대전 당시 전격전(Blitzkrieg)과 비슷하다. 이 교리의 또 다른 핵심은 야전부대의

---

* 명령을 받을 때까지 대상 지역 내에 숨어 활동하지 않는 공작원 또는 정보요원이나 집단 등을 말한다.

침공에 대비하기 위해 선전과 전복을 활용하는 것이었다. 이 관행 또한 스페인 내전에서 시작되었다. 마드리드로 진군하던 파시스트 진영의 장군 에밀리오 몰라(Emilio Mola)는 당시 진격이 은밀한 "제5열(Fifth column)"*의 도움을 받았다고 밝힌 바 있다.

독일의 오스트리아와 체코슬로바키아 병합 초기에도 "제5열"의 기여가 컸다. 1940년 노르웨이 침공에서 독일은 노르웨이 장교 비드쿤 크비슬링(Vidkun Quisling)과 다른 나치 협력자들의 도움을 받았다. 이들의 도움은 실제로 매우 큰 역할을 했는데 윌리엄 L. 샤이어(William L. Shirer)의 표현처럼 노르웨이의 수도 오슬로(Oslo)는 사실상 무방비 상태로 현지 공항에 투입된 공수부대에 함락되었다. 전략적 요충지인 나르비크(Narvik)에서도 초기 방어군은 총 한 발 쏘지 않고 독일군에 항복했다.[20] 그 결과 영국-프랑스 연합군은 나르비크 상륙 작전에서 많은 희생을 치러야 했다.

우리 시대에서도 "제5열"의 예시를 확인할 수 있다. 러시아가 크림반도를 합병하기 위해 우크라이나를 방해하고 침략을 정당화할 수 있도록 프로파간다를 확산하면서 "가상공간의 제5열"을 동원했기 때문이다. 러시아는 나치 정권이 그랬던 것처럼 국민투표까지 동원해 피 한 방울 흘리지 않고 크림반도를 차지할 수 있었다. 우크라이나 정부의 효과적인 내부 저항이나 국제사회의 군사 개입도 없었다. 러시아는 1994년 부다페스트 안전보장 각서(Budapest Memorandum of Security Assurances)의 조건에 따라 우크라이나 영토에 대한 영국, 미국, 프랑스의 개입을 사실상 완전히 차단했다.

그러나 사이버에 기반한 정치 전쟁은 단순히 침략을 지원하는 것 이상의 목적을 달성할 수 있다. 미국 등 개방된 민주주의 국가들의 본질적 취약점을 노려 가짜뉴스로 불안과 혼란을 조장한 러시아의 사례가 대표적이다. 그렇다고 해서 정치 전쟁이 민주주의를 저해하는 데만 적합한 것은 아니다. 권위주의나 전체주의 정권의 통치자들도 그 희생자가 될 수 있다. 예를 들어 인터넷이 급격히 발전하기 전인 1980년대 로널드 레이건 대통령은 라디오와 직접 방송 위성(Direct Broadcast Satellite)을

---

* 사보타주, 역정보 확산, 간첩 등의 활동을 수행하는 비밀 조직을 말한다. 제5열이라는 용어는 에밀리오 몰라가 스페인 내전 당시 마드리드를 4열 종대로 포위하고 시내에 제5열이 잠복하고 있다고 선언한 것에서 유래했다.

비트전: 사이버전의 혁신

통해 정보 전략을 추진하면서 소련과 동유럽 통제에 박차를 가했다. 실제로 그 덕에 냉전이 종식되고 소련이 해체됐다는 주장도 제기된다.[21] 오늘날 사이버공간에 기반한 연결성은 독재자를 공격할 수 있는 더 많은 기회를 제공한다. 수십억 명의 사람들을 이어주는 소셜 미디어 이용자의 상당수가 권위주의 체제 아래 살고 있기 때문이다. 물론 독재자들도 이 사실을 알고 있기에 미디어를 통제하고 접근을 차단하기 위한 정책을 펼치고 있다. 이런 통제가 잠깐은 성공할 수 있겠지만 기술의 발전으로 더 광범위하고 쉬운 연결이 보장되면 자연스럽게 실패할 수밖에 없다. 제2차 세계대전 중 저항에 관한 소설을 집필한 존 스타인벡(John Steinbeck)의 "The Moon is Down"은 거의 모든 국가에 해적판으로 번역되어 나치 정권에 대한 반대 세력을 일으켰다.[22] 오늘날의 정보는 더욱 쉽게 확산된다. 그 효과도 더 강력하고 광범위하다. 최근 수십 년간 구소련권을 중심으로 벌어진 색깔 혁명(color revolution)과 아랍의 봄은 가상공간에서 벌어진 능동적 저항의 확산이 "현실 세계"를 움직일 수 있다는 사실을 보여줬다.

다시 제2차 세계대전으로 돌아가 보자. 당시의 물리적 저항은 무고한 민간인을 대상으로 벌어진 보복행위에도 굴하지 않고 나치의 운송, 통신 및 무기 제조 기반을 파괴하는 형태로 이루어졌다는 특징을 보인다. 가장 중요한 사보타주 사례로 나치의 핵무기 프로그램 운영에 필수적인 중수(heavy water) 공급을 막았던 노르웨이 저항군들의 작전을 들 수 있다. 나치 원자폭탄 제조의 핵심 인물 중 한 명인 물리학자 쿠르트 디브너(Kurt Diebner)는 노르웨이의 이 작전으로 인해 독일이 전쟁 당시 원자로를 자급자족할 수 없었다고 밝혔다.[23] 나치의 엄격한 통제에도 불구하고 존 스타인벡(John Steinbeck)의 소설 "The Moon is Down"이 만들어 낸 이미지처럼 영감을 주는 메시지는 영웅적인 저항 행위를 촉진하고 유지하는 데 도움이 되는 정보를 제공했다.

오늘날 대중들을 향한 정보의 흐름은 차단할 수 없다. "정보봉쇄(information blockades)"를 우회할 수 있는 기술은 저항에 적극적으로 참여할 수 있는 여러 시도에도 쓰일 수 있다. 따라서 폭발물을 사용하는 사보타주(sabotage)는 이른바 "사이보타주(Cybotage)"에 의해 강화될 수 있다. 서비스 거부 공격(DoS)을 통해 정보의 흐름과 기능을 방해하거나 데이터베이스를 파괴할 수도 있고 웜 및 다양한 악성 소프트웨어 등 비트와 바이트를 동원해 주요 장비에 물리적 손상을 일으킬 수도 있다.

이러한 사이보타주(Cybotage)의 대표적인 예가 바로 이란의 원심분리기를 파괴한 "스턱스넷(Stuxtnet)" 웜이다. 스턱스넷 웜은 제어 시스템을 조작해 원심분리기를 과도하게 빨리 회전시키는 방식으로 파괴했다. 미국의 국가안보국(National Security Agency, NSA)과 중앙정보국(Central Intelligence Agency, CIA) 국장을 지낸 마이클 헤이든(Michael Hayden) 장군에 따르면 컴퓨터에만 영향을 미쳤던 기존의 사이버 공격과 달리 스턱스넷은 사이버 공격이 실제 물리적 파괴로 이어진 첫 사례다.[24] 미국과 이스라엘이 공동 실행한 것으로 추정되는 이 작전은 이란의 초기 핵 프로그램 진행을 늦추는 데 목적을 두고 있었다는 점에서 제2차 세계대전 중 노르웨이 특공대의 독일 중수 생산 시설 공격과 유사하다.

스턱스넷이 이란의 원심분리기를 파괴한 것은 2010년이지만 이 웜은 이미 그전에 시스템에 심어졌을 가능성이 높다. 이후 핵확산 위기가 고조되기 시작하자 활성화된 것이다. 이란의 핵 문제를 해결하기 위해 2013년 예비 군비통제 협정(arms control agreement)을 거쳐 2015년 포괄적 공동행동계획(Joint Comprehensive Plan of Action)이 체결되었다. 그러나 미국이 2018년 탈퇴하면서 이 협정은 사문화되었고 2019년 이란은 공개적으로 동 협정의 조건을 위반하기에 이른다. 한편, 이보다 훨씬 전인 2012년 이란과 연계된 해커들은 보복을 위해 사이보타주(Cybotage)를 활용했다. 대용량 저장 및 컴퓨터 기능의 핵심인 마스터 부트 레코드(master boot records)를 공격하는 바이러스 "샤문(Shamoon)"이 약 3만 대가 넘는 사우디 석유 회사 아람코(Saudi Aramco)의 PC를 감염시켜 주요 데이터를 완전히 삭제하고 복구하지 못하도록 훼손한 것이다. 유사한 공격은 카타르에서도 발생했고 세계석유 산업의 핵심 기반이 사이보타주(Cybotage)에 취약하다는 광범위한 인식이 형성됐다.[25] 미국이 스턱스넷을 부인했듯 이란도 샤문에 대해 어떠한 개입도 하지 않았다고 밝혔다. 이처럼 사이버 전쟁의 은밀성은 익명성과 부인가능성에 의존하는데 실제 개입 사실이나 범죄의 결정적 증거가 밝혀진다면 분쟁이 심화되고 진짜 전쟁으로 이어질 우려도 있다.

스턱스넷 웜은 지멘스(Siemens)의 특정 장비에 맞춰 설계되었고 이란의 원자력 발전소 시스템에 신중하게 투입되었다. 그러나 이로 인해 다양한 SCADA 시스템이 광범위한 영향을 받았다. 실제로 스턱스넷 웜이 외부로 확산(in the wild)되면서 여러 변종들이 나타나기 시작했다. 먼저 2011년 Duqu 악성코드가 모습을 드러냈다.

이 악성코드는 침입과 정보수집을 목적으로 하는 스틱스넷 스타일의 공격 특성을 그대로 가지고 있었다. 이듬해 또 다른 변형인 플레임(Flame)이 등장하여 이란의 석유 산업을 공격했다. 2017년에는 트리톤(Triton)이 나타나 사우디 석유화학 공장의 안전 시스템을 무력화했다. 자칫 폭발로 이어져 대규모 인명피해와 환경 오염이 발생할 수 있었다. 다행히도 사고가 발생하기 전에 트리톤(Triton)이 발견되었고 포렌식 조사 결과 그 배후는 러시아로 드러났다. 스틱스넷 변형을 탐지하기 위한 여러 노력에 따르면 변형 악성코드는 여전히 전 세계로 확산 중이다.[26] 이외에도 베네수엘라 정부가 미국이 정권교체를 위해 자신들의 인프라를 공격했다고 주장하는 등 다른 악성코드를 사용한 사이보타주(Cybotage) 행위들도 곳곳에서 드러나고 있다. 아직은 부족하지만 이러한 주장이나 혐의가 늘어날수록 이른바 "쿨 워(Cool War)"에 대한 공포감도 점점 커질 것이다.

무엇이 이런 공격들을 "쿨(Cool)"하게 만들까? 2가지 핵심 요소를 꼽아볼 수 있다. 먼저, 이런 공격 행위는 은밀하게 수행되며 발견되더라도 공격자는 보복을 피하기 위해 행위를 부인하는 경우가 많다. 둘째, "쿨 워(Cool War)" 작전은 대상을 상당한 수준으로 방해하면서도 파괴나 인명 손실을 동반하지 않는 특성을 갖는다. 이러한 2가지 요인은 1981년 발간된 프레드릭 폴(Fredrik Pohl)의 SF 소설 "Cool War"에서 묘사한 분쟁의 특징과 유사하다. 그는 인터넷이 자리하기 10년 전부터 은밀한 운영자들에 의한 상품 가치의 하락과 주식 시장 붕괴 등을 예측하고 있었다.[27] 현재까지 사이버 전쟁으로 볼 수 있는 여러 비군사적 행위들은 "쿨(Cool)"의 범주에 포함된다. 전략적 범죄와 스파이 활동, 사이보타주에 이르기까지 공격자들의 신원은 대부분 확인하기 어렵고 공격에 대한 반격도 받지 않는다. 조셉 나이(Joseph Nye)의 통찰과 같이 공격자의 신원이 불확실하고 알려지지 않은 적들이 많은 사이버공간에서는 보복적인 처벌 위협이 효과적이기 어렵기 때문이다.[28] 또한 공격이 "쿨(Cool)"하려면 많은 것을 방해하면서도 파괴를 동반하지 않아야 한다. 이는 더 광범위한 전쟁으로 확대될 가능성을 최소화한다는 의미이기도 하다. 물론 폴이 소설에서 예견하였듯 작은 혼란의 빈발은 결국 살 수 없는 세상을 만들지도 모른다.

늘어나는 전쟁, 줄어드는 폭력?
More war, less violence?

사이버 전쟁의 "쿨(Cool)"한 측면이 또 있다. 일반적으로 '쿨'이라는 단어는 미묘하게 매력적이거나 통찰력이 있거나 혁신적인 것을 설명하는 데 사용된다. 데이빗 론펠트(David Ronfeldt)와 내가 1990년대 초 랜드 연구소에서 처음 구상한 "쿨(Cool)한 사이버 전쟁"도 그런 의미를 담고 있었다. 우리에게 "사이버"란 단순한 사이버공간 그 이상을 뜻했다. 우리는 그리스어 어원인 "Kybernan"에서 "조종하다"라는 의미를 도출하고 반응을 활용한 통제 절차를 뜻하는 노버트 위너(Norbert Wiener)의 "사이버네틱스(cybernetics)" 개념을 연동했다.[29] 이를 통해 우리는 군사 분야에서 나타나는 통신, 감지, 무기체계 및 자동화 등 정보기술의 발전이 전쟁과 전투 교리에 혁명적인 변화를 촉진할 것이라는 점을 암시하고자 했다. 지상, 해상, 공중에서 정보 우위를 차지하면 더 작고 민첩하며 네트워크화된 부대로 더 큰 군대를 물리칠 수 있었다. 특히 이러한 우리 입장의 상당 부분은 13세기 몽골의 정복 과정을 살펴보면서 형성되었다. 칭기즈칸의 무리는 종종 마주치는 군대보다 규모가 작았다. 그럼에도 칭기즈칸이 정복에 성공할 수 있었던 핵심 요인은 19세기 미국의 조랑말 우편(Pony Express)과 유사한 역참 제도였다. 몽골 군대는 신속한 지휘소통 체계에 기반하여 적군의 배치와 구성, 움직임을 거의 실시간으로 파악할 수 있었다.

또한 론펠트와 나는 당시 선전과 심리 조작, 정치적·문화적 전복, 지역 언론 간섭, 컴퓨터 네트워크와 데이터베이스에의 은밀한 침투 등을 포함하는 광범위한 정보적 분쟁의 잠재력을 인식하고 있었다. 이후 25년 넘게 발생한 정치적 전쟁과 사이버공간을 기반으로 한 혼란은 우리의 예측을 입증했다. 그러나 우리는 선진 군대의 정보시스템 의존도가 급격히 증가하고 있다는 점을 더 크게 우려했다. 더 나은 정보를 가진 쪽이 더욱 확실하게 승리하고 더 뛰어난 지휘를 받는 소수의 병력이 일방적인 승리를 쟁취할 수 있게 될 것이었다. 정보 영역에서 우위를 점한 진영은 가볍고 고도로 유동적인 소수의 전력만으로 양측의 인명 손실 없이 중무장한 대규모 적군의 항복을 받아낼 수 있게 된 것이다.[30] 이처럼 더 적은 희생을 낳으면서도 더욱 결정적인 작전의 가능성은 사이버 전쟁의 좀 더 순수한 군사적 요소, 즉

"비트전(Bitskrieg)"에 있다.

이 새로운 전쟁 수행방식은 제2차 세계대전 당시 핵심 정보기술인 무선통신을 통해 탱크와 항공기를 조정했던 "전격전(Blitzkrieg)"의 초기 결정력을 승계한다. 1940년 봄 프랑스를 침공한 독일군은 불과 몇 주 만에 양측 모두에 상대적으로 적은 수의 희생자를 내며 놀라운 승리를 거두었다. 존 키건(John Keegan)은 이 신속한 돌파의 결과를 두고 "마지막 몇 주간은 거의 꽃들의 전쟁 같았다"고 묘사했다.[31] 이듬해 봄 유고슬라비아에서 독일군은 100만 명의 수비군을 10일 만에 격파하고 151명의 전사자를 냈다. 심지어 베오그라드(Belgrade) 공세에서 독일의 제41기갑군단은 단 1명의 전사자를 냈다.[32] 러시아 및 북아프리카에서도 독일군은 스탈린그라드와 엘 알라메인에서의 회전(set-piece battle)* 상태에 빠지기 전까지는 유사한 성공을 거두었다. 이후 러시아의 주코프(Zhukov) 원수와 미국의 패튼(Patton) 장군 등 연합군의 야전 사령관들도 신속하고 결정적인 전격전 형태의 작전을 펼쳤다. 1967년 이스라엘은 6일 만에 아랍 연합군과 전격전을 벌여 승리했다. 1971년 인도군도 13일 만에 파키스탄을 상대로 결정적인 승리를 거뒀다. 영국의 카버 경(Field Marshal Lord Carver)은 후에 이를 "진정한 전격전"이라고 평가했다. 6일 전쟁도 비슷했다.[33]

그런데 1991년 이라크의 쿠웨이트 침공을 저지하기 위해 벌어진 걸프전(Desert Storm)에서는 매우 다른 양상이 펼쳐졌다. 이라크는 약 8년간 이란과의 피비린내 나는 전투를 치르며 미군의 사정거리를 넘어서는 러시아제 포 등 대규모의 현대적 군대를 갖춰 왔다. 소련과 서구의 현대 기동전 이론도 잘 인지하고 있었다. 게다가 슈바르츠코프(Schwarzkopf) 장군의 유명한 "레프트 훅(left hook)" 작전이 수행된 지역은 이라크의 주요 탱크 훈련장이기도 했다. 그럼에도 불구하고 연합군의 지상 공세는 단 4일 만에 50개 이상의 사단으로 이루어진 이라크군을 격파했다. 연합군의 전사자는 148명이었고 7만 명 이상의 이라크 군인들이 포로로 잡혔다. 이러한 결과의 핵심 요인은 이라크군이 눈먼 싸움을 했던 반면 연합군은 거의 모든 적 부대의 위치와 포병 부대의 사각지대, 나아가 적 부대가 언제 어디로 이동할 지까지도 알고 있었기 때문이다. 실로 엄청난 격차를 만들어 낸 정보 우위였다. 사실 걸프전 기획 당시에는 이 작전의 가치가 제대로 평가받지 못했다. 1990년 8월부터 1991년 2월까지

---

* 회전(會戰)이란 전투에 임하는 양측이 특정 시기에 일정 장소에 모여서 벌이는 대규모 전투를 말한다.

나는 슈바르츠코프 장군을 지원하는 랜드 연구소 전략 분석팀의 일원이었다. 당시 연구를 통해 나는 정보와 감시, 정찰 분야에서 우위를 차지할 경우 위험과 희생을 최소화하면서 이라크 주둔지의 측면을 과감하게 공격할 수 있을 것으로 확신했다.

그러나 다수의 고위 장교들은 "레프트 훅"이 너무 위험하다고 생각했고 보다 직접적인 접근을 선호했다. 몇 주에 걸쳐 열띤 토론이 계속되었다. 슈바르츠코프 장군은 정보 우위의 힘을 믿기로 결정하고 "레프트 훅" 작전의 손을 들어주었다. 실제 작전에서 연합군의 우위는 감시와 통신뿐만 아니라 무기체계의 성능 확산에도 기여했다. 케네스 앨러드(Kenneth Allard) 대령은 이러한 "전환"이 가능했던 이유를 다음과 같이 평가했다:

원거리에 위치한 적을 총 한 발로 살상하기 위해 쓰였던 컴퓨터 보조 무기는 최전방 병사들의 재고품이 되었다. 전장에서 최전방 병사들은 이제 전투 관리(battle management) 시스템을 통해 적군과 아군, 그리고 수송 등 모든 중요한 움직임을 감시하는 지휘관과 참모들의 지원을 받는다. 모든 정보와 첩보, 명령과 권고 등으로 구현되는 전략 지시는 끊임없이 흐르는 디지털 데이터의 강물과 같다.[34]

걸프전의 교훈을 전하기 위해 나는 동료인 데이비드 론펠트(David Ronfeldt)의 사무실로 찾아가 이제 "사이버 전쟁(Cyberwar)"의 시대가 도래했다는 점을 강조했고 우리는 군사 문제의 진정한 혁명을 촉구하기 위해 질주하기 시작했다.

일부 군사 전문가들이 정보 우위의 가치를 강조하는 우리의 입장을 수용했다. 우리는 정보 우위의 현상을 체스 게임을 활용한 사고 실험에 비유했다. 이 실험에 따르면 한쪽은 자신의 말만 볼 수 있도록 시야가 제한된다. 다른 한쪽의 말은 우연히 마주치거나 포획당했을 때에만 모습을 드러낸다. 이런 상황에서 정보 우위를 차지한 쪽은 적은 수의 말로도 승리할 수 있을까? 만일 그렇다면 얼마나 적은 수로도 가능할까? 완전한 정보 우위를 차지한 쪽은 말의 수가 적어도 무조건 승리할 수 있었다. 이제 문제의 핵심은 이러한 정보 우위의 물적 가치를 평가하는 일이었다.

정보 우위의 가치를 높이 평가한 가장 영향력 있는 관료는 당시 네트워크 평가국장 (Director of Net Assessment)으로 근무하던 전설적인 국방부 전략가 앤드류 마셜(Andrew

Marshall)이었다. 그와 그의 주변 사람들은 우리의 논리에 공감하고 정보적 관점에서 조직을 재설계하고 군사교리를 혁신하는 "군사 혁신(Revolution in Military Affairs, RMA)"의 중요성을 강조하기 시작했다. 그러나 그 외 대부분의 군 관계자들은 "Revolution"이라는 단어 자체를 꺼렸다. 진정한 RMA는 추진하기 어려웠고 사이버 전쟁에 대한 관심도 시들었다. 이후 인터넷이 발전하고 웹의 진화가 빨라졌다. 사이버 전쟁의 개념은 물리적 전쟁의 영역과 분리되어 가상공간 안팎의 작전 범위로 좁혀졌다. 그런데 이렇게 축소된 개념이 굉장한 관심을 끌기 시작했다.

이러한 개념적 이해를 옹호했던 초기 전문가들은 핵전략 및 공군 전력 분야에서 활동하던 사람들이었다. 당연히 이들은 사이버공간에서 벌어지는 작전을 국가의 도시와 주요 기반 시설을 대상으로 하는 전략적 공격의 한 형태로 이해했다. RAND 연구소의 전문가들도 여러 세대에 걸쳐 핵전략과 공군 전력의 복잡성을 분석했던 것처럼 사이버 전략에 관해서도 상당히 제한된 관점으로 접근하고 있었다. 특히 전략적 정보전(Strategic Information Warfare)과 이를 시험할 수 있는 탁상 워게임(table-top wargame)으로 저명한 로저 몰랜더(Roger Molander)의 팀이 대표적이다.[35]

그러나 이러한 접근은 다음 전투의 양상이 될 수 있는 비트전(Bitskrieg)의 속성을 이해하지 못한 것이었다. 이후 몇 년에 걸쳐 어떻게 전력망 운영을 중단시키고 SCADA 시스템을 장악할 수 있는지, 나아가 어떻게 해야 1951년 영화 "지구가 멈추는 날(The Day the Earth Stood Still)"[36]의 외계인 특사 클라투(Klaatu)가 30분 동안 전 세계의 전력 시스템을 중단시켜 얻어냈던 광범위한 심리적 효과를 창출할 수 있는지에 관한 기술적 탐색이 이루어졌다.

파괴적인 힘을 보여주며 지구인들에게 폭력을 우주로 확산하지 말라고 요구했던 클라투의 시도가 통할지 여부는 분명하지 않다. 그러나 이와 별개로 론펠트와 나는 사이버 전쟁을 단순히 일종의 전략적인 "대량 방해 무기(weapon of mass disruption)" 정도로 취급하는 일에는 강력히 반대했다. 이런 사이버 전쟁의 양상에서는 핵 갈등에 수반되는 상호확증파괴(Mutually Assured Destruction, MAD)와 이로 인한 공포 및 상호 억제 효과를 도출할 수 없다. 사이버 전쟁의 "전략적" 측면을 설명하면서 과거 공중에서의 "전략 폭격"을 통해 얻은 승리를 언급하는 경우도 있다. 그러나 정치적, 군사적 또는 심리적 목표를 달성한 공습 작전은 거의 없었다.[37] 론펠트와 내가 수십 년 동안 주장해왔듯이 사이버 전쟁을 제임스 애덤스(James Adams)가 고안한 용어인 "전략적 공격 패러다임(strategic attack paradigm)"[38]의 한 유형으로 이해해서는 안 된다. 이는 심각한 오류로 이어져 아무런 결과도 얻지 못하고 파멸적인 비용을 초래할 것이다. 결국 우리는 지상, 해상 및 항공우주 환경에서 병력을 강화하기 위해 정보시스템을 훨씬 더 전술적으로 활용해야 한다고 강조하면서 비트전(Bitskrieg)으로의 전환을 추진할 수 있는 실제 사례를 만들기로 했다.

이 노력을 실현할 수 있는 중대한 첫 기회는 1999년 코소보에서 찾을 수 있었다. 당시 북대서양 조약 기구(North Atlantic Treaty Organization, NATO)는 세르비아인들의 코소바 주민 침탈 행위를 중단시키려고 했다. 나는 합참의장인 헨리 휴 셸턴(Henry Hugh Shelton) 장군을 지원하는 팀에서 근무했다. 우리는 코소보 해방군(Kosovo Liberation Army, KLA)에 우리 특수부대의 핵심 전력을 투입해야 한다고 제안했다. 미 육군 특전부대인 그린베레(Green Berets) 정예군이 코소보군과 협력하고 공군 및 미사일 부대와 ISR* 네트워크를 연계해 세르비아군을 신속하고 안정적으로 제압한다는 구상이었다. 셸턴 장군은 특수부대가 코소보 해방군과 협력하도록 하자는 제안을 수용했으나 이에 수반되는 위험에 대한 비판과 우려 때문에 실제 작전으로는 이어지지 못했다. NATO의 지도자들은 공군 전력만을 활용한 작전이 "진정한 진전을 이루고 있다"고 주장했다. 게릴라식 작전은 통하지 않을 것이며 지상 전력을 활용하려면 훨씬 더 큰 병력을 투입해야 한다고 봤다.[39] 클린턴 대통령도 NATO의 입장을 지지했다. 결국 78일간 공습이 진행되었다. 다수의 민간인 사상자가 발생하였고 세르비아 야전군은 거의 피해를 입지 않았다. 그러나 다행히 세르비아군이 코소보에서 철수하면서 전쟁은 종결되었다.

이보 달더(Ivo Daalder)와 마이클 오핸론(Michael O'Hanlon)의 묘사를 빌리자면 코소보 전쟁의 결론은 "추한 승리(winning ugly)"였다.[40] 무엇보다 최초로 본격적인 비트전(Bitskrieg)을 수행할 기회를 놓친 것이기도 했다. 어느 정도는 코소보 해방군 진영이 세르비아인들을 강제로 움직이게 했고 전투기가 그들을 탐지, 추적, 공격할 수 있도록 지원했다. 그러나 더욱 빠르고 정확한 근접 공중 지원을 위해 코소보 반군과 NATO를 연결해주려면 그린베레의 더 많은 역할이 필요했다. 론펠트와

---

* Intelligence, Surveillance and Reconnaissance. 군의 정보감시정찰 자산을 말한다.

나는 실망했다. 그러나 코소보 전쟁이 끝난 직후 우리는 미래 군사 작전이 지향해야 하는 방향을 더 공개적으로 강조할 수 있게 됐다.[41] 이러한 우리의 개념이 실제 실현되기까지는 그리 오랜 기간이 필요하지 않았다. 2001년 9월 11일 미국이 공격받았기 때문이다. 곧 알카에다가 테러를 주도했고 아프가니스탄의 탈레반 정부가 이를 지원했다는 사실이 밝혀졌다. 미국은 대규모 지상군을 소집할 시간이 없었다. 내륙에 둘러싸인 이 나라에 대규모 부대를 파견해 보급을 지원하는 일은 쉽지 않았다. 그 결과 2001년 말 그린베레의 11개 "A-특공대(A-teams)"가 아프가니스탄에 투입되었다. 파견 병력은 200명도 채 되지 않았다.

이들은 곧 북부동맹의 우호적인 아프간 주민들과 협력했다. 북부동맹은 탈레반에게 크게 패하고 영토의 약 95%를 빼앗긴 상황이었다. 그러나 공중 전력과 함께 고도로 네트워크화된 소수의 미군이 지원하기 시작하자 이들은 알카에다를 물리치고 탈레반을 단기간에 몰아냈다.[42] 론펠트와 나는 주요 정보 우위를 활용해 작은 군대로도 훨씬 더 큰 적을 물리칠 수 있다는 사실을 확인했다. 현지 동맹 군벌의 병력은 적보다 훨씬 열악한 수준일 때에도 승리할 수 있었다. 결과적으로 연이은 패배로 사기가 저하된 북부동맹의 전사들은 다시 승기를 가져왔다. 말을 타고 그들과 함께 싸운 소수의 미군 전문가들이 정보감시정찰(ISR) 자산과 전투기에 상시 연결되어 있었기 때문이다. 당시 국방부 장관이었던 도널드 럼즈펠드(Donald Rumsfeld)는 여러 고위 장성들의 반대를 물리치고 그린베레를 투입했다. 그 결과 미국은 "군사적 변혁(military transformation)"의 기회를 엿볼 수 있었다.[43]

그러나 국방부 지도자들은 "혁명(revolution)"이라는 단어만큼 "변혁(transformation)"이라는 개념도 좋아하지 않았다. 실제로 2003년 이라크 침공 작전을 논의하면서 이들은 "충격과 공포(shock and awe)"로 압도할 수 있는 탱크 공격을 선호했다. 북쪽의 쿠르드족과 남쪽의 시아파를 중심으로 하는 토착 반군단체에 고도로 네트워크화된 소규모 부대를 심어 이른바 "아프가니스탄 모델"을 다시 사용하려는 도널드 럼즈펠드의 의견은 통하지 않았다. 결국 작전은 제2차 세계대전 당시 독일 전격전의 선구자인 하인즈 구데리안(Heinz Guderian)이 기갑 부대 사령관들이 쉽게 알아볼 수 있도록 만든 각본에 따라 전통적인 방식으로 전개되었다. 존 키건(John Keegan)은 연구를 통해 이 점을 지적하면서 당시 침공은 연합군이 가능한 최고 속도로 진격하면서 저항을 무시하고 반드시 필요한 때에만 전투를 중단한다는 원칙에 입각했다고 서술했다.[44] 그 결과 재래식 군사 작전은 원활히 진행되었으나 직후 지독한 반란이 일어나 점령군을 수년에 걸쳐 괴롭혔다. 이를 진압하기 위해 더 많은 병력을 파견할수록 사제폭발물(improvised explosives)과 저격수들의 희생양이 늘어날 뿐이었다. 이후 럼즈펠드의 모델을 뒤집고 아프가니스탄에도 대규모 병력이 충원되었다. 4년 동안 비교적 조용했던 아프가니스탄에서도 결국 반군이 일어났다. 전격전 교리는 이라크와 아프가니스탄 모두에서 무용지물이었다. 미군과 연합군은 과거 프랑스군이 인도차이나 지역에서 수렁에 빠졌을 때 사용했던 용어인 "enlisement(교착)" 상태로 고통받았다.

이러한 교훈을 통해 우리는 사이버 전쟁이 반란과 테러리즘 대응에 어떻게 적용되는지 살펴볼 수 있다. 정보 우위는 재래식 전쟁뿐만 아니라 비정규 전투나 분쟁에서도 중요하다. 정보가 없거나 정보를 활용할 수 있는 지식으로 정제할 수 없으면 전투는커녕 적을 식별하는 것조차 어렵기 때문이다. 정보적 차원을 강조하는 사이버 전쟁은 적을 해킹하고 자신의 군대를 감각적 조직(sensory organization)으로 전환할 것을 요구한다. 이를 통해 군대는 그 자체로 탐지 장비(sensor)이자 사수(shooter)로도 기능할 수 있다. 21세기 분쟁의 핵심에 관한 폴 반 리퍼(Paul Van Riper)와 F. G. 호프만(F. G. Hoffman)의 표현을 빌리자면 "전쟁에서 가장 중요한 것은 인지 영역에서 상대적 우위를 얻고 이를 유지하는 것"이었다.[45]

미군이 베트남전에서 패배한 것도 적의 성향과 움직임, 의도에 대한 지식이 부족했기 때문이었다. 베트남에서 반군은 오랜 시간 숨어있을 수 있었고 적의 계획과 작전을 더 잘 알고 있었다. 소규모 육군 및 해병대 수색대가 미끼를 매달아 게릴라를 찾아내려는 시도는 비용이 많이 들고 효과가 없는 것으로 판명되었다. 마이클 맥클리어(Michael Maclear)는 오히려 베트콩들이 수색대를 특정한 매복 지점으로 유도하고 있었다고 설명했다.[46] 이 문제는 베트남에서 제대로 해결되지 못했고 미국이 침공을 주도한 아프가니스탄 전쟁과 이라크 전쟁의 반군 대응 과정에서 다시 발생했다.

데이비드 퍼트레이어스(David Petraeus) 장군은 이라크 침공 후 첫 3년(2003년~2006년) 동안 점령군의 역량이 약화된 가장 큰 이유를 반란군 네트워크에 대한 정보를 수집하지 못했기 때문이라고 생각했다. 당시 현지 지휘권을 쥐고 있던 퍼트레이어스는 쿠르드 북부에서 사용했던 기술을 반복해서 적용했다. 몇 안 되는 주요 전진 작전기지(forward operating bases)를 활용해 정찰이나 습격을 하는 것보다 현지에 스며드는 방식을 택했던 것이다. 빅터 데이비스 핸슨(Victor Davis Hanson)이 설명한 것처럼 그는 부하들을 기지 밖으로 내보내 이라크 지역 공동체에 녹아들게 하고 인간 정보(human intelligence)를 활용하도록 했다.[47] 이는 군사 전략인 동시에 정보 전략이기도 했다. 특히 알카에다 간부들에 의해 피해를 입었다고 생각하는 이라크 현지인들로부터 반군 정보를 수집하면서 반군의 정보력은 점차 약해졌다. 이라크 내 폭력 사태는 1년도 지나지 않아 급격히 줄어들었다. 정보 우위의 선점을 강조했던 퍼트레이어스 이전에는 매년 약 4만 명의 무고한 이라크인들이 테러리스트들에게 살해됐다. 그러나 퍼트레이어스 이후 2008년부터 2011년 말 미군이 철수할 때까지 알카에다에 희생된 사람들은 연간 수천 명으로 줄었다. 2014년 미군이 알카에다의 분파 세력인 이슬람 국가(Islamic State in Iraq and Syria, ISIS) 문제로 다시 돌아왔을 때에는 퍼트레이어스의 모델이 보편적으로 사용되었다. 소수의 미군만이 파견되었으며 이들은 토착 세력과 밀접하게 협력하여 ISIS를 철저히 격파했다.

그러나 정보 우위를 확보하고 유지함으로써 분쟁 과정을 통제, 조종하는 사이버 전쟁의 양상에 찬성하는 사람들은 많지 않다. 여전히 사이버 전쟁을 사이버공간에 기반한 작전으로 제한하는 견해가 지배적이다. 2001년의 아프가니스탄에서는 소규모 병력을 우호적인 부족에 분산 배치하여 큰 효과를 얻을 수 있었다. 그러나 이러한 경험에도 불구하고 아프가니스탄에서는 퍼트레이어스의 접근법을 반복하지 못함으로써 탈레반 반군이 다시 세력을 잡고 확장할 수 있었다. 심지어 전 세계에서 벌어지는 광범위한 대테러 작전에서는 사이버 전쟁의 기술적인 개념에 그치는 매우 제한적인 접근소차노 활용뇌지 않았다. 탈레반의 시위통세 시스템과 인력, 자원, 무기 및 재정 업무는 모두 해킹할 수 있는 파키스탄 현지 및 지도자들과의 통신 시스템에 의존하고 있다. 이러한 탈레반의 통신 시스템이 건재하다는 점에서 반군이 계속 성장하고 있다는 사실을 유추할 수 있다. 전 세계적인 대테러 노력도 마찬가지다. 사이버공간은 여전히 테러 조직들의 피난처. 물론 테러 조직들은 종종 현실의 택배나 우편을 활용하기도 한다. 그러나 탈레반은 물론 ISIS, 알카에다, 헤즈볼라 및 그 밖에 더 광범위하게 활동하는 여러 지하조직들은 사이버나 전자통신의 보안을 신뢰하지 못할 경우 금방 무력화될 것이 분명하다. 관련 시스템들이 비밀리에 손상된다면 조직 자체도 무너질 수 있다. 사이버 전쟁의 아주 작은 요소라도 대테러 전쟁의 핵심 수단으로 활용한다면 그 결정력을 증명할 수 있을 것이다. 그러나 여전히 유사한 사례는 나타나지 않았고 세상은 훨씬 더 나빠지고 있다.

지능형 전쟁 기계의 등장
Rise of the intelligent machines of war

사이버 전쟁의 또 다른 쿨(cool)한 측면은 로봇의 부상, 즉 인공지능 기술에 있다. 인공지능 기계와 기기, 그리고 여기에 내장된 소프트웨어는 피드백을 통해 통제한다는 노버트 위너(Norbert Wiener)의 원칙이 적용된 궁극적인 사이버 도구다. 1950년대 위너가 인간의 인간적 활용(human use of human beings)에 대해 고민했듯이 이제 우리는 인공적 존재의 활용(human use of artificial beings)에 대해 생각해야 한다. 이미 많은 국가들이 사이버공간에서 자동화 기술을 사용하고 있다. 정보시스템을 방어하는 봇(bot)은 공격에 대응하기 위해 스스로 활동할 수 있는 권한을 갖고 있다. 사이버공간에 기반한 공격은 종종 사람이 탐지하고 추적하거나 차단하기에는 너무 빠르다. 실제로 사이버공간에서는 웹상의 방대한 정보를 수집하는 인공지능 거미들(spiders)이 활용된다. 전 세계의 선진 민주주의 국가들은 이러한 능력을 제한하기 위해 노력하고 있다. 그리고 무엇보다 실제 물리적 전투에 활용되는 로봇들을 통제하기 위해 사람의 개입(human in the loop)이 반드시 필요하다고 요구한다. 국제연합(UN)과 많은 비정부기구들은 이른바 "킬러로봇(killer robots)"의 개발을 금지하기 위한 운동을 펼치고 있다. 안토니오 구테흐스(António Guterres) 사무총장은 2018년 말에 열린 "웹 서밋(web summit)"에서 이 문제의 심각성을 강조했다:

> 사람의 생명을 앗아갈 수 있는 힘과 재량을 가진 기계는 정치적으로 용납할 수 없고 도덕적으로도 혐오스럽다. 이러한 기계의 개발과 활용은 국제법으로 금지해야 한다.[48]

구테흐스의 연설은 이미 킬러로봇 금지 법안에 서명한 25개국과 교황청의 입장에 힘을 실어주었다. 연설 직후 이 대열에 2개국이 추가로 합류했다. 그런데 이 글을 쓰고 있는 2020년 현재 어떤 NATO 회원국도 치명적 자율무기(Lethal Autonomous Weapons, LAWs)의 금지를 지지하지 않고 있다. 러시아도 마찬가지다. 중국은 이러한 무기를 전면에서 사용하지는 말아야 한다고 주장하면서 개발과 생산은 여전히 허용하고 있다. 흥미롭게도 학계 및 첨단기술 분야의 전문가와 기업가들이 군사용 로봇공학의 부상을 막아야 한다고 주장했다. 2015년에는 인공지능 전문가 1,000명이 반대 의사를 밝히는 공개서한에 서명했다. 스티븐 호킹(Stephen William Hawking)이나 일론 머스크(Elon Reeve Musk)와 같은 유명 인사들도 로봇의 등장이 인류의 종말로 이어질 수 있다는 입장을 취한다.[49] 이런 입장은 지난 수십 년에 걸쳐 주장되었지만 일반 대중이 이 문제를 인식하게 된 대표적인 계기는 1984년 개봉한 영화 터미네이터(The Terminator)라고 볼 수 있다. 이후 더 강렬한 인상을 심어준 영화 매트릭스(The Matrix)와 재방영된 드라마 시리즈 배틀스타 갤럭티카(Battlestar Galactica)는 1942년 소개된 아이작 아시모프(Isaac Asimov)의 평화주의적 로봇 법칙(Pacifistic Laws of Robotics)을 무색하게 만들었다.

아놀드 슈워제네거(Arnold Alois Schwarzenegger)가 처음으로 인류를 공포에 떨게 만들었을 때 과학자이자 소설가인 마이클 크라이튼(Michael Crichton)은 다음과 같이 주장했다:

초지능 기계(super-intelligent machine)가 나타나도 인류는 살아남을 것이다. 앞으로 수년 안에 우리가 우리의 창조물에 의해 대체될 것이라는 두려움은 애완동물처럼 함께하게 될 컴퓨터를 두려워하는 꼴이다. 즉, 이는 곧 인간과 기업에 대한 신뢰의 결핍을 뜻한다. 우리의 선조들도 기차, 비행기, 전기의 위협을 받았다. 오늘날 이런 기술은 당연한 일상이 되었다. 마찬가지로 우리가 오늘날 컴퓨터의 위협을 우려하더라도 우리 후손들에게 초지능 기계는 당연한 기술이 될 것이다.[50]

수십 년 내에 인공지능 경계주의자들(AI alarmists)이 옳았는지 여부는 확인할 수 없을 것이다. 아마 몇 세기가 걸릴지도 모른다. 그럼에도 인공지능은 현실에서 삶의 모든 영역으로 스며들 것이다. 무엇보다 군사 및 안보 영역에서 급격히 확산될 가능성이 높다. 실제로 현재 인공지능 개발 동향들을 살펴보면 육군과 해군, 공군과 우주군은 곧 스스로 감지해 사격하고 심지어 일부 전략도 수립하는 로봇들로 가득

찰 것이 분명하다.[51] 이미 권위주의 국가들은 자유주의 진영보다 훨씬 더 적극적이고 광범위하게 로봇을 수용하고 있다. 중국은 인공지능 군비 경쟁에서 크게 앞서나가고 있다. 한 연구에 따르면 중국은 이미 인공지능 초강대국에 들어섰지만[52] 세계를 선도하는 인공지능 기업과 학자들을 보유하고 있는 미국은 중국에 뒤처지고 있다.

미국 등 개방적이고 시장 지향적인 사회가 인공지능 군비 경쟁에서 뒤처지는 이유는 다음 장에서 다룰 예정이다. 개인과 기업, 정부와 군, 그리고 사회와 안보에 강력한 영향을 미친 다른 기관들, 무엇보다 세계 민주주의에 지속적이고 심각한 영향을 미친 정책들도 함께 소개할 것이다. 자유주의 진영이 지난 세기 정보기술을 활용해 파시즘과 공산주의를 모두 "해킹"하는 데 성공했음에도 불구하고 오늘날 사이버 문제로 심각한 곤경에 처해 있어야 한다는 사실은 역설적이다. 실제로 제2차 세계대전 당시 연합군은 영국의 울트라(Ultra) 작전과 미국의 매직(Magic) 작전*에서 세계 최초의 고성능 컴퓨터로 정보 우위를 선점해 승리를 거머쥘 수 있었다. 독일의 에니그마(enigma) 암호 시스템과 일제의 암호를 해킹함으로써 1942년 미드웨이 해전처럼 물리적인 상황 자체가 불리했던 상황도 역전할 수 있었다. 1944년 노르망디 지역에서 벌어진 대서양 전투에서도 해킹이 중대한 역할을 했다. 동부 전선에서도 연합군은 해킹한 정보를 러시아와 공유하면서 협력했다.[53] 그러나 오늘날 민주주의 국가는 사이버 시대의 울트라 작전과 매직 작전을 고려하지 못한 채 재앙을 자초하고 있는 듯하다.

소셜 네트워크와 "네트워크 전쟁"의 시대
An era of social networks and "netwars"

의심할 여지 없이 사이버 전쟁이 전 세계적으로 증가하고 있다. 개인과 회사, 그리고 모든 종류의 기관들은 주로 금전적 이익을 노린 사이버 공격에 가장 직접적인 타격을 받고 있다. 그러나 최근에는 주로 국가 목표를 지원하기 위한 지식재산 탈취, 스파이 행위 및 정치적 전쟁으로 구성된 "전략적 범죄"와 전복의 영역도 빠르게

---

* 두 작전명은 각각 독일과 일본의 암호를 해독하기 위해 수행됐던 작전을 말한다.

확장 중이다. 이와 같은 상황들은 방어 시스템이 매우 부족하다는 점을 방증한다. 사이버 전쟁의 "전략적" 접근에만 중점을 두는 관행은 다양한 정보통신기술의 발전으로 가능해진 비트전(Bitskrieg) 교리의 성장을 방해했다. 무엇보다 세계 군비 경쟁의 최전선에 있는 지능형 기계의 급격한 진화와 관련하여 흥미로운 현상이 있다. 계획경제에 의존하는 권위주의 사회가 경쟁을 중심으로 하는 시장 기반의 자유주의 국가를 앞서고 있다는 점이다. 여러 유형의 해킹과 사이보타주(cybotage), 정치 전쟁 및 새로운 유형의 전투 방식에 이르기까지 모든 형태의 사이버 전쟁은 근본적으로 "쿨(cool)"하고 군대에 "쿨(cool)"함이 요구된다는 점도 확인했다. 그런데 경직된 거버넌스 체계와 과도한 통제를 유지하며 최적화되지 못한 것으로 간주되는 국가들이 오히려 "쿨(cool)"한 전쟁 기술의 개발 경쟁에 앞서고 있다는 점은 의외가 아닐 수 없다.

"쿨(cool)"의 또 다른 중요한 측면은 마샬 맥루한(Marshall McLuhan)의 견해로부터 확인할 수 있다. 반세기 전 지구촌의 전쟁과 평화를 고민하던 맥루한은 "차가운 미디어(cool media)"라는 개념을 고안했다. 맥루한에 따르면 접근성과 참여도가 보장되는 기술일수록 "차가운 속성(coolness)"을 갖는다. 즉, 차가운 미디어(cool media)는 청중에 의해 높은 참여도와 완성도를 갖게 되는 것이다.[54] 유튜브(YouTube)가 보장하는 상호작용과 참여의 수준을 생각해 보라. 결국 실질적인 관점에서 "차가운(cool)"이라는 맥루한의 표현은 모든 개인이 어떤 형태로든 권력과 영향을 발휘해 기존의 질서와 권력 구조를 위협할 수 있다는 점을 뜻한다. 맥루한은 실제로 세상이 "차가운 전쟁(cool war)"의 상태로 향하고 있다고 주장했다.[55] 독일 적군파(Baader-Meinhof Gang) 및 미국 민주사회학생회(American Students for a Democratic Society) 등과 같은 소규모의 폭력적 운동뿐만 아니라 시민권과 투표권의 쟁취, 반전 운동, 팔레스타인 지원, 환경 보호 등 대규모 사회적 운동 사례들을 돌아보면 모두 "차가움(cool)"으로의 변화를 강조했던 맥루한의 선견지명과 일치한다. 오늘날의 다양한 테러 단체들도 이러한 맥락에 부합한다.

그러나 1980년대 폴란드의 자유노조 "연대(Solidarity)"와 체코의 "벨벳 혁명(velvet revolution)" 등 대규모 참여가 보장되는 소위 "쿨(cool)"한 소셜 네트워크의 부상과 그 힘을 예고한 것은 1960년대 벌어진 대중 운동이었다. 이후 벌어진 대부분의 색깔 혁명(color revolutions)도 비슷한 양상을 보였다.[56] 완전히 성공하진 못했던 아랍의 봄(Arab Spring) 조차도 맥루한의 "차가움(cool)"의 개념에 부합한다. 중남미 국가부터 중동의 레바논, 이라크, 이란, 그리고 홍콩까지 전 세계를 휩쓴 2019년 사회적 저항의 물결도 마찬가지다. 시민과 네티즌의 상호작용, 그리고 높은 수준의 참여가 주도한 움직임이었기 때문이다. 맥루한의 표현을 빌리자면 이 모든 운동들은 그야말로 "멋졌다(cool)." 본질적으로 지도자가 없는 그들은 중앙의 통제 없이도 공동의 목표를 추구하는 방식으로 네트워크를 형성했다. 케빈 켈리(Kevin Kelly)는 맥루한의 개념을 확장해 디지털 미디어의 "차가운 속성(coolness)"에 주목했다.[57] 데이비드 론펠트(David Ronfeldt)와 나는 국가 내 분쟁에서 나타나는 사이버 전쟁의 하위 집합을 설명하기 위해 "사회적 네트워크 전쟁(social netwar)"이라는 용어를 사용했다.[58] 이때의 사이버 특성은 시위와 파업, 집회를 구성하기 위해 정보기술을 사용하는 행위와 이를 통제하기 위한 정부 당국의 노력으로 구현된다.

오늘날 우리는 정보통신기술이 진화를 선도하는 "쿨 워(cool war)"의 시대에 살고 있다. 특히 무수한 형태의 사이버 전쟁은 더 이상 국가의 영역에 한정되지 않는다는 점에서 매우 갈등적인 세계다. 이제는 소규모 공동체, 나아가 개인까지도 여러 형태의 사이버 전쟁을 벌일 수 있다. 국가와 단체 간 어둠의 동맹이 맺어질 수도 있다. 헤즈볼라(Hezbollah)와 이란의 관계, 러시아와 다양한 해커 그룹들이 대표적이다. 이 새로운 분쟁 시대의 사이버 전쟁은 과거 전략 폭격처럼 무고한 비전투원들과 국가의 기반 시설을 상대로 벌어질 수 있다. 해적의 약탈처럼 상업 집단을 공격할 수도 있고 권위에 대항하는 새로운 반란을 일으킬 수도 있다. 이제 사이버 전쟁은 재래식 전쟁(conventional war)의 영역에서도 큰 변화를 주도하고 있다. 바로 무기체계의 발전이 아닌 광범위한 "조종(steering)"이다. 앞서 언급한 그리스어 "kybernan"을 떠올려보라. 적시에 필요한 정보를 수집하고 관리하는 데 있어 적보다 우위를 점함으로써 분쟁을 효과적으로 처리할 수 있다.

좋은 소식은 사이버 전쟁이 파괴보다는 전복을 목표로 하고 전장에서도 더 적은 유혈과 더 적은 비용으로 목표를 달성하도록 한다는 점이다. 그러나 오늘날 사이버공간 안팎에서 공격자들이 우위에 서면서 공격과 방어 사이에 중대한 불균형이 형성되고 있다는 점은 나쁜 소식이 아닐 수 없다. 이런 문제가 어떻게 발생했고 그러한 위협을 어떻게 완화할 수 있는지 살펴보자.

02

위험에 이르는 길

Pathways to Peril

위험에 이르는 길

Pathways to Peril

리처드 클라크(Richard Clarke)*와 로버트 크나케(Robert Knake)는 정보 시대의 분쟁과 안보에 관한 연구를 통해 사이버 전쟁의 영역에서 점점 커지고 있는 "공격과 방어의 균형" 문제를 다뤘다. 공방의 균형 혹은 불균형은 국제 체제에서 삶의 질을 형성하는 전쟁과 평화 및 억제(deterrence) 문제에 깊은 영향을 미친다. 클라크와 네이크의 연구 중 가장 흥미로운 내용은 선진국과 소규모 위협 국가들의 사이버 전쟁 수행 능력을 비교한 부분이다. 이에 따르면 군사 초강대국인 미국의 사이버 공격 능력은 최고 수준이지만 방어력은 형편없다는 충격적인 결과를 확인할 수 있다. 반면, 러시아, 중국과 이란은 중간 수준의 공격 역량을 갖추고 있지만 최고 수준의 방어 역량을 갖추고 있어 가장 균형 잡힌 체계라는 평가를 받는다.[1] 마이클 뮬렌(Michael Mullen) 전 합참의장은 미국의 열악한 사이버보안이 곧 미국의 패배로 이어질 수 있다고 지적한 비 있다.[2]

미국만 사이버 공격에 취약한 것이 아니다. 선진국과 민주주의 국가 등 대부분의 개방된 사회는 사이버 방어 역량을 강화할 수 있어야 한다. 이들이 사이버 공격에 취약한 가장 근본적인 이유는 개방된 사회의 본질에 있다. 기술적 진보로 더 많은 힘과 번영을 꾀할 수 있지만 동시에 공격의 표면 또한 넓어지기 때문이다. 침입을 막기 위해 사회나 국경 등 다른 요소를 폐쇄하면서 안보를 강화할 수도 있다. 그러나

---

* 클린턴 행정부와 부시 행정부 모두에서 국가안보회의(National Security Council) 대통령 수석 고문을 역임하였다.

경제적 측면에서는 막대한 손실이 아닐 수 없다. 냉전이 끝나갈 무렵 저널리스트 노먼 커즌스(Norman Cousins)는 자유와 개방의 딜레마로 인해 자유 시민들은 항상 취약할 수밖에 없었다고 평가했다.[3] 국가들은 이제 동맹을 맺어 방어 역량을 통합하려고 시도하지만 미처 고려하지 못한 취약점 한곳이 공격받으면 전체가 위험해진다는 점에서 여전히 문제는 해결되지 않는다. 하버드대의 연구에 따르면 나토 회원국들은 사이버 관련 업무를 수행하면서 신속하고 근본적인 기술의 변화에 민첩하게 대응하지 못하고 있다.[4]

결국 개방된 사회는 본질적으로 사이버에 기반한 파괴적 공격에 취약할 수밖에 없다. 나아가 바르샤바 조약 기구가 무너진 후 권위주의 국가들은 자유 진영의 군사 동맹을 견제할 수밖에 없었는데 이런 상황에서 사이버 군사 동맹을 구축하려는 자유주의 국가들의 성향은 안보 문제를 더욱 복잡하게 만들 뿐이었다. 동맹이 종종 지배적인 구성원의 잘못된 선호에 따른다는 점도 중요한 문제다. NATO 회원국들은 미국과 미군 지휘관의 재량에 크게 의존하는 경향이 있고 자연스럽게 미국 사이버 정책의 영향을 받았다. 즉, 사이버공간에서 공격을 선호하는 미국의 특성이 고스란히 반영된 셈이다.[5] 이는 곧 사이버 방어의 중요성이 제대로 강조되지 않는 미국의 불균형 문제가 주요 동맹국들에게도 확산되었다는 점을 뜻한다. 나아가 사이버 전쟁의 광범위한 개념 범주에도 불구하고 사이버를 단순히 비트와 바이트 중심의 기술적 요소로만 이해하려는 미국의 과도한 영향력도 문제다. 이 때문에 NATO는 첨단 정보기술을 군사 영역 전반에 어떻게 접목할 수 있는지에 관한 종합적 시야를 갖는 데 어려움을 겪을 수 있다. 결국 조직 재설계나 교리 혁신과 같은 비트전(Bitskrieg)의 핵심 개념이 유럽에서 제대로 탐구되지 못할 수도 있는 것이다.

미국은 어쩌다 광범위한 사이버 전쟁 능력의 성장을 방해하는 "전략적 최초 원인자(strategic Patient Zero)"로 기능하게 되었을까? 가장 큰 이유는 미국 사회의 시장경제 체제에 있다. 개인용 컴퓨터가 출시된 이후 수십 년 동안 제조사들은 구매자들의 관점에서 합리적인 비용만을 고려해 왔다. 메모리나 전력, 속도, 무게, 넓이, 디자인과 같은 다른 특징들에 집중해 온 것이다. 구매자들이 보안을 요구하지 않았기 때문에 자연스럽게 보안은 칩을 설계하는 단계에서부터 고려되지 못했다. 소프트웨어 개발도 마찬가지다. 이런 현상은 일종의 "시장 실패"라고 볼 수 있다. 안전한 제품을 제조해야 한다는 필요성과 인식이 확산된 것은 10년도 채 되지 않았다.[6] 인터넷의 설계 자체에도 문제가 있었다. "정보 초고속도로(information superhighway)"는 보안을 고려하여 설계되지 않았다. 인터넷의 창시자 중 한 명인 빈트 서프(Vinton Cerf)는 2015년 인터뷰에서 "이 시스템을 어떻게 의도적으로 망가뜨릴 수 있는지는 고려하지 않았다"고 밝힌 바 있다.[7]

두말할 것 없이 이 누락의 결과는 인터넷의 확장과 함께 심각한 문제로 이어졌다. 일단 현상이 실제로 일어나면 이를 되돌려 다시 설계하는 것이 얼마나 어려운지를 뜻하는 "경로 의존성(path dependence)"의 전형적 사례였다. 마침내 연결성이 가져오는 취약성을 우려하는 목소리가 나오기 시작했다. 그 시작은 랜드 연구소(RAND Corporation)의 초기 선도자였던 윌리스 웨어(Willis H. Ware)였다. 웨어는 1967년 새로운 기술의 취약성을 처음으로 경고한 선구적 연구를 발표했다. 국가안보전문가 프레드 캐플란(Fred Kaplan)의 요약에 따르면 "여러 사용자가 보호되지 않은 위치에서 데이터에 접근할 수 있는 경우 특정 기술을 가진 사람은 누구든지 네트워크를 해킹할 수 있으며 네트워크의 한 부분을 해킹한 후에는 그야말로 그 안을 마음대로 돌아다닐 수 있었다."[8] 웨어의 연구는 미국 국방과학위원회(US Defense Science Board)의 "웨어 위원회(Ware Panel)" 창설로 이어졌다. 위원회의 1970년 보고서는 웨어의 우려를 확인시켜 주었다. 그러나 실질적인 조치는 없었다. 30년 후 컴퓨터 과학의 거물인 도로시 데닝(Dorothy E. Denning)과 피터 데닝(Peter J. Denning)이 전문가들을 모아 "포위된(besieged)" 인터넷을 구하기 위해 노력했을 때도 마찬가지였다. 여전히 효과적인 정책은 나타나지 않았다.[9]

아울러 시장도 이 문제를 해결하려 하지 않았다. 당연히 컴퓨터와 그 연결성은 착취와 파괴에 매우 취약한 상태로 발전해 왔다. 정부는 규제하려는 노력을 기울였지만 "사이버공간에서의 규제 역량 확보(securing cyberspace)"는 양날의 검이었다. 중국과 같은 권위주의 국가나 싱가포르처럼 정부의 통제가 강한 일부 국가들은 시스템에 상대적으로 쉽게 접근하고 감시할 수 있었던 반면 민주주의 국가들은 사이버공간의 초기 규제 역할을 정립하기 위해 많은 과제를 겪어야 했다. 이번에도 미국이 대표 모델이 되었다. 암호화 기술의 국가적 규제에 관한 문제였다. 전문가들이 128비트 길이의 키를 권고했음에도 불구하고 미국 정부는 데이터 암호화 표준(Data Encryption Standard, DES)의 키 길이를 56비트로 제한했다. 암호의 키 길이에서 단일 비트가 줄어들 때마다 공격자의 작업 수준이 절반으로 줄어든다는 점을 고려하면 56비트키는 기술적 측면에서 보안을 모욕하는 것과 다름없었다. 그러나 미국의 정보기관, 특히 국가안보국(National Security Agency, NSA)과 법집행기관은 전자 통신에 접근하기 위한 자신들의 역량을 제한하는 어떤 종류의 수단도 꺼렸다. 스티븐 레비(Steven Levy)의 설명에 따르면 "사용자를 위한 이상적인 암호는 가능한 가장 강력한 형태여야 하지만 NSA를 위한 이상적인 암호는 범죄자와 다른 적들이 해독하기 어려우면서도 포트미드(Fort Meade)*에 있는 수십억 개의 지하 설비로는 해독할 수 있는 수준의 암호"여야 했다.[10]

56비트 길이의 키는 악의적인 접근을 차단하기에는 "충분히 강력하지" 못했다. 결국 민간 전문가들이 더 강력한 암호를 개발해 상용화하고 판매하기 시작했다. 미국 정부는 더 긴 암호화 키를 허용할 수밖에 없었다. 그 대신 미국 정부는 이를 해독할 수 있는 장치를 고안해 냈다. 정부는 안전한 통신을 위한 암호화 장치 "클리퍼 칩(Clipper Chip)"을 사용하도록 요청했는데 이 장비에 정부가 모든 음성 및 데이터에 접근하여 복호화할 수 있는 백도어(backdoor)를 심었던 것이다. 전자 프라이버시 정보센터(Electronic Privacy Information Center, EPIC)와 전자 프론티어 재단(Electronic Frontier Foundation, EFF) 등 많은 비영리 시민단체뿐만 아니라 국방부의 일부 직원들도 문제가 있다고 판단했던 개념이었다.[11] 결국 클리퍼 칩 논쟁은 존 애쉬크로프트(John Ashcroft) 상원의원과 존 케리(John Kerry) 상원의원이 주도한 초당적 비판에 밀려 1996년 조용히 사라졌다. 그 이후로도 미국과 다른 민주주의 국가 모두에서 사생활을 보장받을 권리를 수호하기 위한 반향이 일었다. 특히 유럽 연합이 이용자의 합법적인 보안 이익을 지키는 데 매우 강경한 입장을 고수한 반면, 영국은 암호화된 메시지에 대한 정부 당국의 제한없는 접근을 원했다.[12]

사회 전반에서 "시민에게 강력한 암호화를 보장하자"는 의견이 우세를 보이는 듯했지만 일부 기관은 모든 사이버 통신을 감시하기 위한 노력을 조용히 이어갔다. "Topsail"이나 "Genoa"로 알려진 다양한 작전과 더불어 더 불길한 느낌을 주는 "종합정보인식 프로젝트(Total Information Awareness)"와 같은 이질적인 계획들을 통해 감시 역량은 계속 발전했다. 이어서 벌어진 2001년 9·11 테러 공격은 정부 안팎에서 시민의 자유에 대한 우려의 목소리가 있었음에도 불구하고 이와 같은 계획들을

---

* NSA의 본부가 위치한 메릴랜드주의 지역명이다.

지속하고 더욱 확장해야 한다는 의견에 정당성을 부여했다. 결국 대테러 노력은 안보 공동체(security community)의 권한을 크게 확장했다. 이들의 권한에 지나치게 많은 자율이 허용되자 저항이 일어났다. 과도하게 공격적인 감시 방법들을 드러내고 사용하지 못하도록(out) 해야 한다는 요구들이 증가한 것이다. 2013년에는 에드워드 스노든(Edward Snowden)이 NSA와 첨단 IT 기업들의 어두운 거래와 광케이블 감청 역량들을 폭로하기에 이르렀다. 다양한 도구들과 전 세계 웹상의 데이터를 검색하고 분석하는 감시 시스템 "XKeyscore" 같은 사례들이 공개됐다. 위키리크스(Wikileaks)와 가디언(Guardian)은 정보기관의 대규모 데이터 수집 행위를 알리는 데 앞장섰다. 이들의 기여로 자유 국가의 정부들이 더 나은(higher) 국가안보라는 표면적 목적을 위해 개인의 통신을 확보하고 이를 활용할 수 있는지에 관한 세계적 논의가 벌어졌다.[13]

스노든의 공개로 엄청난 양의 정부 감시 자료들이 폭로됐다. 약 200만 개의 미국 정부 파일이 유출됐다. 이보다는 적지만 영국과 호주의 파일들도 상당수 공개됐다. 스노든은 도망자가 되었으며 이 글을 쓰는 시점(2020년)에도 여전히 러시아의 보호를 받고 있다. 누군가에게는 배신자, 누군가에게는 내부고발자였던 스노든은 중요한 논쟁에 불을 붙였을 뿐만 아니라 미국의 정보수집 체계에도 심각한 피해를 입혔다.

정부의 사생활 침해에 대한 강력한 반대 논의를 형성한 또 다른 사례가 2016년 캘리포니아주 샌버나디노에서 발생했다. 샌버나디노 테러 사건의 가해자인 사이드 페룩(Syed Farook)을 수사하기 위해 FBI가 애플(Apple)에 아이폰 잠금 해제를 요청했으나 팀 쿡(Tim Cook) 애플 최고경영자가 이를 거부한 것이다. 애플은 아이폰의 보안을 강화하기 위해 비밀번호 입력을 10번 실패할 경우 모든 데이터를 자동 삭제하도록 하고 있다. 이 때문에 FBI는 용의자 아이폰의 4자리 암호를 해독할 수 없었다. FBI의 요청에 팀 쿡은 법을 준수하는 수억 명의 보안을 침해할 수 있고 시민의 자유를 위협하는 위험한 선례가 될 수 있다며 거절했다.[14]

결국 FBI는 애플의 협조를 받지 못했고 해커를 고용해 정보를 얻어냈다.[15] 그러나 결과적으로 애플이 아이폰의 보안을 더욱 강화하도록 촉구한 꼴이 되면서 정부 입장에서는 다소 큰 희생을 동반한 승리였다. 애플은 2019년 펜사콜라(Pensacola) 공군 기지 테러 공격을 저지른 사우디 장교의 기기 잠금 해제 요청도 거절했다. 이 사건에서도 애플은 암호를 해제할 수 있는 접근 체계 요구는 잘못된 행위라고 밝히며 암호화는 국가와 이용자의 데이터를 보호하기 위해 필수적인 요소라는 점을 명확히 했다.[16]

강력한 범용 감시 프로그램을 운용하는 것뿐만 아니라 강력하게 암호화된 개인의 데이터에 접근하기 위한 미국 정부의 지속적인 노력은 많은 정보기술 전문가들의 적대감을 불러일으켰다. 심지어 이들 중 일부는 국가안보와 관련된 협조를 요청받더라도 거절할 것이라고 공개적으로 천명하기도 했다.

2018년 또 다른 반대 사례가 있었다. 당시 3,000여 명의 구글(Google) 직원들이 드론을 활용한 인공지능 기반 정밀 타격 기술을 개발하는 "프로젝트 메이븐(Project Maven)"의 초기 계약이 만료되자 이 프로젝트 수행을 중단해야 한다는 성명을 발표한 것이다.[17] 이제는 핵심 기술 분야의 최고 전문가가 나서서 왜 군사 분야에 관여하지 않는 것이 나은지 밝히고 공개적으로 토론할 수 있어야 한다. 제2차 세계대전 당시 연합군의 일부 주요 과학자들은 핵무기를 개발하는 맨해튼 프로젝트(Manhattan Project)에 참여하기를 거부했다. 오늘날 자유주의 국가들도 사이버 전쟁이 마주한 도전과제에 맞설 역량을 갖춘 사람들의 도움을 받지 못한다면 어려움을 겪을 수밖에 없다.

따라서 제품의 사이버보안 문제를 해결하지 못한 "시장 실패"뿐만 아니라 전 세계의 자유주의 국가 정부도 규제 기관으로서 역할을 제대로 하지 못하고 있다고 봐야 한다. 시장을 자유자재로 움직이는 "보이지 않는 손"은 사이버 위협에 효과적으로 대처할 수 없다는 점이 입증되었을 수 있다. 그러나 정부의 "보이는 손", 특히 민주적 거버넌스도 이 문제에 있어서는 이미 실패했다. 자유주의 정부는 국민을 보호하면서도 국가안보를 위해 국민의 사생활을 침해해야 하는 딜레마를 해결하지 못하고 있다.

우수한 사이버보안을 저해하는 경제적, 정치적 문제들뿐만 아니라 정보 및 기타 인프라의 공학적 설계에도 큰 결함이 있다. 통신과 전력망 및 각종 공급망 등을 생각해 보라. 선진국들은 사이버공간이 떠오르기 이전부터 많은 기반 시설들을 갖추고 있었다. 모든 것이 연결되는 상황을 염두에 두지 않고 구축된 시스템들이 이제 인터넷과 웹에 연결되고 있다. 점점 더 취약해지고 있는 것이다. 과연 얼마나 취약할까? 미국의 위험 수준은 특히 높다. 2010년 전직 국방부 장관과 전직 CIA 국장들로 이루어진 초당적 그룹이 하원의원에게 보낸 비밀 서한을 통해 이 문제를 지적한 바 있다. 통신, 수도, 위생, 교통 및 의료를 포함한 거의 모든 민간의 핵심 기반 시설들이 전력망에 의존하고 있는데 이런 전력망은 사이버 공격이나 다른 공격에 매우 취약한 상태라는 것이다. 나아가 이미 적들은 그런 공격을 수행할 역량을 갖추고 있으며 미국 전력망에 대한 대규모 공격이 수행될 경우 국가안보와 경제에 치명적인 결과가 발생할 수 있었다. 그리고 현재의 상황에서 신중하게 표적화된 공격으로 인해 특정 장비가 파괴될 경우 전력망을 적시에 재건하는 일은 사실상 불가능하다는 점을 경고하고 있었다.[18]

　오래된 시스템과 최신 정보통신기술을 연결하는 문제의 근본적인 약점은 1992년 통과된 에너지정책법(National Energy Policy Act)에 따라 전력산업의 규제가 해제되면서 더욱 심각해졌다. 다양한 규모의 수천 개 회사가 전력망을 관리하게 되었기 때문이다. 이러한 복잡성은 테드 코펠(Ted Koppel)이 언급하였듯 전력 관리를 위해 컴퓨터에 절대적으로 의존할 수밖에 없는 상황을 만들었다. 즉, 컴퓨터 시스템을 통해 전력 수요와 공급의 완벽한 균형을 유지해야 하고 인터넷은 그러한 균형을 유지하기 위해 컴퓨터 시스템의 실시간 접근을 보장할 수밖에 없었던 것이다.[19] 따라서 대부분의 규제 해제로 민간이 소유하게 된 전력망의 상호 연결성은 어디서든 취약한 부분을 드러내면서 심각한 혼란을 낳을 수 있게 되었다. 강력한 사이버보안이 시급한 이유다. 그러나 수십 년 동안의 노력에도 불구하고 이어진 값비싼 침입 사례들을 돌아보면 인프라 영역 안팎에서 방어를 위해 활용해 온 주요 수단들은 부적절한 것으로 보인다.

사이버보안 전략의 재설계 필요성
Cybersecurity strategy needs retooling

　그간 사이버 방어는 대부분 ① 보안 기준을 충족하는지 확인하기 위해 모든 송수신 데이터를 검사하는 "방화벽(firewalls)"과 ② 컴퓨터 바이러스를 스캔하고 제거하도록 설계된 "백신 프로그램(anti-virals)"에 의존해 왔다. 심층 패킷 검사(deep packet inspection) 기능을 갖춘 차세대(next-generation) 방화벽도 나왔지만 보안 전문가들이

보기에는 결국 특정한 규칙에 위배되는 사항을 분별해 내는 필터에 불과하다.[20] 실제로 고급 해커들은 모든 보안 규칙을 충족하면서도 원하는 요소를 시스템에 투입해 그야말로 방화벽을 유유히 걸어 들어가는 모습을 지속적으로 보여줬다. 백신 프로그램은 이미 알려진 악성 소프트웨어만 차단하고 디버깅할 수 있다. 한 평론가에 따르면 1초마다 4가지 변종 멀웨어가 출현한다. 이러한 멀웨어는 더 빠르게 확산하면서 탐지를 잘 피할 수 있는 방향으로 진화한다.[21]

방화벽과 백신 프로그램이 사이버 공격을 효과적으로 막을 수 없다면 사이버보안 산업은 왜 이들에 의존하고 있을까? 그 매력의 일부는 비유적 개념으로 인한 수용성에 있다. 외부의 위협으로부터 내부 구성원을 보호하는 벽은 우리 모두에게 익숙한 개념이기 때문에 고객과 시스템 이용자들은 가상의 벽(virtual wall)이라는 개념도 쉽게 이해할 수 있기 때문이다. 백신 프로그램도 마찬가지다. 우리는 생물학적 바이러스에 맞서기 위한 면역 체계와 백신의 중요성을 이미 알고 있다. 그러나 이런 비유에는 한계가 있을 수밖에 없다. 부적절한 비유로 인해 더 많은 비용을 치러야 할 수도 있다. 따라서 이제 개인, 회사, 기관, 정부 및 군의 사이버보안은 편리한 비유에서 벗어나 정보보호의 본질이자 현실인 암호화에 집중해야 한다. 피터 싱어(Peter Singer)와 앨런 프리드먼(Allan Friedman)이 표현한 바와 같이 공격자가 데이터에 접근하는 것을 막을 수 없다면 데이터를 암호화해서 공격자를 제한할 수 있어야 한다.[22]

역사상 가장 유명한 모험가이자 정복자 중 한 명인 율리우스 시저(Julius Caesar)는 갈리아(Gaul) 원정에서 평문 a는 D로, d는 E로, c는 F로 바꾸는 형태의 가장 기초적인 문자 치환 암호를 사용하기 시작했다. 데이비드 칸(David Kahn)이 언급했듯 이 암호는 시저의 이름을 암호학 역사에 영구히 각인시켰다.[23] 시저암호보다는 덜 알려졌지만 폴리비우스(Polybius)는 시저보다 앞서 숫자와 문자를 치환하는 행렬 기반 암호 시스템을 활용했다. 이런 치환 기법은 수천 년 동안 활용되어 왔다.

수 세기에 걸쳐 암호는 더욱 정교하게 발전했다. 특히 암호화 기술은 대부분 암호키를 탈취해 암호를 복호화하는 공격에 대응하면서 급격히 발전했다. 제2차 세계대전 당시 앨런 튜링(Alan Turing)과 블레츨리 파크(Bletchley Park)의 보핀(boffin)*들은 최초의

---

* 연구자 등을 지칭하는 영국의 속어로서 여기서는 제2차 세계대전의 승리에 기여한 유별난 전문가라는 긍정적 의미를 갖는다.

고성능 컴퓨터 봄브(bombe)를 개발해 하나의 문자를 입력할 때마다 456,976개의 가지 수를 생성[24]하는 독일의 암호화 기계 에니그마(Enigma)를 해독했다. 그러나 최근 수십 년간 암호화 기술의 발전과 함께 매우 긴 암호키를 사용하면서도 편안하게 작업하고 통신할 수 있는 환경이 조성됐다. 암호 제작자들도 실질적이고 지속적인 편의를 누릴 수 있었다. 문제는 이렇게 강력한 암호 기술의 상용화가 이루어졌음에도 이런 암호들이 시장에서 표준화되지 않는다는 점이다. 정부야 규제적 관점에서 강력한 상용 암호를 반기지 않을 수 있지만 시장의 반응은 당혹스러울 따름이다. 암호 대신 최후의 방어선인 마지노선(Maginot-Line) 같은 수많은 방화벽 솔루션이 전 세계에 널리 퍼져 있다. 해커는 마지노선을 넘어 침입하기만 하면 마음대로 습격하고 약탈할 수 있는 셈이다. 대안은 생각보다 간단하다. 피할 수 없는 침입에 대비하는 대신 "선 같은 것은 없다고 생각(No Lines)"*하고 침입자에 물러서지 않는 것이다.

뛰어난 암호 기술을 범용화하면 실제로 개인과 기관, 기업과 거버넌스, 시민 사회와 군대의 사이버보안을 즉각적이고 강력하게 개선할 수 있다. 이 기회를 놓쳐서는 안 된다. 물론 암호 제작자와 공격자 간의 결투는 계속될 것이다. 강력한 암호화 기술의 첨단에 도전이 끊이지 않을 것이며 이에 대한 준비도 필요하다. 이미 기술적 지평을 넘어서고 있는 양자 컴퓨팅 기술의 발전으로 현존 암호 시스템은 가장 강력한 위협을 마주하고 있다. 양자 컴퓨팅 기술은 이진수에 의존하는 암호의 0과 1을 아원자 단위로 쪼갬으로써 전통적인 고전 물리학에 기반한 컴퓨터 칩의 역량을 헤아릴 수 없는 수준으로 넘어설 것이다. 이 새로운 큐비트(qbits)**의 잠재력에 비하면 블레츨리 파크에 들어선 최초의 고성능 컴퓨터는 무색한 수준이다. 이미 양자 컴퓨터의 능력을 검증하기 위한 최초의 실험이 성공했다. 구글의 시카모어(Sycamore) 칩은 현존하는 최고 성능의 슈퍼컴퓨터로도 수천 년이 걸렸을 연산을 단 200초 만에 해결했다. 물론 이 실험의 결과에 대해서는 진위 논란이 일었고 양자 컴퓨팅 분야의 다른 경쟁사들이 많은 반박을 제기했다. 그러나 큐비트가 암호 해독 능력을 혁명적으로 바꿀 것이라는 점은 분명한 사실이다.[25]

한편, 이와 같은 양자 컴퓨팅의 모든 잠재력에도 불구하고 암호 해독 역량이 언제나

---

* Maginot-Line에 대비되는 No-Lines를 강조한 언어유희다.
** 양자 컴퓨터로 계산할 때의 기본 단위를 뜻한다.

우세할 것이라는 결론을 내려서는 안 된다. 방어의 관점에서도 큐비트를 사용해 복호화 프로세스를 복잡하게 만들어 유례없는 수준의 키를 생성할 수 있기 때문이다. 실제로 양자 내성(quantum-safe) 암호를 구축하기 위한 연구가 이미 진행되고 있다.[26] 새롭게 강화된 암호는 원격 서버를 사용해 데이터를 저장하고 처리하는 클라우드 컴퓨팅을 병용함으로써 더욱 보강될 수 있다. 예를 들어 중요한 데이터의 특정 부분을 강력하게 암호화한 후 이를 여러 조각으로 나눠 여러 서버에 보관한다고 생각해보라. 중앙 집중화된 시스템에서 방화벽만 뚫으면 됐던 해커들에게는 훨씬 더 어려운 작업이 될 것이다. 수년에 걸쳐 내가 국방 분야의 동료들에게 강조했듯 "저장된 데이터(data at rest)는 언제나 위험에 처해 있다(data at risk)." 이제 분산은 정보보안의 필수 요건이다. 2019년 펜타곤이 마침내 이 견해를 받아들여 아마존과 경쟁하는 마이크로소프트와 100억 달러 상당의 클라우드 컴퓨팅 계약을 체결했다.[27]

강력한 암호화와 클라우드 컴퓨팅을 활용하는 형태로 사이버보안을 강화해야 한다는 발전적인 생각에도 불구하고 상황은 여전히 위험하다. 수십 년 동안 시장은 IT 업계가 안전한 제품을 만들도록 이끌지 못했다. 사물인터넷 기술이 발달하면서 네트워크에 연결되기 시작한 다양한 제품 제조업체들도 마찬가지다. 인터넷과 웹에 이미 연결되어 있던 오래된 인프라는 보안을 고려하지 않고 설계되었다. 나아가 방화벽과 백신 프로그램에 의존하는 사이버보안 업계의 비즈니스 모델은 강력한 암호와 클라우드 컴퓨팅에 기반한 진전을 저해하고 있다.

지금까지 언급한 취약점들, 그리고 사이버 위협을 완화하기 위한 적절한 대응이 이뤄지지 못한 요인들은 오늘날 중대한 문제로 이어지고 있다. 데이터 침해로 인해 중요한 지식재산이 탈취당하고 기업과 정부 기관은 정보에 대한 몸값을 지불해야 했다. 심지어 군사 시스템의 신뢰성이 영향을 받기도 했다. 진작에 확실한 조치가 취해졌어야 했다. 그렇지 않았다는 사실은 정부와 업계의 폐단을 방증한다. 특히 자유주의자와 보수주의자들이 정치적으로 정부 규제를 반대하는 개방적인 사회에서는 더욱 어려운 문제다. 나아가 사이버보안 업계에서 많은 투자를 해온 탓에 쉽게 포기하기 어려워진 솔루션 중심의 기술과 방법들은 초중급 해커들의 공격에도 취약해진 지 오래다.

사이버 테러의 문제
What about cyberterrorism?

사이버보안을 저해하는 심각한 문제들이 증가하고 있음에도 불구하고 섬뜩하게 조용한 영역이 있다. 바로 테러다. 테러 단체에게 사이버공격 역량은 가장 매력적인 자원일 수 있다. 수십 년에 걸쳐 무고한 사람들에게 폭력을 자행하고도 목적을 이루지 못한 반면, 사이버 테러를 활용하면 낮은 위험과 비용으로 많은 혼란을 야기할 수 있기 때문이다. 오늘날 테러리즘은 1960년대 후반부터 본격적으로 시작된 아일랜드 분쟁과 팔레스타인의 국가 지위 달성을 위한 노력으로부터 탄생했다고 간주된다. 아일랜드와 팔레스타인의 지금 상황을 보면 코너 기어티(Conor Gearty)가 언급했듯 테러리즘은 사실상 어떠한 실질적 결과도 얻지 못한 셈이다. 무너진 정부도 없고 사상자들도 상대적으로 적었다. 그 밖의 어떤 테러 단체도 장기 목표의 일부 이상을 달성하지 못했다.[28]

2001년 알카에다의 미국 공격과 이어진 유관 단체 및 모방자들의 폭력 행위에도 불구하고 1991년에 발표된 기어티의 주장은 여전히 유효하다. 그러나 다른 시각에서 바라보면 테러가 광범위한 관심을 끌어 과격한 반응을 유발하고 많은 역량과 비용을 소모하게 할 수 있다는 점도 고려해야 한다. 예를 들어 폴 윌킨슨(Paul Wilkinson)은 테러리즘이 인상적인 수준의 글로벌 홍보 효과를 갖고 있다고 봤다.[29] 나아가 리처드 잉글리쉬(Richard English)의 주장처럼 테러리스트들은 자신들의 대의를 실현하기 위해 폭력적인 과잉 반응을 유발하고 국가가 비생산적인 군사화에 착수하도록 함으로써 장기적인 역효과를 유도하는 일이 효과적임을 깨달았다.[30] 2001년과 2003년 아프가니스탄과 이라크 침략 이후 수년에 걸쳐 벌어진 미국의 고질적인 문제들은 이 영국인들의 주장을 뒷받침한다. 따라서 세간의 관심을 끌고 상대를 도발하는 것이 테러리스트의 목표라면 사이버 테러는 이 두 가지 목적을 달성할 수 있는 최적의 도구가 분명하다. 자살 폭탄 테러도 필요없고 해커를 찾기 어렵다는 점에서 특수부대의 습격도 어느 정도 피할 수 있을 것이다.

사이버 테러는 ① 정치적 분쟁을 일으켜 대상 국가를 혼란하게 하고 대중의 지지를 얻어 신병을 확보하기 위한 수단, ② 사우디아라비아의 석유 시설 및 기타 기반 시설에 대한 이란 또는 이란의 동맹 해커들에 의해 수행된 공격과 같은 가상의 기습 공격, ③ 마지막으로 월터 라쿼(Walter Laqueur)가 지적한 바와 같이 대량 혼란을 야기하기 위해 국민 생활의 중대한 영역을 방해, 파괴하고 국가 기능을 마비시키는 형태로 활용될 수 있다.[31] 데이비드 생어(David Sanger)에 따르면 국가들은 위 3가지 유형을 모두 활용하고 있다.[32] 그런데 테러 단체들은 달랐다. 이들은 첫 번째 유형인 사이버 선전 기능에만 집중하고 있었다. 기반 시설이나 소규모 시설을 파괴하기 위한 시도는 거의 없었다. 토마스 첸(Thomas Chen)이 간결하게 표현했듯 "심각한 사이버 테러 공격은 발생하지 않았다."[33]

대부분의 선진국은 9·11 이전부터 사이버 테러의 가능성을 염두에 두고 있었다. 이 문제를 구체적으로 파악하기 위한 본격적인 시도는 클린턴 대통령의 명령에 따라 1997년 발표된 마시 위원회(Marsh Commission)*의 보고서였다. 20명의 위원과 많은 직원들이 함께 작성한 이 보고서는 가상의 테러리즘이 심각한 잠재력을 가지고 있다고 판단했다. 위원회는 물리적 문제보다 사이버 문제에 더 초점을 두고 있었다.[34] 그러나 반대 의견도 적지 않았다. 국방정보국(Defense Intelligence Agency)의 지원으로 수행된 사이버 테러에 관한 연구는 사이버 테러가 심각한 위협인 것은 맞지만 실질적인 위협으로 이어지기에는 진입 장벽이 높다는 결론을 내리고 있다. 즉, 테러리스트들은 일반적으로 의미있는 수준의 사이버 테러 작전을 수행할 수 있는 자금이나 인력을 갖추고 있지 않으므로 적어도 아직은 위협으로 보기 어렵다는 것이다.[35]

특히 국가와 연계되지 않은 테러 네트워크가 심각한 수준의 사이버공격을 수행하기 어려울 것이라는 당시의 주장은 지금도 유효하다. 여기에는 심리적인 이유와 현실적인 이유가 있다. 먼저, 수십 년 전 중요한 연구를 통해 심리적 요인(terrorist mind)이 밝혀진 바 있다. 테러리스트들은 광범위한 공포를 유발해 사람들이 순응하도록 하는데 이를 위해 무고한 사람들을 대상으로 한 물리적 폭력의 힘을 더 중요하게 생각한다는 것이다. 일례로 1970년 팔레스타인 테러리스트 바삼 아부 샤리프(Bassam Abu Sharif)는 "나는 내 민족을 구하기 위해 마땅히 살인을 저지르겠다"라고 언급한 바 있다.[36] 이처럼

---

* 로버트 마시(Robert T. Marsh)가 의장을 맡은 핵심기반시설보호위원회(President's Commission on Critical Infrastructure Protection)를 뜻한다.

비트전: 사이버전의 혁신

외적 영향을 고려해 자신을 이타적이고 전략적인 지위로 표현하는 것과 더불어 내부 지향적인 사고방식도 있다. 자살 테러를 포함한 여러 유혈 폭력들이 대표적인 사례다. 이런 내부 지향적 형태의 자기만족을 통해 행위자는 인류의 종말을 막기 위해 우주 전쟁에 참전한 듯한 느낌을 받는다. 이런 심리는 핵무기나 다른 대량살상무기를 추구하는 요인으로 작용할 수 있다.[37] 그러나 사이버 역량으로는 이와 같은 심리적 요구를 충족시킬 수 없다.

"심리적 장벽(psychological barrier to entry)" 외에도 테러리스트들이 사이버 테러를 택하지 않은 데는 보다 현실적인 이유가 있다. 테러리스트가 일정 수준의 대규모 혼란을 야기하려면 어디서 어떻게 공격해야 하는지 알 수 있을 정도로 첨단 기술을 이해하고 활용할 수 있어야 하기 때문이다. 이런 역량은 어떻게 확보할 수 있을까? 가장 간단한 해결책은 외주를 주는 것이다. 실제로 사회에 불만을 품은 괴짜 컴퓨터 과학자부터 범죄 조직의 구성원, 나아가 스스로 헌신했던 국가에 실망해 돌아선 사람들까지 다양한 해커들이 늘어나고 있다. 그러나 사이버 역량을 외부로부터 동원하는 데 있어 가장 큰 문제는 이 용병들이 테러 단체의 정신과 가치에 공감하지 못하고 구성원들과 잘 어울리지 못할 수도 있다는 점이다. 이런 관계는 결국 조직원 간의 불신으로 이어진다. 해커 용병이 사실은 조직 내부에 잠입해 동료들을 감시하고 자원을 탈취하며 군의 미사일 공격과 특수부대의 급습을 지원할 수 있다는 의심을 하게 되는 것이다. 이런 위험 탓에 사이버 용병은 테러 단체가 사이버 테러 역량을 보완하기 위해 고려할 수 있는 선택지가 될 수 없다.[38]

아울러 극단주의 단체나 조직들에 정교한 사이버 무기를 후원하는 국가가 거의 없다는 점도 테러 단체가 사이버 역량을 택하지 않는 중요한 요인이다. 사실상 이란과 헤즈볼라(Hezbollah)의 테러 네트워크를 제외하고 대부분의 국가들은 은밀한 비국가 파트너의 신뢰성을 의심할 것이기 때문이다. 테러 네트워크가 흔들리면 어떻게 되는가? 국가 행위자와 테러 네트워크의 연결고리가 입증될 수도 있다. 전 세계 표적들은 노출된 사이버 위협을 차단하기 위해 보안을 강화하고 관련된 사이버 무기는 무용지물이 될 것이다. 무엇보다 이 국가 행위자는 강력한 국제적 비난을 피할 수 없게 된다. 따라서 국가 행위자들은 테러 단체와 결탁하기보다는 어디서든 작전을 수행할 수 있고 면밀히 통제할 수 있는 해커 용병들을 섭외해 자국의 해커 군단을 구성할 가능성이 더 높다. 러시아의 사이버 선전 및 조작 기구로 알려진

"인터넷 조사국(Internet Research Agency)", 이른바 "올지노의 트롤(Trolls from Olgino)"*이 상트페테르부르크에 매우 안정적으로 자리하고 있다는 사실은 그리 놀라운 일이 아니다.[39]

이처럼 사이버 테러 행위가 거의 없을 수밖에 없는 여러 이유에도 불구하고 테러리스트들은 장기적인 내부 전략을 추진할 수도 있다. 소셜 미디어를 통해 사람들을 동원하고 테러에 참여하도록 선동하는 사례들이 대표적이다. 이슬람교 컴퓨터 전문가들은 "가상의 미디어 지하드(virtual media jihad)"의 가치를 깨닫고 그 대의를 지지하기 시작했다. 이 담론의 주도자 중 한 명인 무함마드 빈 아흐마드 알 살림(Muhammad bin Ahmad al-Salim)은 과격화 내지는 급진화(radicalization)되는 소셜 미디어의 모습을 보며 "많은 혜택을 주는 축복의 땅"이라고 표현했다.[40] 결국 이 사이버 지하드(cyber jihadis)를 폐쇄하려는 자들을 막기 위한 의지는 파괴적인 사이버공격 기술의 개발로 이어질 것이다. 좀 더 장기적인 관점으로 바라보면 강력한 친족 관계와 종교적 헌신에 의무감을 지닌 청년을 모집한 후 최고 수준의 컴퓨터 과학 교육을 받도록 지원할 수도 있다. 신병을 모집하는 조직에서 이 과정을 준비하고 실행하기까지 10년이 넘게 걸릴 가능성이 높지만 인원을 모집하고 신원을 확인하는 작업은 미리 착수해야 할 것이다.

이처럼 테러리스트가 파괴적인 사이버 역량을 확보하기 위해 택할 수 있는 방법들은 모두 많은 시간과 인내를 요구한다. 선발한 신병을 교육하기 위해 유학을 보낸다면 타국 기관에 의해 비밀이 드러나거나 신병들이 새로운 환경을 접하면서 변절할 수 있다는 문제도 고려해야 한다. 유학을 보낸 신병들이 발각되면 대테러기관에 의해 수년간 감시를 받을 수 있고 테러 조직 전체가 위태로워질 수 있기 때문이다. 신병들의 심적 변화 또한 유사한 수준의 위험을 낳을 수 있다. 한두 명의 고급 인력을 얻기 위해 부담해야 하는 위험 수준이 너무 큰 것이다.

아울러 모든 사이버 테러의 동기가 종교적 문제에서 출발하는 것도 아니다. 비트와 바이트로만 사이버 테러를 가할 수 있다고 생각해서도 안 된다. 잠재적인 사이버 테러리스트들에게 지침을 주려는 것은 아니지만 이들을 제재하려는 사람들은

---

* 2013년 언론에서 친러시아 선전 기능을 수행하는 인터넷 조사국의 사무실이 상트페테르부르크의 올지노에 위치하고 있다고 보도하면서 생긴 별칭이다.

물리적 폭발물과 강력한 자성(magnets), 그리고 마이크로파를 활용해 정보 시스템 및 기반 시설을 파괴할 수 있다는 점도 고려해야 한다. 미 국무부는 콜롬비아 무장혁명군(Fuerzas Armadas Revolucionarias de Colombia, FARC)이 수년 동안 송유관을 공격해 왔던 것처럼 물리적 구조물에 대한 공격이 있는 경우 이를 테러리즘이라고 공식 인정한다.

그러나 최초의 물리적 사이버 테러는 1972년 베트남 전쟁 중 벌어졌다. 미국의 반체제 인사 빌 아이어스(Bill Ayers)가 펜타곤의 화장실에서 폭탄을 터뜨린 것이다. 그의 회고록에 따르면 수도관이 끊어지고 물이 새면서 컴퓨터들이 마비되었고 미군은 한동안 공중전을 수행할 수 없었다.[41] 10년 후 CIA가 소련을 속이고 결함이 있는 소프트웨어를 넘기면서 이로 인해 시베리아 천연가스관이 폭발한 것으로 알려진 사고가 발생했다.[42] 2013년에는 캘리포니아 베이 지역에서 동시다발적으로 발생한 총기 사건으로 인해 실리콘 밸리의 변압기 15대가 손상되기도 했다. 이 때문에 주요 전력 기반 시설이 아주 기초적인 물리적 공격에도 취약하다는 사실이 입증되었다. 변압기를 교체하려면 전문 장비와 인력이 필요했고 복구하는 데 수개월이 걸리기 때문에 피해가 더 컸다면 심각한 결과로 이어졌을 것이다.[43]

이 메트카프 총격 사건(Metcalf Sniper Incident)*은 정보 기반 시설에 대한 물리적 공격을 특징으로 하는 사이버 전쟁 방식의 실전 테스트에 불과했을 수 있다. 2016년 유타(Utah)에서도 비슷한 사건이 발생했다. 한 저격수가 가케인 에너지 협동조합(Garkane Energy Cooperative)의 변전소를 공격해 정전되는 사태가 벌어진 것이다. 어느 분석가가 강조하였듯 이 사건은 2013년 메트카프 변전소 공격 사건을 떠올린다. 미국 전력 시설의 상당 부분이 사이버 침입과 물리적 공격에 취약하다는 사실을 상기시켰기 때문이다.[44] 개인적으로는 이 두 가지 공격 모두 사이버 전쟁의 영역에 해당한다고 본다. 사이버 전쟁의 개념은 그만큼 넓고 다양하다.

---

* 태평양가스전기회사(Pacific Gas & Electric Company, PG&E)의 메트카프(Metcalf) 변전소가 공격을 받아 붙여진 명칭이다.

국가 행위자와 사이보타주(cybotage)

Will nations engage in "cybotage"?

테러리스트나 무장단체는 사이보타주에 뛰어들 가능성이 낮다. 정교한 사이버공격에 필요한 고도의 기술을 확보하기 어렵기도 하지만 대상을 "클릭"하는 것보다 직접 살해하거나 시설을 폭파하는 행위를 심리적으로 선호하기 때문이기도 하다. 그렇다면 국가는 왜 사이보타주에 관여하지 않을까? 직접 개입하든 해커 용병을 활용하든 국가 단위에서 벌어지는 사이보타주는 많지 않다. 사이보타주는 비밀리에 이루어질 수 있다는 특징을 갖는다. 발각되거나 증거가 드러나도 부인할 수 있다. 사이보타주가 분쟁의 확산으로 이어질 가능성은 높지 않은 것이다. 냉전 시기 러시아가 폭탄 테러와 암살 등 다양한 공격을 저지르거나 직접 테러 네트워크의 중심축으로 역할했던 때도 그랬다. 클레어 스털링(Clair Sterling)의 고전 "테러 네트워크(The Terror Network)"에 따르면 소련은 모든 분쟁 지역에서 테러리스트를 모집하는 데 많은 관심을 가졌다. 소련의 관여는 1970년대와 1980년대 초반에 걸쳐 은밀하면서도 더욱 활동적으로 변화했다.[45] 퓰리쳐상(Pulitzer Prize)을 수상한 언론인 산체 드 그라몽(Sanche de Gramont)은 테러 네트워크가 스파이 활동과도 연관된다는 사실을 확인했다. 이 어두운 협력관계는 많은 사람들로부터 수십억 달러를 약탈하고 그들의 생명을 위협했으며 국제사회의 긴장을 강화했다.[46]

오늘날 "쿨워(cool war)"의 시대에도 불구하고 러시아의 위협은 사이버공간에서 정치적 전쟁을 벌이는 수준에 그치고 있다. 물리적으로 더 큰 영향을 주거나 파괴적인 사이버 행동으로 나아가지 않는 이유는 대체 무엇일까? 중국도 마찬가지다. 서방의 주요 사이버 전략가들은 중국이 파괴적인 행위보다는 지식재산의 탈취를 더 선호하기 때문이라고 한다.[47] 이렇게 제한된 사이버전의 양상은 사생활 침해 우려로 적극적인 대응을 하기 어려운 대부분의 자유민주주의 국가 정부들을 혼란스럽게 만든다. 자유 시장은 실질적으로 안전한 제품을 생산하지 못했다. 소비자들이 충분한 정보를 제공받지 못한 탓에 그런 수요조차도 없었기 때문이다. 그렇게 등장한 사이버보안 업계의 비즈니스 모델은 방화벽(wall)과 백신 프로그램(anti-virals)에 의존하는 잘못된 패러다임에 따라야 했다. 전자의 개념은 앞서 언급하였듯 고전적인 선형 전략 사고의 산물이다. 나아가 일반적으로 정부와 기업, 그리고 시민 개인에게도 반드시 요구되는 백신 프로그램은 오히려 더 위험할 수 있다. 백신 프로그램이 걸러내지 못하는 새로운 바이러스는 실제 전염병처럼 희생자의 몸속으로 빠르게 퍼질 것이기 때문이다.

바이러스는 광범위한 생물체에 치명적 영향을 미칠 수 있다. 제러드 다이아몬드 (Jared Diamond)는 사람들 사이에 존재하는 취약성을 관찰했다. 특히 몇 세기 전 대륙 발견과 정복이 벌어지던 시대에서 유럽의 탐험가와 정복자들이 가져온 새로운 세균들은 이에 대응하는 면역 체계를 갖고 있지 못했던 여러 토착민들을 학살하는 대량살상 무기로 작용했다.[48] 최근 COVID-19 사태처럼 의학이 매우 발달한 현시대에서도 기존의 면역 체계를 무시하는 새로운 병원체는 사회와 경제에 파괴적인 영향을 미친다.

사이버공간에서도 유사한 현상들이 벌어지고 있다. 1988년 인터넷을 마비시킨 "모리스 웜(Morris Worm)" 사건부터 2017년 우크라이나에서 전 세계로 확산된 바이러스 사례들이 대표적이다. 모리스 웜 사건은 한 대학생의 실수로 벌어졌지만 최근의 사건들은 악의적으로 설계되어 더욱 심각한 피해를 낳고 있다. 일례로 유출된 미국의 은밀한 사이버 무기들은 범죄자나 다른 국가 정부에 의해 개조되고 있다. 실제로 변형된 이터널 블루(Eternal Blue)* 바이러스는 뭄바이와 로스앤젤레스 등 70개가 넘는 도시의 항만 시스템을 감염시키면서 물류 체계를 방해했다. 다른 사업들도 피해를 입었는데 미국의 페더럴 익스프레스(Federal Express)도 그 주요 희생자 중 하나였다. 우크라이나에서 확산된 멀웨어(Malware)도 수만 대의 컴퓨터 시스템을 파괴했다. 그중 상당 부분은 우크라이나가 아닌 이탈리아에 소재한 시스템들이었다.[49] 이처럼 새로운 병원체나 변형된 병원체로 인해 발생한 피해는 더욱 막대하다.

이런 상황을 보면 왜 국가들이 은밀하게라도 활발한 사이버 전쟁을 벌이지 않는지 의문이 들 수 있다. 한 가지 분명한 답은 점점 더 정교해지는 포렌식 기술에 있다. 익명성에 의존하는 사이버 공격자들이 보복을 우려해 쉽게 행위하지 못하도록 만들기 때문이다. 따라서 직접적인 사이버공격보다는 중국의 지식재산 탈취나 러시아의 정치

---

* 2017년 쉐도우 브로커스(Shadow Brokers)라는 해킹 단체가 유출한 해킹툴로서 미국 NSA가 개발한 것으로 알려져 있다.

전쟁 같은 유형이 더욱 강화될 수밖에 없다. 이들의 입장에서는 그만한 저위험, 고수익 활동을 줄일 이유가 전혀 없다. 사이버 활동이 대규모 파괴를 동반하게 되면 수익성 있는 "쿨 워(cool war)"는 뜨거워지고 전략적 범죄와 정치 전쟁을 통해 얻는 이익은 포기해야 할 것이다.

2007년 에스토니아, 2008년 그루지야 및 2014년 이후 우크라이나에서 벌어진 러시아와 친러 진영의 사이버공격도 전술적, 전략적 차원이라기보다는 탐색적이고 실험적인 수준에 그쳤다. 평시 또는 보다 낮은 수준의 분쟁 상황에서 심각한 파괴 효과를 달성할 수 있는 고도의 사이버 무기를 사용한다는 것은 전시 상황에서 이와 동일한 수준의 무기를 사용할 수 없다는 뜻이기 때문이다. 이란의 원심분리기 작동에 사용되는 특정 소프트웨어를 공격하도록 설계된 스틱스넷(stuxnet)처럼 정밀하고 정교한 사이버 무기는 쉽게 만들 수 없다. 복잡한 설계와 실험 및 개발 과정을 거쳐야 한다. 게다가 사이버 무기는 한 번 사용하면 정체가 드러나고 공격한 시스템의 특정 취약점도 공개되기 때문에 다시 사용할 수 없다. 따라서 사이버 무기는 만들기 어려우면서도 일회성이라는 특징을 갖는다. 한 번 사용하고 나면 두 번째 공격이 성공할 가능성은 희박하다. 공격 도구를 아무리 많이 가지고 있더라도 새로운 접근법을 개발하기 전까지 사용할 수 있는 무기는 계속 줄어드는 셈이다. 이런 점에서 오래된 익스플로잇(exploit)*을 재구성해 다시 사용하려는 노력도 있을 수 있다. 그러나 숙련된 방어자는 이런 가능성도 고려해 변형된 공격에 대비한다. 결국 사이버 전쟁을 수행하려면 다수의 같은 무기가 아닌 다양한 종류의 새로운 무기가 필요한 것이다.

지금까지 전략적, 전술적 수준의 사이버 전쟁이 없었던 이유도 상당 부분 이런 요인에 기인한다. 예를 들어 두 강대국이 평화로운 관계를 맺고 있는 상태에서 한 나라가 다른 나라의 주요 기반 시설을 전략적으로 공격하는 것은 어불성설이다. 공격을 받은 국가는 기반 시설을 복구하고 드러난 취약점을 보완할 것이기 때문이다. 반대로 공격자는 어렵게 만든 사이버 무기를 겨우 한 번 사용하고 제대로 된 효과도 보지 못한 채 날리게 된다. 결국 진짜 전쟁이 벌어질 때까지 기다렸다가 분쟁이 계속되는 급박한 상황 속에서 사이버 무기를 활용해 대규모 혼란을 야기하는 편이 훨씬 낫다. 2015년 오바마 대통령과 시진핑 주석이 회담을 통해 평시에는 사이버

---

* 보안취약점을 이용해 공격에 사용할 수 있도록 만든 일련의 명령, 스크립트, 프로그램 등을 말한다.

수단으로 상호 간 인프라를 공격하지 않겠다는 합의의 가능성을 비친 것 또한 같은 이유일 것이다.[50] 물론 공식적인 합의는 이루어지지 않았지만 각국의 사이버 무기 규모와 운용을 통제하기 위한 좋은 사례가 될 수 있었다. 오바마 대통령의 제안은 행동 기반(behavior-based) 군비 통제 노력으로 이어졌다. 당시 나는 오바마 대통령의 국방 혁신 과제를 수행하는 팀에서 이 과정에 기여한 바 있는데 이러한 사이버 무기 통제에 관한 내용은 제4장에서 살펴보도록 한다.

이처럼 사이버 무기를 사용하기 위한 모든 전략 과정에서는 "사용하면 사라지는(use and lose)" 사이버 무기의 특성을 고려할 수밖에 없다. 무기를 사용하게 되면 미래의 선택지가 하나 줄어들기 때문이다. 이 문제는 전장의 개별적인 전술 단계에도 적용된다. 예를 들어 포병 부대의 통신을 방해하는 작전이 한 번 또는 몇 번 발각되고 나면 이후에는 신속한 대응이 이루어져 같은 작전은 통하기 어렵다. 실제로 한동안 위성 위치 확인 시스템(Global Positioning System, GPS) 수준의 정밀도로 우크라이나 부대의 위치를 파악하던 친러시아 진영의 전화 해킹 작전도 그랬다. 로버트 악셀로드(Robert Axelrod)와 루멘 일리예프(Rumen Iliev)는 전미과학한림원(National Academies of Science)의 지원으로 수행한 연구를 통해 사이버 무기가 "소모성 자산(wasting asset)"의 성질을 갖는다고 밝혔다.[51] 이 연구는 단순한 사이버 무기부터 정교한 사이버 무기에 이르기까지 복잡성의 다양한 단계를 구분하고 이를 사이버 무기의 사용이 고려되었던 모든 상황과 연계해 낮은 영향력에서 높은 영향력으로 그 수준을 분류했다. 아울러 이들은 비밀리에 삽입된 사이버 무기가 사용 전에 탐지될 위험 등 다른 중요한 요인의 범위를 계산하는 방법을 더했다. 이를 통해 악셀로드와 일리예프는 대체 불가능한 수준의 고도화된 사이버 무기가 사용될 수 있는 조건을 식별하기 위한 프레임워크를 제안했다. 결과적으로 이런 수준의 사이버 무기는 매우 높은 영향력이 필요한 단계에서만 사용될 수 있었다. 쉽게 말해 실제 총격전이 벌어지는 "뜨거운(hot)" 전쟁이어야 했다.

그렇다면 도대체 미래의 사이버 전쟁에서는 누가 총을 쏘는 행위에 비견되는 클릭(click)을 할 것인가? 이미 여러 국가의 선진 군대들이 이런 종류의 작전을 수행할 수 있는 사이버 핵심 전력을 개발 중이다. 문제는 민주주의 국가에서 이런 전력을 확보하려면 더 많은 시간이 걸린다는 점이다. 요원들은 고도의 정신적, 육체적 기준을 충족해야 한다. 이들에게 높은 수준의 권한을 부여하려면 절차적으로 충분한 검토를 거쳐야 한다. 실제로 미국에서는 이런 승인을 받는 데 수개월 이상이 소요되기도 한다. 민간의 용병을 활용하려는 경우에도 자유주의 국가에서는 더 까다로운 기준과 절차를 요구하는 경향이 있다. 나는 고급 해커를 섭외하려는 시도 자체도 허가받지 못하는 경우를 여럿 겪었다. 반대로 러시아, 중국, 북한 등 권위주의 국가들은 소위 "블랙햇(Black Hat)"* 해커들을 대량으로 섭외하면서 해커 모집에서 우위를 선점하고 있다. 이 무법자들은 그들이 소속된 국가의 사이버전 역량과 발전 속도를 빠르게 개선할 수 있다. 이들 정부 입장에서도 테러 단체와 협력하는 것보다 해커를 모집해 활용하는 편이 더 낫다. 그 결과 중국의 61398부대와 같은 고도의 사이버 공격팀이 형성되는 것이다. 이 부대에 소속된 5명의 장교는 2014년 미국 법무부에 의해 해킹 범죄로 기소된 상태다.

그러나 이런 미국의 법적 조치가 실질적일 리 만무하다. 기소 여부와 관계없이 권위주의 국가의 군대는 사이버 전력을 구축하기 위한 조직적 경쟁과 사이버 무기 확보를 위한 군비 경쟁을 늦추지 않을 것이다. 심지어 민주주의 국가들은 해커 커뮤니티에 적대적인 경우가 너무 많다. 상대적으로 덜 해로운 해킹만으로도 중대한 법적 책임을 질 수 있는 미국의 문제는 더 심각하다. 웹 피드 RSS(Really Simple Syndication) 개발을 지원하고 대표적인 소셜 사이트 레딧(Reddit)을 공동 설립한 천재 프로그래머 에런 스워츠(Aaron Swartz)의 사례가 대표적이다. 스워츠는 학술 문헌들을 더 쉽게 이용할 수 있어야 한다고 봤다. 이를 위해 그는 MIT 네트워크를 해킹했고 그 사실이 2011년에 발각되면서 컴퓨터 사기 및 남용 방지법(Computer Fraud and Abuse Act)을 위반한 혐의로 채포, 기소되었다. 유죄 협상 과정에서 여러 논의들이 이루어졌지만 정부는 끝내 협의를 거부하였고 스워츠는 결국 자살하고 말았다.[52] 이 비극은 학술 연구를 널리 이용할 수 있게 하려는 합리적인 열망과 정보 통제 및 보급에 관한 문제를 다루는 정부의 독점적 규율 간 벌어진 충돌에서 비롯된 것이었다. 가혹한 대응만이 해커들을 통제할 수 있다는 신념이 자리하고 있었기 때문이다.

UFO와 반중력 기술의 진실을 파헤치는 데 관심이 있던 스코틀랜드의 자폐 해커 게리 맥키넌(Gary McKinnon)의 사례도 유사하다. 맥키넌은 2001년부터 2002년에 걸쳐 약 1년 이상 거의 100여 개에 달하는 군사 및 우주 분야 정부 사이트를 해킹했다. 그

---

* 범죄 등 악의적 목적으로 해킹을 하는 컴퓨터 전문가들을 뜻한다. 반대로 보안을 강화하기 위해 해킹을 하는 전문가들을 화이트햇(White Hat)이라고 칭한다.

과정에서 일부 시스템이 혼선을 겪었다. 미 해군 대서양 함대로의 탄약 보급 절차가 마비되기도 했다.[53] 맥키넌을 찾아낸 미 당국은 70년 이상의 징역에 처해질 수 있는 여러 혐의로 맥키넌을 기소하려 했다.

맥키넌의 정신 상태에 대한 우려와 미국 송환 시 벌어질 수 있는 신변상의 위험 등으로 10년에 걸친 법적 공방이 벌어졌다. 결국 2012년 10월 당시 영국 내무장관인 테레사 메이(Theresa May)는 범죄인 인도 거부 결정을 내렸다. 몇 달 후 영국에서도 기소되지 않을 것이라는 결정이 내려졌다.[54] 해커가 항상 약탈자로 취급되진 않을 것이라는 최소한의 인식과 자비를 보여준 사례였다.

역설적이게도 가장 개방적인 사회 중 하나인 미국이 해커를 가혹하게 다루는 반면 권위주의 국가인 러시아는 해커를 포용하고 적극적으로 모집해 보상하고 있다. 맥키넌의 사건을 겪으면서 나는 범죄인 인도를 반대하는 보리스 존슨(Borris Johnson) 등 여러 사람들과 뜻을 같이했다. 내 공개적 발언과 지지에 관하여 맥키넌의 어머니로부터 받은 감사의 뜻은 평생 잊지 못할 것이다. 당시 나는 우주로 가는 길을 열었던 나치 로켓 과학자들을 비유로 들며 "제2차 세계대전 이후 우리가 이 과학자들을 재판에 넘겨 가둔 동안 러시아인들은 이들을 이용하고 있었던 꼴과 같다"라고 비판했다.[55] 나는 그간 미국이 전문 지식을 갖춘 중요한 인력들을 어떻게 다뤄왔는지를 강조했다. 제2차 세계대전 당시 독일의 로켓 계획을 이끌던 나치의 베르너 폰 브라운(Wernher von Braun)은 1960년 7월 아이젠하워(Eisenhower) 대통령에 의해 마셜 우주 비행 센터(Marshall Space Flight Center)의 센터장으로 임명되었고 이후 10년간 미국 국민들의 큰 사랑을 받았다. 나는 아직도 그를 영웅으로 추앙하고 그의 일대기를 다룬 영화 "I aim at the Stars"를 보러 갔던 1960년대 초등학교 시절을 기억한다. 우리 모두가 쉽게 놓친 문제는 그의 연구가 별을 향하고 있었더라도 연구의 결과는 런던에 닿은 경우가 더 많았다는 점이다.

오늘날 뛰어난 고급 해커들은 우주 공간으로 가는 길을 이끈 선구적인 로켓 과학자들과 맞먹는 존재들이다. 사이버공간의 보안을 강화하고 평화를 주도할 수 있는 해커들을 무시하거나 학대하는 국가들은 점점 더 위험한 상황에 놓이게 될 것이다. 자국의 사이버 부대를 고도화할 수 있는 최고의 훈련 기회도 놓치게 된다. 반대로 중국과 러시아는 최고의 해커들을 적극적으로 포용하면서 사이버 전사를 양성하고 있다. 중진국 중 사이버 전사를 가장 많이 양성하고 있는 북한도 마찬가지다.

한편, 에스토니아는 사이버 민병대 모집의 또 다른 모델을 개발했다. 에스토니아의 "사이버 방어 대회(Cyber Defense League)" 참여자들은 자국의 중요한 정보 인프라를 보호하는 데 엄청난 기여를 했다. 실제로 2017년 60여 개국을 강타해 약 100억 달러의 피해를 입힌 낫페트야(Not Petya) 공격도 에스토니아의 사이버방벽은 뚫지 못했다.[56] 사이버 민병대는 이처럼 성공적인 방어에 큰 역할을 할 수 있다. 이들은 국가의 사이버 방어 역량을 개선하고 침입을 방지하며 신속한 대응을 지원할 수 있다. 방어에만 국한되는 것이 아니다. 새로운 종류의 전쟁을 수행하는 군인이 될 수도 있음은 물론이다.

03

미래 전투의 모습

The Next Face of Battle

03

미래 전투의 모습

The Next Face of Battle

모든 전쟁은 과거와 미래를 엿볼 수 있는 시간의 관문이기도 하다. 2001년 말 탈레반을 전복시키고 아프가니스탄에서 알카에다를 몰아내기 위한 작전도 예외는 아니었다. 당시 작전은 정보의 가용성과 신속한 공유를 통해 최고의 전술적 민첩성을 확보하는 데 초점을 두고 있었다. 사이버 전쟁의 군사적 측면, 즉 비트전(Bitskrieg)을 구현했던 것이다. 9·11 공격 이후 아프가니스탄 침공이 결정되면서 그린베레(Green Berets)로 구성된 소규모 부대를 투입해야 한다는 사실이 분명해졌다. 더 큰 병력이 모여 이동하려면 수개월이 걸렸을 것이기 때문이다. 육지로 둘러싸인 아프가니스탄의 인접 국가로부터 영토와 영공의 통행을 허가받는 일도 쉽지 않았다. 결국 투입된 그린베레는 탈레반과의 전투에서 패한 수천 명의 지역 부족 동맹과 함께 말을 타며 작전을 수행해야 했다. 그럼에도 불구하고 소수의 미군과 공격기의 지원만으로 한때 처참히 패배했던 아프가니스탄의 북부 동맹은 완전히 전세를 뒤집었다. 탈레반과 알카에다는 불과 몇 주간의 작전 끝에 패퇴했다. 어떻게 이렇게 되었을까?

정보 역량을 중심으로 이 소규모 작전을 추진한 공로는 당시 미국 국방부 장관인 도널드 럼즈펠드(Donald Rumsfeld)에게 있다. 전통적인 접근 방식을 선호하는 군 고위 지도자들을 설득해 냈기 때문이다. 밥 우드워드(Bob Woodward) 기자에 따르면 고위급 논쟁 당시 럼즈펠드는 그린베레 배치를 절대적으로 강조하며 한 치도 양보하지 않았다. 결국 다른 장군들이 물러서야 했다.[1] 이들은 모두 배치된 소수의 미군이

처할 위험을 우려했는데 곧 그런 걱정은 기우였음이 드러났다. 작전은 신속하고 결정적이며 매우 낮은 비용으로 전개되었기 때문이다.

이 작전은 데이비드 론펠트(David Ronfeldt)와 내가 "Cyberwar Is Coming!"이라는 기고문에서 구상했던 모습과 거의 정확히 일치했다. 서로 연결된 소규모의 팀은 탈레반의 부족 동맹까지 포함해 약 8만 명에 달하는 훨씬 큰 적을 "군집 공격(swarmed)"했다. 지상의 소규모 부대가 서로 연결되어 상공의 공격기와 함께 신속하고 치명적인 타격을 할 수 있다는 사실을 보여준 이른바 "아프가니스탄 모델"의 탄생이었다.[2]

내부망인 "전술 웹 페이지(Tactical Web Page)"를 통해 병력을 연동했던 인상적인 사례가 있다. 2001년 11월 어느 날 밤 몇몇 특수 대원들이 탈레반에 엄청난 타격을 가했던 사건이다. 특수 작전 비행사 릭(Rick)은 북쪽에서 카불을 향해 야간 임무를 수행하던 중 지상에서 여러 섬광을 포착했다.[3] 처음에는 이를 대공포라고 생각했다. 그러나 릭은 당시 마자르-이-샤리프(Mazar-e-Sharif)의 탈레반 기지에서 서쪽으로 향하는 길 위를 비행하고 있었는데 그렇다면 섬광의 정체는 차량의 헤드라이트일 수 있겠다는 생각이 떠올랐다. 릭은 무전으로 그 가능성을 보고했고 항공기 교신을 담당하던 벤(Ben)은 "전술 웹 페이지"를 통해 해당 지역 근처에서 작전 중인 A팀에게 이 정보를 공유했다. 작전 현장에서 "전술 웹 페이지"를 주시하던 덴(Dan)의 팀원이 이 메시지를 확인하고 덴에게 알렸다. 덴은 주어진 좌표를 보고 장거리 야간 투시경 장비를 통해 도로를 볼 수 있는 지점으로 서둘러 이동했다. 벤은 덴이 사실을 확인한 후 필요한 경우에 대비해 지상 폭격을 요청해뒀다.

카불(Kabul) 상공에서 임무를 마치고 돌아오던 릭은 해당 지역을 내려다보았고 불의 띠(a ribbon of fire)가 형성되어 있는 것을 확인했다. 그날 밤 100대 이상의 병력을 옮기던 탈레반 트럭들이 파괴된 것이다. 이것은 정보와 화력을 신속하고 치명적인 방식으로 능숙하게 혼합해 활용한 비트전(Bitskrieg)의 전형이었다. 탈레반 트럭 호송대는 몇 시간 동안 그 도로에 머물러 있어야 했고 공격에 매우 취약한 상태로 노출되어 있었다. 이러한 사실을 인식하고 신속한 조치를 가능하게 한 것은 보고 및 정보 관리 시스템이었다. 이런 식의 작전이 초기 아프가니스탄 전역에서 벌어졌다. 그 후 몇 주에 걸쳐 모든 A팀들은 적에 대한 네트워크 이점을 이용했다. 미군은 곧

탈레반을 무너뜨리고 알카에다를 아프가니스탄에서 몰아낼 수 있었다.[4]

이 기념비적 작전의 성공을 넘어 나는 도널드 럼즈펠드(Donald Rumsfeld) 장관이 군 고위 장성들의 완강한 저항에도 불구하고 결심을 굽히지 않은 것이 매우 기뻤다. 1994년 그와 내가 랜드 연구소에서 처음 점심을 같이 하며 논의했던 새로운 방식의 전쟁을 수행했기 때문이다. 결과에 크게 만족한 럼즈펠드는 항구적 자유 작전(Operation Enduring Freedom)*이 미군의 완전한 혁신과 전쟁 자체의 변화를 예고한다고 봤다.[5] 그의 생각은 한동안 실현되는 듯 보였다. 펜타곤의 오래된 사고방식이 전통적인 작전 개념을 다시 들고 나오기 전까지는 말이다.

2001년 말 첫 작전 이후 A팀 투입에 반대했던 장성들은 아프가니스탄에 10만 명 이상의 군대를 파견하는 데 성공했다. 이들은 수천 명의 병력을 추가 파견하도록 동맹국에 요구했다. 그리고 초기 비트전(Bitskrieg)을 통해 얻은 이익은 서서히 사라져갔다. 분명히 피할 수 있는 비극이었다. 그러나 국방부 장관조차도 거대한 관료 시스템의 작은 일부분에 불과했다. 럼즈펠드의 혁신 요구는 거부되었고 아프가니스탄 전쟁은 수년에 걸쳐 훨씬 더 고전적 형태로 벌어졌다. 상황은 계속 악화됐다. 결국 20만 명에 가까운 연합군이 아프가니스탄에 주둔하게 되었다. 시간이 지나면서 상황은 전쟁 초기와 동등한 수준으로 돌아왔지만 너무 늦었을지도 모른다. 결국 2020년 말 아프가니스탄 개입에 대한 미국의 피로감은 평화 회담으로 이어졌다. 9월 11일 미국을 공격한 테러리스트들을 숨겨줬다는 이유로 전복시킨 바로 그 정부에게 고난의 땅을 다시 넘겨줄 꼴이 된 것이다.**

군사적 수렁에 빠진 것은 아프가니스탄만이 아니었다. 아프가니스탄에서 초기 성공을 거둔 지 2년 만에 이라크전 이 발발했고 럼즈펠드는 이라크에 소규모 부대를 파견할 명분을 만들지 못했다. 결국 20만 명이 넘는 병력이 파견되었다. 이라크의 재래식 병력은 금방 패배했지만 저항 세력은 지금까지도 문제를 일으키고 있다.

이라크의 내란은 2006년 말 럼즈펠드의 몰락으로 이어졌다. 그의 사임은

---

* 9·11 테러 이후 미국이 주도한 테러와의 전쟁 중 일부를 말한다.
** 미국은 2020년부터 일부 병력을 철수하기 시작했고 2021년 결국 아프가니스탄에서의 전면 철수를 결정했다. 원서는 2020년 12월을 기준으로 하고 있어 현재 진행형으로 서술했다. 원서의 표현은 그대로 유지하기로 한다.

비트전(Bitskrieg)의 잠재력보다 전격전(Blitskrieg)을 선호하는 전통주의자들에게 큰 힘을 실어주었다. 이제 사이버공간에 기반한 작전 개념은 전략적 담론의 일부로만 남아 있다. 지금은 해커로부터 인프라를 어떻게 보호할 수 있는지에 중점을 두고 있다. 군 자체의 관점에서는 디지털 진주만(Digital Pearl Harbor)을 피하는 것, 그리고 사이버공간에서 대규모 파괴적 공격을 수행할 수 있는 능력을 개발하는 것에 관심을 두고 있다. 정보 자원과 역량을 능숙하게 관리해 육상과 해상, 항공 우주 등 다양한 전장의 양상을 바꿀 수 있다는 생각은 시들해졌다. 이런 퇴행은 직접 경험하기는 어렵지만 새로운 길을 모색하는 많은 사람들이 겪어온 일일 것이다. 아프가니스탄과 이라크에 참전한 군인과 민간인에게 막대한 대가를 치르게 한 것도 새로운 일이 아니다. 군사 업무의 변화에 대한 저항을 다룬 내 연구에서 지적했듯이 "전쟁은 사람이 벌이는 일 중에서 가장 위험한 일이다."[6] 따라서 군대는 그간 일반적으로 성공해 온 오래된 방법을 버리고 불확실한 새로운 방법을 채택하기를 꺼리기 마련이다. 그러나 앞으로 벌어질 사이버 미래를 고민하려면 과거의 경험을 교훈으로 삼을 수 있어야 한다.

군사혁신의 기나긴 여정: 그때와 지금
The lengthy paths of military innovation - then and now

중대한 기술적 변화는 교전과 전술뿐만 아니라 전장 전반을 바꿔 왔다. 1815년 1월 뉴올리언스 전투(Battle of New Orleans)에서 민병대로 구성된 소수의 미국군은 전장 경험이 훨씬 풍부한 대규모 영국 정규군에 크게 승리했다.[7] 미군이 소총(rifle)을 많이 갖추고 있던 덕이었다. 소총을 든 보병들은 머스킷총을 사용한 영국군보다 더 멀리서 교전할 수 있었다. 한 세기 후인 1914년 9월, 독일의 U-9 잠수함과 수십 명의 승무원들은 3척의 영국 순양함을 격침하며 해전의 혁명을 공표했다.[8] 영국 해군은 그날 1,500명의 선원을 잃었고 영국을 고립시키려는 심해의 침입자(raiders of the deep)들을 극복해야만 했다. 제2차 세계대전 중 잠수함은 치명적인 존재였고 오늘날에도 다르지 않다. 전투기 또한 지난 세기에 걸쳐 육상전과 해상전에 혁신적인 영향을 미쳤다. 이제 문제는 첨단 정보 기술도 그만한 영향을 미칠 것인가 하는 점이다.

그러나 원자 폭탄처럼 군사와 전장의 판도를 한 번에 뒤엎는 기술은 흔하지 않다. 예를 들어, 1815년 뉴올리언스에서 영국의 붉은 군대(Redcoats)*를 물리친 소총은 이미 1679년 루이 14세의 프랑스 기병대에서 사용하고 있었다.[9] 1756년부터 1763년까지 벌어진 7년 전쟁의 일부 전투에서도 소총이 활용됐다. 미국 독립 전쟁 초기 데이비드 부쉬넬(David Bushnell)은 잠수함의 초기 모델인 터틀(Turtle)**을 활용해 영국 하우(Howe) 제독의 기함을 공격했다. 이후 U-9 등 잠수함이 본격 활용되기까지는 138년이 걸렸다. 항공기도 마찬가지다. 1794년 프랑스 육군의 열기구 정찰 부대(compagnie d'aérostiers) 이후 약 120년이 지난 1914년 복엽기***가 등장했다. 1903년 라이트 형제의 첫 비행부터 1939년 전격전이 시작될 때까지를 생각해 보면 항공기의 치명적인 잠재력은 수십 년이 지나서야 드러난 것이다.

그러나 소총과 잠수함, 항공기의 역사에 비하면 현대 기술에 기반한 사이버 전쟁의 선례와 등장 과정은 훨씬 더 복잡하다. 정보 시스템 자체의 유형과 기능이 너무 다양하기 때문이다. 군사용으로 사용된 최초의 정보 기술은 모스의 전신기였다. 1844년 등장한 전신기는 약 20년 후 남북 전쟁, 그리고 1866년부터 1871년까지 벌어진 독일의 통일 전쟁에서 널리 사용됐다. 프로이센 군대는 전보를 능숙하게 사용함으로써 오스트리아와 프랑스에 효율적으로 대항할 수 있었다. 전신기를 활용해 흩어져 있는 야전군을 적시 필요한 전장에 집결할 수 있도록 했던 것이다. 미국도 전신을 활용해 광범위한 봉쇄 공격(cordon offensive)을 할 수 있었다. 심지어 천 년 전의 비잔틴 제국도 불을 이용한 전보 시스템을 활용했다. J.B. 베리(Bury)에 따르면 비잔틴 제국은 사라센(Saracen)의 공격을 토러스(Taurus)에서 수도인 콘스탄티노플(Constantinople)까지 거의 한 번에 알릴 수 있었다.[10] 정보를 신속하게 전달함으로써 대비 태세를 갖추도록 한 것이다. 나폴레옹 또한 야전군의 효율성을 높이고 어디서든 제국의 업무를 관리하기 위해 봉화를 사용했다.

---

* 17세기에서 19세기 당시 붉은 코트를 활용한 군복을 착용하던 영국군을 칭한다.

** 술통을 본떠 만든 1인용 잠수함을 말한다. 탑승자가 레버를 돌려 직접 이동해야 했다. 적함 근처까지 은밀하게 이동해 폭탄을 부착하는 방식으로 활용했다.

*** 주 날개 2개를 수평하게 연결해 만든 고정익기로 초창기 대부분의 비행기에 적용됐던 방식이다.

미국의 남북 전쟁 이후 반세기가 지나 제1차 세계대전이 발발했다. 전신은 이제 라디오와 전화로 발전했다. 특히 라디오는 해전에 큰 영향을 미쳤다. 독일은 영국과 연합군의 물자 보급을 끊고자 상선을 격침해 왔는데 상선들이 침몰 전 경고와 함께 정확한 위치를 보냄으로써 독일의 공격선을 빠르게 추적할 수 있었기 때문이다. 시릴 폴스(Cyril Falls)에 따르면 개전 4개월 만에 영국은 사실상 모든 독일의 군함을 무역로에서 제거할 수 있었다.[11] 연합군의 신호탐지조사위원회(Allied Signal Detection Investigation Committee, ASDIC)는 제1차 세계대전 중 초기 형태의 소나(sonar)를 개발해 U보트의 은밀한 기동을 어느 정도 추적할 수 있었다. 그러나 제1차 세계대전 당시 기술의 가장 큰 역할은 영국이 치머만 전보(Zimmermann Telegram)를 해킹할 때 이루어졌다. 독일은 미국이 개입할 것을 우려해 멕시코에 참전을 요청하면서 미국에 빼앗긴 영토를 되찾도록 도와주겠다는 메시지를 암호화하여 비밀리에 전했다. 그러나 영국이 이 전보를 중간에 가로채 암호를 해독했고 그 내용이 공개되자 미국이 격분했다. 결국 미국은 중립 지위를 버리고 독일에 선전 포고를 하게 된다.[12]

1939년 제2차 세계대전이 발발할 무렵에는 정보 기술도 급격히 발전한 상태였다. 1880년대 후반 하인리히 헤르츠(Heinrich Hertz)가 전파를 금속 물체에 반사시켜 돌아오게 하는 방법을 고안하면서 레이더(Radar)가 개발되었다. 1990년대 초반에는 가시성이 좋지 않은 조건에서 레이더를 활용해 항해에 도움을 줄 수 있다는 사실이 증명되었다. 레이더 기술은 조기 공습경보에도 활용되었다. 실제로 영국의 체인 홈(Chain Home) 해안 레이더는 1940년 가을 독일의 본토 공습을 막는 데 결정적인 역할을 했다. 단파 레이더 기술을 항공기에 적용하면서 레이더 기술이 전장에 미치는 영향은 더욱 커졌다. 이 감지 혁명(sensory revolution)을 이끈 선도적 과학자 로버트 모리스 페이지(Robert Morris Page)는 초기 연합군의 패배를 승리로 전환할 수 있었던 핵심 요소로 영국 본토 항공전의 승리, 적 잠수함의 퇴치와 함께 레이더를 꼽기도 했다.[13] 이후 냉전을 거쳐 오늘날 "쿨 워(Cool War)"의 시대에 이르기까지 레이더는 육지와 바다, 그리고 항공 우주 전투 모두에서 중요한 기술로 자리했다.

아울러 영국 블레츨리 파크(Bletchley Park) 연구자들의 암호 해독 기술 등을 돌아보면 제2차 세계대전은 사실상 컴퓨터의 시험장이나 다름없었다. 영국은 울트라 작전에서 고성능 컴퓨팅 기술에 의존했지만 다른 전투에 사용되는 컴퓨터들은 훨씬 더 소박한 경우도 많았다. 일례로 노든 폭격 조준기(Norden bombsight)는 편대를 이끄는

비트전: 사이버전의 혁신

폭격기에 장착되어 목표를 조준하고 바람 및 다른 요소들을 조정했다. 뒤따르는 편대 소속 폭격기의 조종사들은 사실상 이 기계의 안내를 엄격하게 따르면 됐다. 약 2만 피트 상공에서도 피클통에 폭탄을 투하할 수 있었다고 과장되게 알려진 이 조준경은 미국의 다른 여러 폭격기에도 장착되었다. 히로시마에 원자 폭탄을 투하한 에놀라 게이(Enola Gay)도 이 장치를 사용했다.

잠수함도 기본적으로 컴퓨터를 사용했다. 추축국과 연합국 모두 목표물을 타격하기 위해 반드시 필요한 항속거리와 상호이동 거리를 컴퓨터로 계산했다. 미국의 어뢰 데이터 컴퓨터(American Torpedo Data Computer)는 잠망경과 소나(sonar)를 통해 적의 방위, 사정거리, 각도 등 데이터를 수집하고 이동 경로를 표시했다. 이후 잠수함의 항로를 기준으로 움직임을 자동 계산하면서 어뢰의 회전 각도를 설정해 그 효과를 입증했다.[14]

제2차 세계대전 이후 수십 년에 걸쳐 전장의 컴퓨터 의존도가 높아졌다. 다만, 한국과 베트남에서는 그 잠재력이 제대로 실현되지 못했다. 중공군의 대규모 투입과 매복한 베트콩 비정규군들로 인해 기존의 대규모 전쟁에서 수행됐던 폭격과 이를 지원하는 컴퓨터의 역할은 제한될 수밖에 없었다. 1960년대 후반 아일랜드 공화국군(Irish Republican Army, IRA)과 팔레스타인 지하디스트들의 위험으로 부상한 현대 테러리즘 대응 노력도 마찬가지다. 이런 형태의 비정규적인 분쟁에서 컴퓨터는 큰 도움이 되지 못한다고 여겨졌다. 그러나 1970년대 중반부터 상황이 달라지기 시작했다. NATO가 핵 사용을 억지할 수 있는 수준의 다양한 원자탄으로 증강된 소위 재래식 전력 측면에서 러시아가 우위를 점하고 있다는 사실을 새롭게 인식한 것이다. 이에 따라 NATO는 재래식 전력을 스마트화하기 시작했다. 목표물로 정확하게 안내할 수 있도록 정교한 정보를 활용하고 컴퓨터 기반의 명령과 통제 시스템을 통해 공군과 지상군을 조정할 수 있도록 했다.[15]

그런데 이런 정밀성의 혁명(precision revolution)과 정보 시스템의 이점을 인정함과 동시에 위험도 증가할 수 있다고 우려하는 목소리들이 있었다. 스마트 무기와 상호 연결된 민첩한 지휘 및 조정 체계로 무장한 소규모 연합군의 시스템과 통신 시설에 문제가 생긴다면 더 많은 바르샤바 조약 소속군이 사실상 유유히 서쪽으로 진격할 수 있다는 것이다. 토마스 로나(Thomas Rona)는 1976년 무기체계와 정보전쟁(Weapon

Systems and Information War)이라는 연구를 통해 고도로 정보화된 군대를 구축하고 이에 의존하는 것의 기회와 위기를 모두 짚어냈다.[16]

　　현대 군대의 정보 시스템 의존도가 더욱 높아지면서 그 양날의 속성도 더욱 강조되고 있다. 나아가 탱크, 포대 및 다양한 무기에 탑재될 수 있는 소형 컴퓨터들이 실제 혹독한 전투 환경에서도 작동할 수 있을지에 대한 회의론도 증가하고 있다. 이 문제는 첨예하게 대립하면서 1980년대 열띤 논쟁의 대상이 되었다.[17]

사이버전의 군사적 활용: 비트전(Bitskrieg)의 첫 가능성
First rumblings of cyberwar's specifically military dimension: Bitskrieg

　　1990년부터 1991년까지 벌어진 걸프전은 전장에서 컴퓨터의 탄력성을 처음으로 시험할 수 있는 기회였다. 잘 무장된 대규모의 이라크군은 이란과의 8년 전쟁을 마친 베테랑 정규군으로 구성되어 있었다. 작전의 규모와 복잡성에 더해 사막 환경의 혹독함은 컴퓨터를 전장의 시험대에 올렸다. 힘든 싸움이 분명했지만 연합군 사령관인 노먼 슈바르츠코프(Norman Schwarzkopf) 장군을 지원했던 우리 중 일부의 예측대로 작전은 수월하게 진행됐다. 전술정보시스템(tactical information system)은 안정적으로 작동했고 모든 연합군과 긴밀히 연결된 합동 감시 및 표적 공격 레이더 시스템(Joint Surveillance Target Attack Radar System, JSTARS)은 전장의 개관을 파악하고 더 넓은 작전을 수행할 수 있도록 보장했다. 이에 비해 사담 후세인의 군대는 거의 눈이 먼 상태로 싸워야 했다. 정보 우위를 선점한 덕에 연합군은 96시간 남짓한 시간 만에 일방적인 승리를 거둘 수 있었다. 이 사막의 승리는 정보기술의 진보를 통해 진정한 군사 혁신이 가능함을 보여주었다.[18] 나에게는 기존의 공수전 교리를 넘어 비트전(Bitskrieg)의 실현 가능성을 보여준 사건이었다.

　　걸프전은 데이비드 론펠트(David Ronfeldt)와 내가 "Cyberwar Is Coming!"이라는 연구를 통해 밝힌 생각의 씨앗이 되었다. 1993년 국제학술지 비교전략(Comparative Strategy)에 게재된 이 논문은 수십 년 동안 논쟁을 불러일으켰다. 그러나 우리 논문의 내용 중 사이버공간에서의 작전에만 한정된 간략한 담론이 가장 많은 관심을 받았다는 사실은 여전히 당황스럽다. 우리 연구의 핵심은 첨단 정보기술이 군사 조직과 교리 및 전략에 중대한 영향을 미친다는 점에 있었기 때문이다. 사이버 전쟁은 이 모든 영역에서 변화를 수반할 것이었다. 대규모 교전은 민첩한 소규모 교전으로 변화하고 고도로 네트워크화된 부대에 의해 수행될 것이다. 상대의 병력 구성과 배치 및 의도에 대하여 적보다 더 많이 알아야 한다는 전략적 목표는 최우선 순위가 되어야 했다.

그러나 대부분의 군대는 제2차 세계대전 이후에도 지배적이었던 기존 관행을 버리지 못했다. 육지에서의 기동전이든 해상에서의 항공모함 전투든 기존 관행에 새로운 정보 기술을 단순히 접목하는 수준이었다. NATO가 1999년 코소보 전쟁에서 어설프게 승리한 사례, 9·11을 계기로 일어난 전쟁에서 연합군이 괴로움에 시달렸던 문제들은 여전히 오래된 관행을 버리지 못한 채 그저 새로운 도구만 채택하려는 군의 성향을 방증한다.

이 글을 쓰는 시점(2020년)에도 아프가니스탄과 이라크의 상황은 최악으로 치닫고 있다. 수조 달러를 쏟아붓고 수천 명의 목숨을 바친 결과 아프가니스탄에서는 탈레반이 부활했다. 이라크에서는 이슬람 국가(ISIS)와 이란의 지원을 받는 민병대가 혼란을 확산하고 있다. 이 슬픈 결과의 책임은 미군 지도부에 있다. NATO와 다른 연합국들은 미국의 선례를 따르는 경향이 있다. 그 탓에 이들의 접근 또한 전통적이고 재래식이었다. 공습과 폭격을 동원했고 가능할 때마다 대규모 총격전을 벌여왔다. 그러나 이런 전략을 수립해 온 몇몇 책임자들도 자신들의 개방성이 부족했고 새로운 접근을 고려하지 못했다는 점을 인정했다. 아프가니스탄 전략을 수년간 지휘했던 더글라스 루트(Douglas Lute)는 자리에서 물러난 후 "우리는 우리가 무엇을 하고 있는지 몰랐다"고 밝혔다.[19] 그래서 이들은 정보 우위를 확보하는 일에만 매달리기보다는 좀 더 인간에 의존하는 다양한 기술적 수단을 함께 활용하기로 했다. 코소보에서 통했고 아프가니스탄 전쟁 초기 단계에서도 성공했던 비트전(Bitskrieg)을 구현해 보기로 한 것이다. 데이비드 론펠트(David Ronfeldt)와 내가 구상한 사이버전의 교리는 재래식 전쟁과 비정규 전쟁 모두에서 통할 수 있었다.

인공지능 Jane

Meet AI Jane

오늘날 기술 중심 시대에서 군이 마주하고 있는 역설 중 하나는 군인이 죽음을 앞둔 상황에서도 마치 로봇(automata)처럼 싸우도록 만들기 위한 전통적인 규율과 훈련[20]이 점점 무의미해지고 있다는 점이다. 인공지능(Artificial Intellignece)이 급격하게 발전하면서 자동화된 무기의 범위가 너무 넓어졌기 때문이다. 오히려 이제는 사람처럼 행동하는 기계를 만드는 일이 더 중요해졌다. 새로운 전투 개념에 대한 데이비드 론펠트(David Ronfeldt)와 나의 아이디어는 전격전에서 비트전(Bitskrieg)으로의 전환이 주로 로봇을 통해 이루어질 것이라고 믿는 학계 및 군사 전문가들의 주목을 받았다. 일례로 우리가 제시한 스웜(swarm) 개념은 동시에 모든 방향에서 공격하는 전술이었는데 이것이 로봇에 의해 구현될 경우 전장의 양상은 완전히 뒤바뀔 것이었다. P. W. 싱어(P. W. Singer)가 말했듯 로봇의 무리 규모에는 제한이 없다. 실제로 iRobot사는 이미 최대 1만 개의 로봇 무리를 운영하는 프로그램을 실행[21]하고 있다.

현재 원격 제어 무기에는 사람의 개입(human in the loop)이 요구된다. 그러나 사람의 개입 없이도 지능형 기계가 전투를 수행하고 목표를 선택해 스스로 결정을 내릴 수 있게 된다면 전략의 양상은 완전히 뒤집힐 것이다. 마누엘 데 란다(Manuel De Landa)는 자율무기가 스스로 목표를 선택하고 적인지 아군인지를 결정하는 책임이 사람에서 기계로 넘어가는 순간 새로운 시대가 시작될 것이라고 강조했다.[22] 충분히 그럴 수 있다. 그러나 전투 기계를 정확히 어떻게 프로그래밍할 것인지에 관한 의문이 남는다. 피터 싱어(Peter Singer)와 같은 선구자는 "무리지어 다니는 형태의 근본적으로 새로운 전투 교리를 사용하게 될 것"이라고 한다. 그러나 전쟁 로봇(warbots)이 오래된 작전 개념을 고려해 싸우도록 설계되어 있다면 어떻게 될까? 로봇과 인간 사이의 갈등을 다룬 존 링고(John Ringo)와 트래비스 테일러(Travis Taylor)의 소설 "폰 노이만의 전쟁(Von Neumann's War)"에서 그 예시를 찾을 수 있다.[23] 이 소설에서 기계는 빠르고 강력하며 일정 수준 적응력을 가지고 있지만 근본적으로는 여전히 전통적인 프로그래밍 방식을 따른다. 그 결과 인류는 기계를 물리칠 수 있게 된다. 여기서의 요점은 똑똑한 로봇이 전투한다고 해서 비트전(Bitskrieg)이 되는 것은 아니라는 점이다. 프로그래밍을 어떻게 하느냐가 핵심이다.

나아가 미래의 분쟁을 로봇이 전장에서 사람을 완전히 대체하거나 일부 상황에서 로봇이 점차 증가하는 모습으로만 한정해서는 안 된다. 사이버 전쟁과 비트전(Bitskrieg) 교리의 핵심은 정보 우위의 선점이다. 즉, 더 많은 정보를 보유하고 활용하거나 그 수준이 동등하더라도 이를 더 신속하게 활용하는 일이 중요하다. 어디까지나 인식의 우위가 사이버 전쟁의 핵심이다. 물론 미래의 로봇이 사람 대신 더 많은 일을 할 수 있다는 것은 부인할 수 없는 사실이다. 그러나 1996년 제임스 더니건(James Dunnigan)이 이미 사람 대신 총에 맞도록 최전선에 배치되는 로봇을 구상했음에도 불구하고 여전히 전장에서는 피와 살로 구성된 군인들이 뛰고 있다. 이런 현실을 고려해 더니건은 다수의 로봇 승무원과 소수의 인간 승무원으로 구성된 함선, 일부 전투기는 로봇이 조종하고 일부는 원격 조종되며 나머지는 인간 조종사가 직접 조종하는 편대도 구상했다. 더니건은 조종사와 무인 항공기가 공존할 것이라고 봤다.[24] 실제로 로봇은 비트전(Bitskrieg) 시대의 중요한 부분을 형성할 것이다. 그러나 전장의 로봇들만으로는 역부족이다.

반면, 정보는 다르다. 정보를 통해 우리는 육지와 해상, 항공 우주 환경에서 적의 위치와 움직임, 나아가 의도를 더 명확하게 파악할 수 있다. 로봇은 이처럼 정보 우위를 확보하고 유지해야 하는 미래의 전장에서 중요한 역할을 할 수 있다. 정보, 감시 및 정찰(ISR) 시스템에서 생성되는 대규모 데이터 흐름을 처리, 분류 및 구조화하는 것뿐만 아니라 전투의 최전선에서 작전 중인 부대에 중요한 정보를 신속하게 제공할 수 있기 때문이다. 중앙 집중화된 계층적 명령과 통제에서 벗어나 데이터를 광범위하게 공유하는 네트워크 중심 접근 방식에서는 RAND의 분석가 브라이언 니치포룩(Brian Nichiporuk)과 칼 빌더(Carl Builder)가 언급하였듯 소규모 병력이 더 자유롭고 자율적으로 작전을 펼칠 수 있게 된다.[25] 정보시스템의 잠재력을 완전히 구현할 수 있을 때 군사 작전이 어떻게 변화할 수 있는지에 관한 중대한 통찰이다. 마누엘 데 란다(Manuel De Landa)도 일찍이 19세기 원뿔형 총알의 발명이 기존의 전술 체계를 뒤집고 대열의 분산을 강요했던 것처럼 컴퓨터와 네트워크 또한 통제 체계의 분산을 요구하고 있다고 강조한 바 있다.[26]

아울러 정보시스템의 기술적 진보가 조직 구조의 재설계를 요구하고 있다는 점도 중요하다. 그러나 군은 아직 정보 흐름과 조직 형태를 네트워크화된 관점으로 전환해야 할 필요성을 느끼지 못하고 있다. 대부분의 선진 군대는 여전히 중앙 집중화된 통신을 두고 전통적인 대규모 조직 구조를 유지하고 있다. 이처럼 소수의 대규모(few-large) 조직 구조를 유지하려는 집착은 산업 시대 사고방식의 유물이다. 대량생산 시대에서는 병력의 집중도가 높을수록 전투 효과도 강해졌다. 그러나 훨씬 똑똑하고 자동화된 무기를 멀리서 운용할 수 있는 정보화 시대에서는 사람과 로봇으로 구성된 병력을 광범위하게 분산 배치하는 것이 더 나을 수 있다. 따라서 가장 좋은 방법은 다수의 소규모(many-small) 조직을 운용하는 것이다. 훨씬 더 작은 규모의 작전 팀은 표적이 될 수 있는 위험을 분산할 수도 있지만 화력을 효율적으로 동원해 전통적 방식으로 밀집되어 있는 적군을 다양하게 공격할 수도 있다. 네트워크화된 조직으로 전환함으로써 론펠트(Ronfeldt)와 내가 주장한 일종의 군집 전술(swarm tactics)을 구현할 수 있는 것이다.[27]

　특히 해군이 군집(swarming) 전술에 큰 관심을 보이고 있다. 실제로 3명의 미 해군 제독은 인간과 기계로 구성된 팀의 중요성을 인식하고 군집 개념에 대해 새로운 관점을 제시했다. 아서 세브로스키(Arthur Cebrowski)는 제일 먼저 네트워크 중심전의 개념을 제시했고 토마스 로든(Thomas Rowden)은 전력 분산의 치명성(distributed lethality)이라는 교리를 발전시켰다. 최근 존 리처드슨(John Richardson)은 해군 작전 사령관으로 부임할 당시 모든 유형을 포괄하는 가장 광범위한 개념인 "네트워크화된 해군(networked Navy)"의 개념을 제안했다. 네트워크화된 해군은 신속한 정보의 흐름과 확산을 보장함으로써 더 많은 함선과 비행기, 잠수함, 나아가 완전히 자동화된 시스템의 분산형 전투를 구상한다.[28] 이런 고위 지휘관들의 비전에도 불구하고 론펠트(Ronfeldt)와 나는 연결과 군집만이 로봇의 유일한 활용방안은 아니라는 점을 더 많은 군 관계자에게 설명해야만 했다.[29] 군사적 효과성의 가장 큰 향상은 더니건(Dunnigan)이 구상한 전장에서 군집과 같은 전투 교리를 사용해 인간과 지능형 기계를 함께 활용할 때 이루어질 것이다.

　그러나 개별 행동 단위의 분산을 통해 상황을 유연하게 조정하고 매우 혁신적인 전술을 구사할 수 있는 차세대 전투도 완벽한 것은 아니다. 다른 전투 부대 및 상위 명령 체계와 안전하고 원활하게 통신할 수 있어야 하기 때문이다. 이러한 의존성은 큰 취약점으로 작용한다. 작전의 복잡성과 신속성을 고려할 때 인공지능은 분명 핵심적인 역할을 할 것이다. 단순한 전투의 기능이 아니라 통신을 유지하고 센서가 작동하도록 전투의 기반을 지원할 것이기 때문이다. 그러나 적군의 지도자들은 분산된 팀들을 하나로 묶어주는 정보 시스템을 혼란하게 하거나 역으로 활용함으로써 아군 조직의 개별적 요소들을 매우 구체적으로 취약하게 만들 수 있다는 사실을 빠르게 알아챌 것이다. 제2차 세계대전 당시 연합군의 암호 연구자들이 독일의 에니그마 시스템을 해킹해 U보트를 파괴할 수 있도록 한 것과 다르지 않다.[30] 로봇 군대가 갖는 또 다른 문제가 있다. 바로 25마일 상공의 초고도 핵폭발부터 소규모 지향성 에너지 무기에 이르기까지 다양한 형태로 구현되는 전자기 펄스(Electromagnetic Pulse, EMP) 무기다. 전문가들은 이 취약점을 훨씬 심각하게 보고 있다.[31]

따라서 로봇의 모든 이점에도 불구하고 AI Jane의 부상이 갖는 역설은 굳이 로봇을 파괴할 필요없이 방해만 해도 더 큰 효과를 볼 수 있다는 점에 있다. 이렇게 접근하면 로봇은 사람보다 훨씬 취약하다. 해킹을 당하거나 총에 맞거나 전자기 수단에 의해 회로가 타버리면서 쉽게 망가질 수 있기 때문이다. 물론 인체에 삽입되는 디지털 기기가 늘어난다면 인간도 전자적 공격의 대상이 될 수 있을 것이다. 실제로 아바나 증후군(Havana Syndrome)에 대한 연구는 쿠바에 파견된 미군과 다른 지역의 CIA 요원들이 지향성 에너지 무기(Directed-energy weapon)*의 공격을 받았다는 결론을 내리기도 했다.[32]

인공지능과 정보기술의 발전으로 인류는 군대를 혁신할 수 있는 기회를 앞두고 있다. 그러나 반대로 취약점을 여러 방식으로 공략할 수 있는 가능성은 자동화된 전장(automated battlefield)을 꿈꾸는 많은 선진 군사 지도자들의 비전을 무력화한다. 베트남에서 수년간 수렁에 빠진 미군을 감독하고 육군 참모총장을 역임한 윌리엄 웨스트모어랜드(William Westmoreland) 장군도 이런 자동화 전쟁의 옹호자였다. 1969년 10월 미 육군 협회 연설에서 그는 이렇게 표현했다:

미래의 전장에서는 데이터 링크, 컴퓨터를 통한 정보 평가, 자동화된 사격 통제에 힘입어 적군을 거의 즉시 식별해 추적하고 표적으로 삼을 수 있을 것이다. 초탄으로 적을 사살할 가능성은 100%에 가까워지고 적을 계속 추적할 수 있는 감시 장치 덕에 상대를 물리적으로

---

* 전자기파나 입자 등을 한곳에 집중시켜 표적에 발사함으로써 표적을 파괴하거나 무력화할 수 있는 미래 형 무기체계를 말한다.

고립시키기 위한 대규모 병력은 거의 필요하지 않게 된다. ⋯ 전장은 24시간 감시 아래 놓이게 될 것이다. 실시간으로 통신하고 고도로 치명적인 화력을 순간적으로 사용함으로써 우리는 우리가 찾는 모든 것들을 파괴할 수 있을 것이다.[33]

웨스트모어랜드(Westmoreland)는 비트전(Bitskrieg)의 핵심 요소인 정보 우위, 병력 축소, 그리고 극도로 정확한 무기체계의 중요성을 이해하고 있었다. 그러나 적 또한 그런 시스템을 방해하고 파괴하고 역정보를 확산해 속일 수 있다는 점도 생각해야 한다. 이 문제에는 어떻게 대응해야 할까? 안전하게 통신하려면 지금과 같은 소수의 대형 위성 체계에서 벗어나 다수의 소형 큐브 위성(Cube Sat)을 활용할 수 있어야 한다. 계속 강조하지만 "소수의 대형"에서 "다수의 소형"으로 전환할 수 있어야 한다. 서로 연결된 소형 위성은 작전 현장에서 더 넓고 지속적인 통신을 보장한다. 서로의 데이터를 공유함으로써 더 포괄적인 그림을 파악할 수 있게 된다. 또한 큐브 위성의 작은 크기와 적은 비용 덕에 특정 위성이 격추되거나 손실되더라도 더 쉽게 교체할 수 있을 것이다. 지상 작전에서도 보안을 강화하려면 방화벽이나 백신 프로그램 등 마지노선에 의존하지 말고 강력한 암호화기술과 클라우드 컴퓨팅을 복합적으로 사용할 수 있어야 한다. 로봇은 자체적으로 전자기 공격에 대응할 수 있도록 방어체계를 갖춰야 한다. 인간 병사는 방탄복을 착용하면 되겠지만 오토마타(automata)에게는 또 다른 좋은 "로봇 갑옷"이 필요할 것이다.

지능형 기계 전략가의 가능성
The intelligent machine as strategist?

지금까지는 지능화되고 자동화된 시스템의 확산이 미래 전장에 미칠 수 있는 전술적 영향을 살펴보았다. 그러나 전략적 차원에서도 인공지능을 활용해 작전 운용을 강화할 수 있다. 일례로 나는 미 방위고등연구계획국(The Defense Advanced Research Projects Agency, DARPA)과 인간의 전략 계획 프로세스를 보조하는 자동화 시스템 아이디어를 개발해 오고 있다. 전략적 요소의 구체적인 사항은 높은 신뢰도로 계산하기 어려울 수 있지만 일반적인 사항은 이미 알려져 있다는 점, 이와 함께 인공지능의 핵심 요소인 머신러닝을 통해 데이터를 유연하게 처리함으로써 기획자와 의사결정권자에게 새로운 인사이트를 제공할 수 있다는 점을 이용한 프로젝트다. 이 프로젝트의 이름은 "종합적이고 자동화된 전략 평가 엔진(Comprehensive, Automated Strategy Evaluation Engine, CASEE)", 이른바 "케이시(Casey)"다. 아직은 개괄적인 내용만을 소개할 수밖에 없다. 그러나 요점은 기계가 진짜 "학습"할 수 있고 탄소 기반 생명체인 인간뿐만 아니라 실리콘 기반의 기계도 진정한 "지능"을 구현할 수 있다면 인공지능도 전략을 수립할 수 있다는 것이다.

이미 인공지능은 사람보다 체스와 포커, 바둑을 잘 둔다. 심지어 토론을 위해 만들어진 IBM의 인공지능 시스템 Project Debater는 포렌식 분야에서 최상위 성능을 낼 수 있다. 이스라엘의 IBM 연구소에서 10년에 걸쳐 개발된 이 인공지능 시스템은 2018년 샌프란시스코에서 열린 행사에서 우주 탐사 보조금과 원격 의료의 가치를 주제로 토론 챔피언들과 논쟁을 벌였다. 청중의 판단 결과 인공지능의 성적은 1승 1패였다. 인공지능이 사람과의 토론 대결에서 승리를 따낸 것이다. 이 결과는 인공지능의 개발 단계에서 중요한 변곡점이라고 할 수 있다. 다방면의 이슈에 대해 합리적인 논쟁을 벌이려면 전략적 사고를 할 수 있어야 하기 때문이다. 한 보고서는 이 토론에서 인공지능이 의사결정을 지원할 수 있는 역량을 보여줬다고 평가했다. 필요한 모든 증거와 주장을 동원해 인간의 추론 역량에 대적할 수 있었다는 것이다.[34] Project Debater 개발팀은 이제 군사 문제도 다루어야 할 것 같다.

9·11 테러 이후 미국이 주도한 아프가니스탄과 이라크 전쟁, 그리고 리비아, 소말리아 및 시리아에 대한 제한적 개입은 많은 자원을 소모했다. 이제 새로운 접근 방식을 도입해야 할 때다. 인공지능은 이런 복잡한 문제를 해결하고 명확성을 제공할 수 있다.

현대 전쟁은 체스나 포커, 바둑, 토론에 비하면 훨씬 복잡하다. 순수한 군사적 문제 외에도 전략적 차원에서 영향을 미칠 수 있는 정치, 사회, 경제적 요인들이 많기 때문이다. 하지만 내 경험에 따르면 이마저도 추상화된 형태로 모델링할 수 있다. 2003년 이라크 침공 이후 어려운 시기를 겪던 때에 CASEE의 수기 버전을 개발한 적이 있다. 1948년 앨런 튜링(Alan Turing)이 동료인 데이비드 챔퍼나운(David Champernowne)과 함께 펜과 종이를 사용해 최초의 체스 게임 컴퓨터 프로그램(Turochamp)을 쓴 사실에서 영감을 받았다. 2년 후 앨런 튜링은 종이 프로그램의 규칙에 따라 점수를 계산하는 방식으로 다른 동료인 앨릭 글레니(Alick Glennie)와 체스를 두면서 컴퓨터를 사전 시연했다. 이 종이 프로그램을 따른 결과 앨런 튜링은 29수 만에 패배했다.[35] 그러나 내 경우에는 손으로 작성한 프로그램이 조금 더 나았다. CASEE는 대부분 거대한 전진기지에 배치된 연합군을 소대 규모의 매우 작은 전초기지로 재배치하는 조직적 혁신방안을 생각해 냈다. 또한 CASEE는 지역 반군들과 접촉해 이라크 애국자들을 악용하는 알카에다의 외국인 전사들에 대항하도록 포섭해야 한다고 제안했다.

이윽고 CASEE의 이른바 "전초기지 및 현지 원조 활동" 개념은 일부 고위급 장교들과 중급 장교들의 지지를 받았고 그들 중 일부가 스스로 이러한 전략을 구상하기 시작했다. 2006년 말에서 2007년 초 실제로 전략이 실행되었고 수년간 이어져 온 이라크의 민간인 사상자 수는 90% 줄어들었다. 기초적인 프로그램치고는 나쁘지 않았다. CASEE는 인공지능이 잘 할 수 있는 일을 해냈다. 복잡하고 사악한 문제를 소화할 수 있는 수준으로 분해할 수 있었다. 이라크 문제의 핵심은 연합군의 배치 방식, 그리고 이라크인들을 소모품(cannon fodder)처럼 취급했던 알카에다의 외국인 전사들과 이라크인들 사이의 묘한 간극에 있었다. 여기서 핵심은 CASEE가 이라크 문제의 모든 면을 건드릴 필요가 없었다는 점이다. 그저 소규모 전초기지를 건설하고 지역 반군을 체계적으로 지원한다는 두 가지 작전상의 변화만으로 전투의 흐름 자체를 바꿀 수 있었다.[36] 이 변화의 결과는 신속하고 극적이었다. 소수의 급습 병력을 동시다발적으로 투입하는 것보다 더 큰 영향이었다.[37]

초기 단계의 CASEE로도 이런 일을 해낼 수 있다면 인공지능은 분명 전술적 차원을 넘어서 전략적 차원의 혁신을 가져다 줄 것이다. 튜링이 약 70년 전 펜과 종이로 만든 프로그램으로 전략적 인공지능 개발에 착수한 것처럼 고등 기계학습의 다음 단계는 비기술적인 개념화에서부터 시작될 것이다. 이런 변화를 추진하려면 피터 데닝(Peter Denning)이 주장한 "컴퓨터적 사고(computational thinking)"를 할 수 있어야 한다.[38] CASEE의 설계도 1990년 폴 데이비스(Paul Davis)와 내가 RAND 연구소에서 개발한 펜과 종이 "프로그램"(pen-and-paper "program") 덕이었다. 이 초기 프로그램은 당시 사담 후세인(Saddam Hussein)과 관련된 위기 대응을 도와달라는 군 고위 지도자들의 요청을 돕는 과정에서 고안되었다. 프로그램의 제약에도 불구하고 우리는 사담이 쿠웨이트에서 사우디아라비아로 진격하지 않을 것이며 폭격만으로는 사담을 제거할

수 없을 것이라고 예측할 수 있었다.[39]

앞으로 미래의 AI 제인(Jane)은 여러 직책을 두루 맡게 될지도 모른다. 지능형 기계가 최고의 인간과 함께 전략을 세울 수 있다면 인공지능은 장성급 역량을 가진다고 해도 과언이 아닐 것이다.

그러나 아직까지 인공지능의 활용 가치는 전술적 차원에 머물러 있으며 한동안 큰 변화는 없을 것으로 보인다. AI 제인은 보병과 함께 복무할 수 있고 비행 중대에서 동료 파일럿들과 함께 격추전을 벌일 수도 있다. 해군에 소속되어 전함 및 잠수함의 선원들과 함께 복무할 수도 있다. 이미 인간과 기계는 일정 수준 작전을 함께 수행하고 있는데 이 과정에서 군인들이 인공지능 동료들을 잃었을 때 보이는 유대감은 흥미로운 일이 아닐 수 없다.[40] 실제로 전장에서 성공적으로 사용된 팩봇(PackBot)* 중 하나인 "스쿠비 두(Scooby Doo)"는 이라크와 아프가니스탄에서 급조폭발물을 처리해 많은 생명을 구했다. 생존한 군인들은 이 로봇에 자신들의 아내 이름을 붙이기도 했다. 스쿠비 두를 운용한 부대는 이 로봇에 훈장을 수여하고 파괴된 장치에 장례식을 치러주었다. 현재 이 잔해들은 메사추세츠주 베드포드(Bedford)에 있는 아이로봇(iRobot) 박물관에 전시되어 있다. 인간과 기계의 상호작용을 연구하는 대표적 학자 줄리 카펜터(Julie Carpenter)에 따르면 실제로 인간 병사들은 인공지능 동료들과 깊게 결속되어 있었다.[41] 이제 이 새로운 기술도 새로운 사회학을 창조하는 과정에 있는 듯하다. 적어도 군사적 영역에서는 전술적 수준으로 활용되고 있지만 이를 넘어선 사회적 영역에서는 인간과 감정적으로 결속된 관계를 형성할 가능성도 있다.[42]

매력적인 전망, 새로운 우려
Alluring prospects, fresh concerns

정보기술의 발전은 전장의 모습을 새롭게 바꾸고 있다. 대규모 병력이 충돌하는 모습은 널리 분산된 소규모 부대의 새로운 군집으로 변형되고 있다. 무력 충돌은

---

* 2016년 Endeavor Robotics로 사명을 바꾼 iRobot에서 생산한 모델로 이라크와 아프가니스탄에서 다수 사용되었다.

곧 나토(NATO), 러시아, 중국 등 대부분의 선진 군대가 준비해온 싸움의 모습과는 매우 다른 양상으로 나타날 터였다. 이런 변화는 이미 학계에서 1950년대부터 포착하고 있었다. 역사가 마이클 로버츠(Michael Roberts)는 옥스퍼드 대학의 강연에서 처음으로 군사 혁신(revolution in military affairs)이라는 용어를 사용했다. 로버츠는 단순히 기술적인 개념을 넘어서 새로운 도구들이 군사 조직과 교리에 미치는 영향, 운영의 복잡성, 그리고 사회에 미치는 전반적인 영향의 측면에서 새로운 관행을 창출할 수 있어야 군사 혁신에 해당한다고 봤다. 대표적인 예가 1500년대 중반의 머스킷총(musket) 활용 방식이었다. 사수들이 각자 쏘는 방식에서 나아가 대열을 맞춰 집중사격을 가하도록 신선한 교리적 통찰이 선행되었기 때문이다. 이러한 관행은 더 거대한 규모의 고정된 대형, 더 큰 군대, 더 복잡한 병참과 기동으로 나아갔고 그 결과 전쟁은 더 큰 규모로 확장되었다.[43]

이어진 산업화는 엄청난 양의 군수품을 생산하고 기관총과 대포를 운반할 수 있는 능력을 가져다주었다. 결과적으로 군대의 규모는 더 커졌고 좁은 물리적 공간에 군대를 몰아넣는 경우가 많아졌다. 제1차 세계대전 당시 꽉 막힌 서부 전선과 갈리폴리(Gallipoli)에서의 참사도 이런 변화에서 기인한 것이었다. 새로운 파괴력을 마주하고도 양측의 고위 지도자들은 최신 도구들을 수백 년 동안 이어져 온 이른바 집단화(massing)에 대한 믿음 아래 사용하는 경향이 있었기 때문이다. 이는 엄청난 학살로 이어졌고 집결된 정신력이 총알도 이겨낼 것으로 기대했던 마이클 하워드(Michael Howard) 경의 "화염에 맞서는 사람들(men against fire)"이라는 개념은 무너졌다.[44]

제2차 세계대전으로 넘어가면 기계화의 부상, 항공기의 항속거리 및 탑재량 증가, 무선통신, 레이더, 암호해독 계산기의 발전이 있었고 그 덕에 교착 상태는 줄었다. 그러나 육지에서의 전격전, 해상에서의 항공모함과 잠수함 군집 전술, 그리고 전략적 공중 폭격 등 신선하고 혁신적인 교리를 통해 얻은 변화의 가능성에도 불구하고 한때 새로운 기술과 관행이 확산되던 전역에서는 모두 적을 쓰러뜨리는 것을 목표로 하는 소모적인 관행이 다시 자라났다. 한국 전쟁과 베트남 전쟁에서도 같은 패턴이 반복되었다.

이 패턴은 1991년 연합군이 정보를 활용해 사담 후세인(Saddam Hussein)을 격파할 때까지 계속되었다. 걸프전은 사이버 전쟁의 군사적 측면인 비트전(Bitskrieg)의 출현 가능성을 시사하는 첫 계기였다. 이때의 사이버 기술은 기반 시설 파괴나 정치적 동요 또는 정보 우위를 확보하는 것에서 나아가 전투 그 자체를 위한 것이었다. 그러나 걸프전은 군사 문제에 혁명을 가져온 변곡점이 되지는 못했다. 여전히 세계의 선진 군대는 대부분 전통적인 관행과 제도적 이익의 유혹에서 벗어나지 못하고 있었기 때문이다.

지난 30년간 새로운 기술이 꾸준히 출시되었으나 대부분 기존의 관행에 녹아들었다. 조직, 교리, 전반적인 복잡성과 사회적 영향의 변화라는 마이클 로버츠(Michael Roberts)의 군사 혁신 요건은 충족되지 못했다. 그럼에도 불구하고 사이버 전쟁의 출현과 그 군사 교리인 비트전(Bitskrieg)은 전쟁 수행에 있어 기존의 대규모 일방향 공격에서 전방향 공격으로, 사단 및 대대급에서 소대 및 분대급 단위의 민첩하고 네트워크로 연결된 행동 양식으로 획기적 변화를 가져올 수 있다는 전망을 제시한다. 전략적 시선으로 바라보면 이런 변화는 사회에 더 적은 영향을 미치고 사상자를 최소화하며 더 낮은 비용을 소모하는 짧은 전쟁을 시사할 수 있다. 가장 환영할 만한 전망인 셈이다.

미국에서는 도널드 럼즈펠드(Donald Rumsfeld)가 이 그림을 이해하고 있었다. 럼즈펠드는 그린베레(Green Berets)로 구성된 소규모 팀이 탈레반을 권좌에서 몰아낸 지 6개월 만에 변화의 필요성을 요구하는 강력한 성명을 발표했다:

> 우리는 유인 및 무인 역량, 단거리 및 장거리 시스템, 은밀한 시스템과 그렇지 않은 시스템, 센서와 사수, 그리고 취약한 시스템과 강화된 시스템 간 존재하는 무기고의 균형을 전환해야 한다... (중략) 전장에서 원활하게 소통하며 작전을 운용해야 한다.[45]

이런 종류의 변화는 선진국과 개발도상국 모두의 국방비를 크게 줄일 수 있다. 비트전(Bitskrieg) 전술을 채택하면 재정적 이익뿐만 아니라 산업화 시대의 치명적인 무기체계를 전장에서 사용하지 않아도 된다는 실질적 이점도 있다. 첨단 정보화에 따라 기존의 탱크나 항공기들은 초음속 미사일과 다른 무기로 무장한 스마트하고 자동화된 다수의 소규모 부대로 대체되고 있다. 기존의 전력은 미래의 전장에서 살아남기 어려워지고 있다. 좋은 변화다. 이제 군사력은 더 이상 초대형 항공모함 같은 플랫폼에서 나오지 않을 터였다.

그 대신 군사력은 증강된 정보 역량과 육지, 바다, 그리고 항공 우주 환경의 상호 연결성을 바탕으로 힘을 얻는 무수한 기동 부대에 중점을 둘 것이다. 아울러 무기의 감지 및 유도 기능이 발전하면서 거리와 정확도 사이의 긴밀하고 오래된 연관성도 끊어졌다. 과거에는 목표물이 멀리 떨어져 있을수록 명중할 확률은 낮았다. 그러나 1992년 콜린 매킨스(Colin McInnes)가 말했듯 "정확도는 이제 거리와는 상관없는 개념"이 되었다.[46] 많은 무기들이 극도로 높은 정확도를 유지하면서 사거리를 크게 늘릴 수 있게 된 것이다.

게다가 원활한 네트워킹을 통해 훨씬 더 많은 병력이 정보를 잘 알 수 있고 더 오랫동안 적과 교전할 수 있다. 특히 효과적인 네트워킹은 안전한 정보시스템에 전적으로 의존한다. 보안은 군사 문제의 진정한 발전을 위해 반드시 보장해야 하는 근본적 과제다. 안전한 정보시스템을 구축한다는 목표는 달성할 수 있을 듯 보이지만 대부분의 군대는 이를 달성하지 못하고 있다. 하지만 인공지능 제인(AI Jane)이 인간과 기계의 팀 구성을 돕기 시작하면서 비트전(Bitskrieg)이 100년 전의 전격전(Blitzkrieg) 교리만큼이나 전쟁의 수행과 경과에 큰 영향을 미치는 요소로 부상할 것이라는 전망도 늘어나고 있다.

이 밝은 전망은 순조롭게 진행될 수 있을까? 그렇지 않을 것으로 보인다. 1920년대와 1930년대에 탱크와 비행기를 연결하는 무선통신의 잠재력과 그에 따른 조직적, 교리적 의미를 파악한 사람은 거의 없었다. 마찬가지로 오늘날 비트와 바이트로 인한 혁신적 변화의 전망을 이해하는 사람도 거의 없다. 한 세기 전, 독일군은 전격전(Blitzkrieg)을 선도했고 일본군도 항공모함이 해전을 바꿀 것이라는 점을 미 해군보다 좀 더 빨리 알아챘다. 오늘날 러시아인들은 소규모 특수부대와 사이버 기술 및 심리적 요소를 결합한 새로운 게라시모프 독트린(Gerasimov Doctrine)*으로 전장의 변화를 선도하는 듯 보인다. 중국인들 또한 초한전(超限戰,

---

* 게라시모프 독트린은 러시아군 참모총장 발레리 게라시모프의 이름을 따서 명명된 외교정책 방침이다. 2013년 제시된 이 교리는 선전포고 없이 정치, 경제, 정보 및 여러 비군사적 조치를 현지 주민을 동원해 수행하는 비대칭적 군사행동으로 이른바 하이브리드전을 핵심으로 한다.

unrestricted warfare)[*]이라는 개념을 창시해 정보기술이 전장에 미치는 변화를 예리하게 짚어내고 있다.[47]

흥미롭게도 1997년 론펠트(Ronfeldt)와 나의 저서 "In Athena's Camp"에서 발전시킨 아이디어는 공식 번역이 출판되기 훨씬 전에 중국의 인민해방군(People's Liberation Army, PLA) 교리 문서에 등장했다. 그리고 오늘날 군사 문제에 대한 인민해방군의 많은 담론을 살펴보면 여전히 이 개념이 떠오른다. 반대로 서구권에서는 이 개념을 성공적으로 수용한 경우가 거의 없다. 수용하더라도 ① 사이버전 개념의 얕은 기술적 요소, ② 오토마타(automata)에 한정되는 군집화 강조, ③ 네트워크와 싸우려면 네트워크가 필요하다는 우리의 믿음만을 부분적으로 다루고 있었다.[48]

앞으로의 전쟁을 준비하는 데 있어 사고방식을 전환하고 제도적 이해관계를 해소하지 못하면 경쟁에서 뒤처질 수밖에 없다. 일부 국가가 먼저 앞서겠지만 후발주자들은 기술과 아이디어의 필연적 확산과 함께 선발주자를 금세 따라잡을 수 있을 것이다. 그러나 이런 변화는 제2차 세계대전 초기 3년 동안 독일과 일본이 발빠르게 변화를 수용해 연합국에 지대한 피해를 입힌 것처럼 고통스러운 교훈을 얻은 후에야 가능하다. 당시 주요 추축국의 군대는 최신의 기술적 진보를 통해 신속한 승리를 쟁취할 수 있다는 거부할 수 없는 전망을 지도자들에게 보여줬다.

이는 오늘날에도 다시 일어날 수 있는 일이다. 잠재적 공격자들에게 사이버전 기술은 전술적인 전장에서부터 전략적인 기반 시설 파괴에 이르기까지 충분히 고려될 수 있는 선택지이기 때문이다. 특히 공세를 취하는 쪽이 분명히 유리하다는 점에서 먼저 타격할 유인이 강하게 형성되기 때문에 불안정성은 커질 수밖에 없다. 예를 들어 제1차 세계대전 이전에도 철도 운송은 먼저 동원하고 진격하는 쪽에 큰 우위를 가져다주는 기술적 요소였다. 바바라 터치먼(Barbara Tuchman)이 저술한 바와 같이 이 요소는 1914년 7월의 외교적 위기가 8월의 총성과 함께 재앙적 전쟁으로 이어지는 데 크게 기여했다.[49]

선제공격의 장점에 동반되는 위기의 불안정성과 그에 따른 억제력의 약화에

---

* 초한전이란 제한 없는 전쟁을 뜻하는 개념으로 과학기술, 경제, 법률, 무역, 심리, 여론, 문화 등의 여타 분야에서 주가 폭락이나 선전, 해킹 등과 같은 비군사적 행위로 싸운다는 개념이다.

더해 사이버전은 중국 최고의 전략가들이 "원격전(remote warfare)"* 전략을 채택할 가능성을 높인다. 이 용어는 군인들을 큰 위험에 빠뜨리지 않고 전쟁을 수행할 수 있다는 점을 시사한다. 마이클 필스베리(Michael Pillsbury)는 이 중국식 개념을 확장하여 중국의 대규모 지식재산권 탈취와 같이 고강도 전쟁에 훨씬 못 미치는 갈등과 악의적 행동을 두고 "원격 전투(remote grappling)"라는 용어를 고안했다.[50] 비트와 바이트로 싸우는 "원격성(remoteness)"에 미래 전장에서 더 많은 역할을 할 수 있는 무장 로봇의 존재가 더해지면 무력 사용에 대한 제약이나 경계는 점점 무너질 것이다. 이미 원격 조종 드론이 등장하면서 완전한 자동화의 가능성을 보여주고 있다. 미국 남북전쟁 당시 남부 연합군의 장군 로버트 E. 리(Robert E. Lee)는 전장의 참상을 보며 "전쟁이 끔찍해서 다행이다. 그렇지 않으면 우리는 전쟁을 너무 좋아하게 될 것이다"라고 표현했다. 이런 관점에서 사이버전은 더 깨끗하고 쿨(cool)해 보이는데 그만큼 인류는 사이버전에 금방 빠져들 위험이 있다.

전투 로봇(fighting robots)의 출현은 전쟁의 발발 가능성을 높이는 것 외에도 여러 해로운 영향을 미칠 수 있다. 에릭 가츠케(Erik Gartzke)가 지적했듯이 로봇은 임무를 끊임없이 추구하면서 무고한 비전투원은 물론 민간 기반 시설에 더 큰 피해를 입힐 가능성이 높다.[51] 따라서 오토마타(automata)를 주요 전투원으로 도입할 경우 윤리적 전쟁을 수행하기 위한 전시법(jus in bello)뿐만 아니라 정당하게 전쟁을 시작하기 위한 전통적인 개전법(jus ad bellum) 모두 심각한 문제를 마주하게 될 것이다. 이 문제는 군인과 지능형 기계를 신중하게 병용함으로써 완화할 수 있지만 여전히 어려움은 있다. 예를 들어 시가전에서 군인 대신 건물 내 적군을 섬멸하도록 투입된 로봇이 적군과 민간인을 완벽하게 구별할 수 있을까? 전장에서 벌어지는 일반적인 총격전에서도 문제는 동일하다. 적이 다쳤는지, 항복하려고 하는지, 혹은 항복하는 척을 하는지 알 수 있을까? 복잡한 양상으로 펼쳐지는 전략적 사이버 공격의 표적은 주로 민간 시스템이 되는 경우가 많을 것이다. 사이버 작전의 신속성을 고려하면 자동화 기술은 가상 공격(virtual offensives)에서 큰 역할을 하게 될 것이 분명하다. 이때 로봇이 교전 규칙을 위반하거나 그러한 위반이 발생한 사실을 실시간으로 알 수 없으면 인간은 작전을 중단하기 어려울 수밖에 없다. 사이버전과 비트전(Bitskrieg)은

---

* 국가가 대규모 병력을 배치해 직접 전쟁에 참여하는 대신 용병을 활용하거나 자율형 기술을 활용하는 등 다양한 전술을 동원해 원격에서 수행하는 방식을 말한다.

윤리적 전쟁의 중대한 도전과제인 셈이다. 아우구스티누스(Augustine), 아퀴나스(Aquinas), 그리고 그로티우스(Grotius)와 다른 현대 전략가의 고전 이론들은 큰 압박을 받게 될 것이다. 전쟁을 최후의 수단으로 여기고 비전투원의 특권을 강조하는 이들의 이론[52]은 신기술이 그려내는 전장의 모습과는 다소 대조적으로 보인다.

그래도 오토마타(automata)가 모호한 상황에서 윤리적 교전 규칙을 위반할 수 있다는 문제는 프로그래밍으로 일정 수준 완화할 수 있다. 오히려 인간 병사들이야말로 오랫동안 무고한 사람들을 우발적으로 살해하지 않는 데 실패해 왔고 지금도 그렇다는 점에 주목해야 한다. 전투 피로나 분노, 복수에 대한 냉혹한 욕망은 인간들로 하여금 잔혹한 행위를 고의로 저지르게 할 수 있다. 그러나 AI Jane은 지치거나 화를 내거나 보상을 추구하지 않는다. 공중전과 해전에서도 전쟁 로봇은 적과 아군을 훨씬 더 잘 구별할 수 있을 것이며 전쟁법을 위반할 우려도 더 줄어들 것이다. 그러나 비트전(Bitskrieg) 및 다른 사이버전의 방식에는 로봇의 행위보다 더 많은 윤리적 문제들이 도사리고 있다. 정보 우위를 통해 비용과 위험을 낮추고 전쟁을 더 확실하고 짧게 수행할 수 있다는 점에서 침략국뿐만 아니라 심각한 위협을 느끼는 상대국도 무력 사용에 의존할 가능성이 높기 때문이다. 게다가 전쟁을 신속하게 시작하고 더 확실하게 승리할 수 있다는 전망은 소위 "예방적 조치(preventive action)"*를 부추길 수 있다. 2003년 이라크 침공 당시 미국과 연합군이 내세운 주장도 그러했다. 사담 후세인이 핵무기를 만들고 있다는 거짓 주장을 내세워 선제적으로 대응했기 때문이다. 결국 연합군은 긴 싸움을 벌여야만 했다.

뛰어난 군사 지도자들은 9·11 테러 이후의 전쟁에서 확인된 미국과 동맹국의 군사적 경험을 보며 루퍼트 스미스(Rupert Smith) 장군의 "무력의 유용성(utility of force)" 개념[53]에 의문을 제기했다. 그러나 사이버전과 비트전(Bitskrieg) 전술은 자칫 여전히 무력이 유용하다는 인식을 회복시킬 수 있는데 이런 생각의 전환은 위험하다. 군비 경쟁을 촉발하고 억지력을 약화하며 전쟁을 확장할 수 있기 때문이다. 대처할 수 없이 초고속으로 몰아치는 비트전(Bitskrieg)의 희생양이 된 국가는 핵무장을 통해 역전을 노릴 수도 있다.

---

* 대량살상무기 등 돌이킬 수 없는 피해로 확산될 가능성이 있는 경우 공격이 발생하지 않았더라도 먼저 개입해 위험 요인을 제거하겠다는 논리를 말한다.

NATO는 바르샤바 조약기구(Warsaw Pact) 군대의 확장을 우려해 수십 년간 확대(escalation) 전략을 고수해 왔다. NATO의 유연한 대응(flexible response) 원칙은 재래식 방어가 실패할 경우 핵무기에 의지하는 것을 핵심으로 한다. 전 미국 육군참모총장 맥스웰 테일러(Maxwell Davenport Taylor)가 지적했듯이 이 원칙은 가능한 모든 도전에 대응할 수 있는 능력을 갖추는 데 목적을 두고 있었다.[54] 러시아군이 그 의도를 확실히 파악할 수 있도록 NATO의 모든 "리포저(Reforger) 훈련"*은 핵 공격을 요청하는 것으로 종료된다. 이제 오늘날 러시아나 북한이 대응할 수 없는 비트전(Bitskrieg)을 직면한다면 핵확산 카드를 꺼낼지도 모를 일이다. 이른바 유연한 대응으로 방향을 전환할 수 있는 것이다.

아마 상호확증파괴(mutual assured destruction)의 지속적인 위협이 핵무기의 사용을 억제하겠지만 이 또한 전쟁의 이해관계에 따라 달라질 수 있다. 실제로 트럼프 행정부 초기 미국은 재래식 공격뿐만 아니라 사이버 공격에 의한 피해가 심각한 수준에 달할 경우에도 핵무기 사용을 고려하겠다는 전략적 자세를 취했다. 이는 한 분석가의 표현대로 "기존의 제약을 완화함으로써 다른 핵무기 보유국들을 보다 대담하게 만들 수 있는 행위"였다.[55] 따라서 비트전(Bitskrieg) 교리에 따라 단기간의 확실한 전쟁을 수행할 수 있다는 낙관론은 그런 상황에서도 자칫 무력 사용이 확대될 수 있다는 점을 인식하고 대비하여 제한될 필요가 있다.

이 우려를 해소하기 위한 핵심 대안 중 하나로 핵무기 통제를 다시 활성화하는 방안이 거론된다. 충분히 고려할 가치가 있는 생각이다. 그러나 전쟁의 가능성을 동반하는 기술 발전의 문제는 다른 방법으로도 해결할 수 있다. 바로 사이버 영역에 직접 군비 통제 패러다임을 적용하는 것이다. 이를 통해 애초에 전쟁이 일어날 가능성을 줄이고 확산 위험도 제한할 수 있다. 다음 장에서는 이 사이버 무기 통제(cyber arms control)가 어떤 모습으로 구현되어야 하는지 살펴본다.

---

* 냉전 당시 NATO가 실시한 연례 군사훈련으로 바르샤바 조약기구와 충돌이 발생할 경우 신속하게 대응하기 위한 목적으로 수행됐다.

74   비트전: 사이버전의 혁신

04

사이버 무기 확산의 돌파구

(Arms) Ctrl + Alt + Esc

04

⌄

사이버 무기 확산의 돌파구

(Arms) Ctrl + Alt + Esc

어느 나라에서도 리언 파네타(Leon Panetta)만큼 다양한 공직 경험을 갖춘 정치인은 찾기 어렵다. 미국 하원의원으로 8번의 임기를 거친 그는 빌 클린턴(Bill Clinton) 대통령의 비서실장을 지냈다. 버락 오바마(Barack Obama) 행정부에서는 초기 중앙정보국장을 지냈고 이후 국방부 장관을 역임했다. 공직에서 오랜 경력을 쌓은 후 그는 선도적인 "공공 지식인(public intellectual)"으로서 국내외 광범위한 정책 문제에 대한 담론을 형성하고 선도했다. 현재 그는 파네타 연구소(Panetta Institute)의 교육자로서 이 역할을 이어오고 있다.[1]

리언은 일찍부터 사이버보안을 시급한 문제로 여겼다. 미 의회 상원과 다양한 언론 매체를 통해 그는 미국뿐만 아니라 고도화된 정보 인프라의 기능에 의존하는 모든 국가를 불구로 만들 수 있는 이른바 "사이버 진주만(Cyber Pearl Harbor)"의 발발 가능성을 반복적으로 경고했다. 이런 의미에서 핵무기가 초래할 수 있는 대량 파괴에 대한 전통적인 안보 우려는 이제 비용이 많이 들고 고통스러운 "대량 혼란(mass disruption)"을 동반하는 사이버 위협과 연계된다.

파괴적인 해킹을 방어하기 위해 대응 방식을 개선하도록 요구하는 것 외에도 그는 국가들이 사이버 공격에 관여하지 않기로 약속하는 국제 협정의 필요성을 강조하고 그 논의를 주도했다. 그가 2012년 국가안보사업이사회(Business Executives for National Security) 연설에서 언급했듯 "외교는 이 문제를 다루는 중요한 방식"이 될 수 있고 그 목표는 "안전한 사이버공간을 조성하기 위해 국가들의 역할과 책임에 관한 국제적 합의를 구축하는 것"이다.[2] 이 연설 이후 사이버 분야의 일부 전문가들은 사이버 군비 통제에 대한 진지한 토론을 요구했다. 이 분야에서 영향력 있는 학자인 제임스 루이스(James Lewis)는 "사이버 안보를 향한 유일한 길은 군비 통제뿐"이라고 주장하기도 했다.[3] 최근에는 마틴 자일스(Martin Giles)가 병원과 민간의 기반 시설 해킹을 자제해야 한다고 역설하며 윤리적, 인도적 관점에서 군비 통제의 중요성을 뒷받침했다.[4] 윌슨 센터(Wilson Center)와 미 육군참모대학교(United States Army War College)도 이 문제에 무게를 뒀다.[5]

무엇보다 사이버 무기의 규모와 범위를 검증하는 일이 큰 과제였다. 도로시 데닝(Dorothy Denning)이 이 문제를 다룬 중요한 초기 논문에서 밝혔듯이 사이버 무기는 특별한 물리적 재료나 실험실 등의 시설이 없어도 제조될 수 있다. 게다가 이 도구들은 쉽게 복사되고 배포될 수 있었다.[6] 사이버 무기의 평가 및 검증 문제는 미국외교협회(Council on Foreign Relations)의 통찰력 있는 논평에서도 다뤄졌다.[7] 결국 어떻게 감독할 것인지가 문제의 핵심이었다.

사이버 무기 운용을 감독하기 어려운 이유는 관련된 역량이나 자원을 숨기고 부정하거나 위장하면 그만이기 때문이다. 핵무기도 마찬가지지만 대륙 간 탄도 미사일이나 잠수함은 컴퓨터 웜과 바이러스, 해커 네트워크처럼 숨기기 쉽지 않다. 나아가 사이버 공격은 근본적으로 더 은밀하게 이루어질 수도 있다. 그럼에도 불구하고 하버드대학의 조셉 나이(Joseph Nye)는 사이버 무기 통제에 성공하려면 자제력(self-restraint)이 필요하다고 강조했다.[8] 여기에 더해 나는 보복을 당하지 않음으로써 얻을 수 있는 자기 이익(self-interest)도 중요하다고 생각한다.

감독 문제 외에도 두 가지 중요한 문제가 제기된다. 첫째, 국가 간의 합의를 도출하더라도 비국가 행위자의 문제는 어떻게 할 것인지다. 예를 들어 테러리스트나 초국가적 범죄자 및 반군 네트워크는 국가 중심의 사이버 행동 규범을 따르지 않을 가능성이 높다. 조약 체결을 위한 공식 협상 자리에 이들이 포함될 가능성도 낮다. 그러나 이런 문제는 사이버 무기 통제 노력을 포기할 만큼 심각하진 않다. 일례로 비국가 행위자는 현재 시행 중인 화학 및 생물학 무기 협약에 참여하지 않았지만 다수의 국가가 참여함으로써 세계는 이제 화학 및 생물학 무기 위협에서 대체로 자유로워졌다. 특히 COVID-19로 가득 찬 시대에는 생물무기를 찾는 테러리스트의 진입 장벽이 급격히 낮아질 수 있으므로 국가 단위의 경계가 강화되어야 한다. 이제 테러 조직은 최첨단 과학기술과 안전한 실험 시설 대신 COVID-19 감염자들을 모아 광장이나 대중교통시설, 쇼핑몰 등으로 내보내면 그만이기 때문이다. 이는 국가들이 처리해야 하는 또 다른 형태의 대량 혼란이지만 이에 비하면 비국가 해커 네트워크 감시는 훨씬 쉬운 일이다.

두 번째 문제는 사이버 정보 수집의 허용 여부와 관련된다. 국가들은 항상 서로를 감시해 왔다. 해킹을 통한 감시 행위는 정보 업계에서 사용하는 이른바 "국가기술수단(National Technical Means)"*의 또 다른 형태일 뿐이다. 가장 숙련된 해커는 특정 대상이 키보드에 입력하는 내용을 재구성해 파악함으로써 구체적인 정보를 실시간으로 파악한다. 스파이 위성이나 다른 유형의 시청각 감시 기기보다 우월할 수밖에 없다. 사이버 트래픽을 분석해 모든 링크와 노드를 파악함으로써 전체 네트워크를 조명할 수도 있다. 사이버 기술 수집 역량은 내가 펜타곤과 다른 곳에서 언급했듯 "가상의 인간 정보(virtual human intelligence)"라고 봐야 할 수준으로 높은 품질을 보장한다. 인간 요원이 종종 지각적 편향이나 동기에 의한 편견에 시달리고 자신만의 비밀을 가질 수 있다는 점을 고려하면 오히려 사이버 정보 수집 역량이 더 나을 수 있다. 실제로 가칭 "커브볼(curveball)"로 불렸던 정보원은 사담 후세인이 핵 프로그램을 보유하고 있다는 거짓 정보를 흘렸고 그 결과 미국은 2003년 이라크를 부당하게 침공했다.[9] 이러한 인간 정보의 편향성은 로봇 "스파이더(spiders)"로 적 시스템을 탐색하고 정보를 수집하는 등 사이버 첩보활동을 수행함으로써 크게 줄일 수 있을 것이다.

"은밀한 기술적 수집(clandestine technical collection)"으로도 알려진 "가상 인간 정보(virtual human intelligence)"의 핵심 문제는 수집 수단이다. 표적 시스템을 정찰하기 위해 필요한 익스플로잇(exploit)**이 광범위한 사이버테러에도 쓰일 수 있기 때문이다. 정보를 수집하기 위해 시스템에 침투한 후 전쟁 초기 또는 전쟁 중 통신을 마비시키고 국가의 핵심 인프라를 파괴하기 위해 설계된 온갖 종류의 악성 소프트웨어를 투입할지도 모르는 일이다.

---

* 최첨단 첩보 위성이나 통신 감청 장치 등을 말한다.
** 소프트웨어나 하드웨어의 설계상 결함인 보안취약점을 이용해 공격을 수행하도록 만들어진 일련의 명
   령이나 스크립트, 프로그램 등을 말한다.

이처럼 사이버 정보활동과 사이버 전쟁 준비 과정이 유사하다는 점에서 행동 기반 군비 통제 체제는 구현하기 어려운 숙제일 수 있다. 그러나 공식적인 합의가 없는 상황에서 사이버 정보활동이 진행되고 있고 이미 사이버테러를 수행하기 위해 필요한 모든 유형의 준비가 이행될 수도 있다는 점을 고려하면 충분히 도전할 가치가 있는 과제다. 일례로 스파이 활동은 용인하되 은밀하게 사이버 공격으로 이어질 수 있는 조치를 취하거나 지식재산권을 탈취하는 행위는 금지하는 협정을 체결할 수 있을 것이다. 이를 통해 각국은 사이버테러 행위를 억제하는 방향으로 서로의 이해관계를 형성할 수 있다. 만약 유사시 군용 통신을 마비시키도록 설계된 사이버 무기가 발견되면 조약은 파기되고 막대한 비용을 수반하며 어느 쪽도 원하지 않는 사이버 공격이 시작될 수 있을 것이다.

오바마 대통령은 재임 중 미국과 세계 전반의 사이버 위협이 증가하고 있다는 사실을 충분히 인식하고 있었다. 초기에 그는 모스크바와 일종의 사이버 협약을 체결하기 위해 노력했지만 실패했다. 나아가 그는 중국이 경제 및 군사뿐만 아니라 사이버 강국으로도 성장하고 있음을 알고 있었다. 이 문제를 다루기 위해 오바마 대통령은 시진핑 주석과 접촉했다. 2015년 9월 시진핑 주석의 미국 공식 방문 일정에서 사이버 공격 행위에 대한 행동 기반 통제의 합의 가능성이 논의되었다. 당시 논의는 ① 양측은 사이버공간에서 지식재산을 탈취하지 않고, ② 평시 기반 시설에 대해 국가 또는 국가가 후원하는 방식으로 사이버 공격을 수행하지 않는다는 내용을 핵심으로 하고 있었다.[10] 이후 몇 년간 미국 정부는 국가 후원을 받는 중국 해커들을 대규모 사이버 지식재산 탈취 혐의로 공식 기소했으며 휴스턴에 위치한 중국의 총영사관을 폐쇄했다. 한편 서로의 기반 시설을 공격하지 않는다는 합의문에서 "평시(in peacetime)"라는 수식어는 전반적인 취지와 맞지 않는다는 생각을 들게 한다. 만약 한 국가가 민간의 기반 시설 공격을 시작으로 전쟁을 수행한다면 어떻게 되는가? 분쟁이 시작된 시점이기 때문에 더 이상 "평시"라는 조건은 충족될 수 없을 것이다.

사이버 무기 통제의 본질적인 장점이 무엇이든 간에 그러한 외교적 해법을 추구하는 노력이 실질적인 진전을 이루지 못했다는 사실은 분명하다. 2020년 12월 펜타곤을 포함한 미국 정부의 대규모 해킹 사태[11]에서도 알 수 있듯이 여전히 사이버 무기의 발전은 사이버 방어 조치들을 훨씬 능가하고 있다. 근본적으로 다른 시스템을 해킹해 얻을 수 있는 이점이 더 많다는 인식 때문이다. 그러나 사실 약 25년 전 사이버 군비 경쟁을 피할 수 있는 절호의 기회가 있었다. 그리고 이 기회를 놓친 책임은 주로 미국 고위 지도부에게 있었다.

잃어버린 기회
The missed opportunity

1990년대는 사이버 전쟁에 대한 새로운 논쟁이 크게 열리던 시기다. 사이버 전쟁의 개념 범주를 어떻게 설정해야 하는지에 관한 논의와 함께 군비 경쟁, 억제, 강압 외교와 같은 고전적 개념을 사이버 영역에도 적용할 수 있는지에 관한 문제들이 주로 다뤄졌다. 미국과 일부 NATO 공동체의 일원은 사이버 무기 통제 자체를 매력적으로 느끼지 못했는데 이는 그들이 스스로 이 분야에서 앞서고 있다는 생각을 갖고 있었기 때문이다.

데이비드 론펠트(David Ronfeldt)와 내가 개발한 사이버 전쟁 개념의 폭을 고려하면 이런 생각은 자만에 불과했는데 그 이유는 ① 기술적 영역에서 앞선 지위는 경쟁자의 추격에 취약할 수밖에 없다는 점, ② 뒤처진 다른 세력들은 격차를 좁히기 위해 원동력을 얻는다는 점, ③ 군비 통제 협정에 도달하면 적어도 한동안은 선도자의 지위가 공고해질 수 있다는 점 때문이다. 그리고 기술적 영역을 넘어서 군사적 효율성을 높이기 위해 정보 자원을 효율적으로 관리하고 새로운 연결 수단을 정치 전쟁에 사용할 수 있다는 가능성도 고려해야 했다. 실제로 미군이 조직 재설계와 군사 교리 혁신이라는 영역에서 첨단 정보기술이 갖는 함의를 세대로 파악하지 못하고 있었다는 것이 당시 나의 생각이었다. 전복(顚覆)과 정치전으로 나타나는 "정보 작전(information operations)"의 영역에 대해 일부 국방 분석가들은 과거 냉전 당시 소련이 "적극적인 조치(active measures)"* 정책을 채택했던 것처럼 사이버 환경에도 그러한 조치가 활용될 수 있다고 주장했다.[12]

그리고 1995년 포트 리븐워스(Fort Leavenworth) 미 육군 대외군사연구실(Foreign Military Studies Office)의 동료로부터 러시아의 사이버전 전문가들과 미팅을 해보면

---

* 거짓정보 확산, 선전, 공문서 위조, 음모론 전파 등 소련 정보기관이 활발하게 사용했던 정치공작 전술을 의미한다.

어떻겠냐는 연락을 받았다. 나는 이 아이디어를 곧바로 국방부 장관실의 상사들에게 보고했다. 처음에 이 제안은 즉시 기각되었다. 그러나 당시 "지휘, 통제, 통신, 정보(command, control, communications, and intelligence, C3I)"로 알려진 활동을 담당하던 차관보가 이 제안의 가치를 알아챘다. 러시아와의 미팅을 통해 미국의 정보는 최소한으로 공개하면서 러시아가 사이버공간에서 무슨 일을 벌이고 있는지 최대한 많이 알아내야 한다는 나의 입장을 지지하기 시작한 것이다.

지금은 국방부의 공식적인 지지를 받고 있지만 당시 윗선의 승인을 얻는 과정은 쉽지 않았다. 교수와 싱크탱크 분석가 몇 명으로 구성된 미국 팀은 어떤 주제를 논의할 수 있는지 정해야 했다. 1년이 넘는 우여곡절 끝에 1996년 회의가 성사됐다. 일주일에 걸친 회의에서 러시아가 이 논의에 얼마나 개방적인지 볼 수 있었다. 적어도 보리스 옐친(Boris Yeltsin)*이 대통령으로 재임하던 시절의 러시아는 분명 더 개방적이었다.

러시아는 사이버상의 모든 문제를 깊게 고민하고 열정적으로 다뤘다. 이 탓에 미국도 그 열정에 휩싸일 수밖에 없었고 나를 포함한 미국 팀은 우리가 수립한 미팅의 교전 수칙을 제대로 준수하지 못했다. 2개 팀으로 나눈 12명의 미국 팀은 그간 내가 참여했던 어떤 회의보다도 열띤 토론을 펼쳤다. 4성 장군이 지휘하고 3성 장군이 보좌하는 러시아 팀은 첨단 기술과 국제 통신 협정에 정통한 변호사와 일류 컴퓨터 과학자들을 다수 포함하고 있었다.

그룹 세션의 논의는 매번 치열했다. 러시아 대표들과의 대면 미팅은 활발했고 유익했다. 러시아는 기술적 문제뿐만 아니라 새롭게 민주화되고 있는 자신들의 지역에 혼란을 일으키려는 미국의 사이버 "영향력 캠페인(influence campaigns)"을 우려했다. 곧 사이버공간에서 기술적, 정치적 공격이 확산되고 미국과 전 세계에 영향을 미칠 터였다. 1장에서 언급하였듯 나는 1960년대 마셜 맥루한(Marshall McLuhan)이 처음 고안하고 그로부터 10년 후 프레데릭 폴(Frederik Pohl)의 소설에서 등장한 "쿨 워(cool war)"의 모습을 떠올렸다.

오늘날까지도 당시 미국 팀의 구성원들은 논의의 세부 사항을 기밀로 유지해야

---

* 1991년 소련의 공식 해체 이후 수립된 러시아연방의 초대 대통령이다. 임기가 끝나기 전 1999년 말 대통령직을 전격 사임하였고 블라디미르 푸틴 당시 총리가 대통령 권한 대행을 수행하면서 2000년 5월 대통령에 오른 후 지금에 이르고 있다.

한다. 그런데 2009년 뉴욕타임즈(New York Times)의 존 마코프(John Markoff) 기자로부터 연락을 받았다. 기자는 내 이름을 알아내 인터뷰를 요청했다. 분명 러시아 측으로부터 정보를 얻은 듯했다. 나는 논의의 기술적 세부 사항이나 양측 참석자들의 실명을 밝히지 않는 조건으로 인터뷰 허가를 받았다. 비밀로 유지하지 않아도 될 수준의 정보였지만 나는 여전히 이 정보들을 비밀로 유지하고 있다.

마코프 기자는 이미 당시 회의에서 상세한 기술적 논의가 오고 갔음을 알고 있었다. 그러나 인터뷰에서는 러시아와 내가 다뤘던 중요한 문제, 즉 사이버 군비 통제의 전망에 정확하게 초점을 맞췄다. 나는 구조적인(structural) 군비 통제는 불가능할 것 같다고 말했다. 결국에는 화학 및 생물학 무기 금지 협약과 같이 더 많은 행동 기반 제약이 필요하다는 쪽으로 논의가 흘렀다. 나는 웜, 바이러스, 다형성 엔진(polymorphic engines)* 등을 사용하는 사이버 공격, 나아가 정치 전쟁의 영역에서도 통제가 이루어져야 한다는 생각에 열광했다. 이 생각에 대해 대부분의 팀원들은 그다지 낙관적이진 않았으나 공개적으로 반대하지도 않았다.

얼마 지나지 않아 사이버 무기를 통제하자는 아이디어는 심각한 반대에 부딪히게 되었다. 펜타곤의 상관들은 적개심과 경멸이 뒤섞인 반응을 보였다. 당시 고위 장교의 표현에 따르면 사이버 무기 역량에서 전 세계를 압도하고 세계적인 매체 수단도 쥐고 있는 미국이 "궁지에 몰린" 오랜 적을 상대로 이렇게나 강력한 무기 사용을 자제할 필요가 있는가 하는 생각이었다. 어디에나 존재할 수 있고 통제하기 어려운 사이버 무기의 속성 탓에 핵무기 중심 군비 통제의 구조적 형태, 즉 무기 계수 및 모니터링에 익숙한 사람들은 사이버 무기 통제 개념을 받아들이지 않았다. 그러나 내 입장은 우리가 러시아보다 우위에 있기 때문에 오히려 행동 기반의 군비 통제가 필요하다는 것이었다. 이를 통해 사이버공간에서 미국의 우위를 공고히 하면서 러시아의 두려움은 완화할 수 있을 것이기 때문이다. 유사한 예로 제1차 세계대전이 발발하기 전 윈스턴 처칠(Winston Churchill)은 빌헬름 2세(Kaiser Wilhelm)에게 "해군 휴일(Naval Holiday)"을 제안해 전함 건조를 중단하자고 했다. 이 예시는 당시 브리핑에 참석한 한 역사의식을 가진 참석자에 의해 반박되었다. 카이저가 그 제안을 영국의 약점 신호로 이해하고 오히려 해군의 군비

---

* 실행될 때마다 코드가 변화하지만 코드의 기능은 변하지 않도록 하는 기술을 말한다. 바이러스나 웜 등의 존재를 숨기기 위해 사용된다.

경쟁을 강화했다는 것이다. 그러나 지금의 상황은 다르다. 이 제안을 약소국인 러시아가 먼저 제안했기 때문이다. 물론 이 설명도 통하지 않았다.

러시아는 지도부를 설득하는 데 성공했다. 주 유엔 러시아 대사는 모든 형태의 사이버 전쟁을 통제하기 위한 국제적 노력을 촉구했다. 각국의 대표들이 관심을 보였고 그 결과는 우리가 러시아와 논의하고 합의에 도달할 수 있었던 사항들의 요점들을 포함한 유엔 총회 결의안 53/70호(General Assembly Resolution 53/70)로 이어졌다. 그런데 미국 대사가 결의안에 거부권을 행사했다. 이후에도 러시아 외교관들은 당시 결의안의 새로운 버전을 제출했고 그때마다 미국은 명목상 지지를 표명했지만 결국에는 거부했다.[13] 존 마코프(John Markoff) 기자는 2009년 오바마 대통령의 사이버 문제 논의를 포함한 모스크바 회담 일주일 전 "미국은 사이버 전쟁 조약이 필요하지 않다고 주장한다"는 내용의 기사에서 이 상황을 요약했다. 마코프 기자는 "러시아의 관점에서 조약이 없다는 사실은 잠재적으로 위험한 결과를 초래할 수 있는 군비 경쟁을 허용하는 꼴이다"라고 언급했다. 또한 러시아는 "전쟁 발발 시 원격으로 활성화할 수 있는 악성코드나 회로를 은밀히 삽입하지 않도록 금지하길 원한다"는 점을 명시했다.[14]

결국 오바마 대통령의 모스크바 방문은 사이버 무기 통제 문제에 근본적인 변화를 가져오지 못했다. 그러나 러시아와의 첫 미팅 이후 약 13년이 지난 지금은 많은 것이 달라졌다. 사이버 무기 경쟁에 휴일은 없었고 그 결과 러시아, 중국, 이란, 북한이 미국을 따라잡았다. 실제로 1990년대 후반 미국의 국방 정보 시스템은 이미 러시아 해커의 소행으로 여겨지는 코드명 "Moonlight Maze"라는 침입 작전에 당한 상태였다. 나도 이 문제를 처리하는 일에 일부 관여했으나 그 이상은 말할 수 없다. 다만 오랫동안 미국의 사이버 및 대테러 분야 고위 관료(czar)를 역임한 리차드 클라크(Richard Clarke)는 PBS의 다큐멘터리 프로그램 "Frontline"의 "Cyber War!"라는 에피소드[15]에 출연해 Moonlight Maze 사건을 좀 더 상세히 설명한 바 있다. 나도 당시 에피소드에 출연했고 중요한 정보 인프라의 취약점 문제를 상세히 제공할 수 있도록 지인을 통해 뛰어난 해커를 소개해 주기도 했다. 그러나 이 프로그램은 정책을 바꾸거나 전문가 담론을 진전시키는 데 큰 도움이 되지 못했다. 결국 중국이 연관된 것으로 보이는 "Titan Rain" 사이버 공격이 뒤를 이었다. 지식재산의 탈취가 계속 증가했고 2016년에는 사이버 정치 전쟁이 발발하기에 이르렀다.

첨단 정보기술을 정량적이고 구조적으로 통제하기 어렵다는 점을 고려할 때 논리적으로 유일한 대안은 사이버 무기에 대한 "행동 기반 통제 방식"이다. 이미 우리는 과거 군비 경쟁을 억제하고 전쟁의 파괴력을 줄이기 위한 행동적(behavioral), 운용적(operational) 노력을 수행해왔고 긍정적인 결과들을 확인한 바 있다. 이러한 노력을 미리 살펴 유용한 교훈을 얻을 필요가 있다.

미래의 군비 통제: 과거로부터의 교훈
Past attempts as prologue to future arms control?

특정 유형의 무기를 소유하거나 제조 방법을 알고 있다고 해서 무기가 반드시 사용되는 것은 아니다. 어떤 무기는 너무 끔찍해서 처음 사용한 후에는 최악의 범죄자들조차 사용하지 않는 경우도 있기 때문이다. 제1차 세계대전 당시 치명적인 결과를 초래했던 겨자가스(mustard gas)*와 다른 화학 무기들은 1925년 제네바 협약에 의해 금지되었다. 극소수의 예외를 제외하고 이 조치는 지금까지 변함없이 유지되고 있다. 역사상 가장 사악한 인물 중 하나인 아돌프 히틀러(Adolf Hitler)도 제1차 세계대전 당시 가스 공격으로 부상을 입었고 제2차 세계대전에서는 생화학 무기의 사용을 자제하기도 했다. 그럼에도 불구하고 그와 그의 부하들은 나치의 수용소에서 무력한 사람들에게 독가스를 사용했고 화학 무기에 대한 혐오감을 더욱 부추겼다. 1980년대 러시아와 아프간, 이라크와 이란 간에 벌어진 분쟁과 최근 시리아 내전에서도 드물게 사용되는 경우기 생기자 디 강한 제재가 요청되있다. 그 결과 1997년 새로운 화학무기금지협약이 발효되었고 거의 200개국이 가입해 규정을 준수하고 있다. 25년 전인 1972년에는 생물무기 금지협약(Biological Weapons Convention)이 제정되어 같은 수준의 지지를 받고 있다.

생화학 무기 금지 협정을 언급한 이유는 생화학 무기 또한 여러 국가들이 보편적으로 개발할 수 있는 대표적인 기술 요소이기 때문이다. 기초 재료들을 쉽게 구할 수 있고 관련 기술력도 전 세계에 널리 퍼져 있기 때문에 생화학 무기는 손쉽게

---

* 겨자 냄새를 풍기며 노란색을 띠어 붙여진 이름으로 피부와 눈, 폐 등 장기에 손상을 일으킬 수 있다.

제조할 수 있다. 진입장벽 자체가 낮은 것이다. 그럼에도 압도적인 사람들이 독극물과 독충(poison and bugs)을 개발, 비축, 사용하는 행위에 반대한다. 이런 무기들로부터 인류를 자유롭게 만든 성공적인 군비 통제 협정은 국가들의 자발적 의지에 기초하고 있다. 무기를 만들기 위한 재료와 그 제조법을 충분히 통제하기 어려운 때에는 이런 종류의 행동적 접근(behavioral approach)이 활용된다. 군비 통제 용어로는 이러한 행동 기반 체제를 "운용적(operational)"이라고 부른다.

반면, 무기 개발 자체가 어렵고 고도의 전문성을 요구하며 많은 가공과 정제가 필요한 희귀 재료를 구해야 하는 경우 "구조적(structural)" 통제 전략을 택할 수 있다. 예를 들어 핵분열성 물질에 대한 접근을 통제할 수 있는 방법은 훨씬 더 많다. 재료나 시설, 전문 지식 등을 전반적으로 고려해 보면 핵무기는 생화학 무기에 비해 진입 장벽이 높은 분야다. 여기에 더해 히로시마와 나가사키에 투하된 원자 폭탄의 위력으로 형성된 공포는 윤리적 논의를 촉발했고 군비 통제와 비확산 조약을 만드는 데 실질적인 자극이 됐다.

화학 무기와 생물무기, 핵무기는 모두 대량살상무기로 분류된다. 운용적 또는 구조적 군비 통제 협정을 만들기 위한 노력과 이에 대한 세계의 긍정적 반응은 당연한 일이다.[16] 그러나 사이버전은 어떤가? 비트와 바이트가 직접적인 파괴나 살상으로 이어지는 경우는 아직 드물지만 이미 사이버 위협은 대량 혼란을 일으킬 수 있는 수준에 이르렀다. 지금부터라도 증가하는 사이버 위협에 대처하기 위한 군비 통제 체제의 개발 가능성을 탐색할 수 있어야 한다.

처음부터 구조적 군비 통제를 구현하기는 어려울 것이다. 현재 사물인터넷의 일부를 구성하는 수십억 개의 연결된 정보 콘텐츠와 컴퓨팅 역량 등 사실상 모든 고급 정보기술은 이중 용도(dual use)로 쓰일 수 있다. 즉, 고성능 컴퓨터는 실제로 비즈니스 효율성 향상을 위한 데이터 처리에 쓰일 수도 있지만 동시에 적 시스템에 침입하는 데 활용될 수도 있다. 평소에 스마트 냉장고는 우유가 필요한 때를 알려줄 수 있지만 해킹을 당해 적대적 행위자의 통제 아래 놓이게 되면 주요 인프라 공격을 위해 구성된 로봇 군대에 징집될 수도 있다. 결국 사이버 전쟁의 기본 구성 요소를 통제할 수 있는 방법은 거의 없다고 봐야 한다.

파괴적인 사이버 무기에 쉽게 접근할 수 있다는 점을 고려하면 국가와 비국가

행위자들이 자발적 자기 통제체제를 채택할 것이라는 전망은 그다지 합리적이지 못한 듯하다. 100년 전 전략폭격을 금지하기 위해 수행됐던 노력도 그러했다. 1908년 H. G. 웰스(Herbert George Wells)가 그의 소설 "The War in the Air"를 출판한 이후 군사 전략가들과 정치 지도자들, 그리고 대중들은 공중에서의 폭격을 통해 적국을 굴복시키는 모습을 상상하기 시작했다. 제1차 세계대전에서 독일은 제플린(Zeppelins) 폭격기와 고타(Gotha) 폭격기를 통해 영국을 공격했다. 당시의 물리적 피해는 적었지만 전후 항공기의 속도, 사거리, 적재량이 향상되면서 상황이 달라졌다. 1932년 영국의 수상 스탠리 볼드윈(Stanley Baldwin)이 "폭격기는 항상 통한다"[17]고 말한 것처럼 항공기에 대한 공포는 점차 커졌다. 이런 공포 아래 전략폭격을 금지하려는 노력이 시작됐다. 조지 퀘스터(George Quester)가 언급했듯 공격적인 아돌프 히틀러(Adolf Hitler)조차도 자신의 인구 밀집 지역이 폭격당하는 것을 극도로 경계했다.[18] 실제로 1938년 뮌헨 위기 동안 히틀러는 독일 공군(Luftwaffe)이 체코의 도시를 공격하지 않도록 금지하기도 했다.[19]

히틀러가 독일을 재무장시키고 베르사유 조약에 따른 제재를 거부한 결과가 1934년 군비축소를 논의하던 제네바 회의의 결렬로 이어졌다는 점을 고려해보면 폭격을 금지했던 히틀러의 자제력은 놀라운 수준이다. 당시 회의에서 프랑스는 침략한 외국 군대를 몰아내기 위해 폭격기 활동을 제한하기로 합의하였고 영국은 다자간 공군력 확장 중단을 촉구하는 등 많은 진전의 가능성이 있었다.[20] 물론 회의는 결렬됐고 공중 군비 경쟁이 심화됐지만 그럼에도 도심 폭격론의 수용으로 이어지지는 않았다. 폴란드와 프랑스에서 벌어진 제2차 세계대전의 첫 지상 전투에서도 공군이 주도적인 역할을 했지만 행동 기반 제약이 일정 수준 유효하게 삭용했다.

조지 퀘스터(George Quester)는 이런 상황에 대해 "전쟁 전 민간인을 위한 피난처는 없을 것이라는 끔찍한 예측들에도 불구하고 제2차 세계대전이 시작되자 영국과 프랑스, 독일의 인구 밀집 지역에는 폭격이 전혀 발생하지 않았다"라고 표현했다.[21] 다만 애석하게도 1939년과 1940년에 폭격을 당한 바르샤바와 로테르담은 예외였다. 이후 런던의 차례가 왔고 향후 5년간 도시들이 폭격의 대상이 되면서 민간인들의 분노도 커졌다.

제2차 세계대전 이후에도 비전투원을 대상으로 한 공중 공격이 이어졌다. 불과 5년 후에 발발한 한국 전쟁에서 UN군은 무차별 폭격을 가했다. 북한의 수도인 평양의 건물 대부분이 공중 폭격으로 파괴되었다. 베트남 전쟁 당시 하노이와 여러 소규모 도시 및 마을들도 다르지 않았다. 맥스 헤이스팅스(Max Hastings)는 한국 전쟁 당시 전략폭격에 대해 "공군력을 활용하면 승리한다는 믿음이 시험대에 올랐고 그 결과는 낙제였다"라고 평가했다.[22] 전쟁은 값비싼 교착 상태로 끝났다. 심지어 베트남에서의 공중 폭격 결과는 더 나빴다. 미국이 주도한 노력은 공산주의자들의 남베트남 점령으로 끝났다.

아마 베트남 전쟁의 결과 때문에 1975년 사이공 함락 이후 파괴적인 대규모 공중 폭격이 사라졌을지도 모르겠다. 이후 미 공군은 훨씬 더 차별적인 작전을 벌이는 데 주력해 왔다. 1999년 코소보 전쟁 당시 NATO의 세르비아 공습과 4년 후 미국이 주도한 이라크 전쟁에서의 "충격과 공포(shock and awe)" 전술에 따른 폭격은 모두 광범위했지만 민간인 사상자를 줄이기 위한 노력도 동반했다. 이러한 자제력의 새로운 패러다임을 고려해 보면 사이버 전쟁도 "전략 공격(strategic attack)"으로 해석해 유사하게 통제할 수 있을지도 모른다.

오늘날 공군력을 제한하는 공식적인 행동 기반 조약은 존재하지 않는다. 1930년대에 추진된 바 있으나 전략폭격의 위협으로 인해 무력 충돌을 억제하기 어려워 금방 무너졌다. 따라서 "운용적 군비 통제(operational arms control)" 노력을 억제의 개념과 연계하는 것은 적합하지 않다. 억제에 실패할 경우 무기 사용에 대한 모든 제약이 사라질 것이기 때문이다. 특히 무기가 실제로 군사적 효용성을 갖고 있다고 믿어지는 때에는 더욱 그렇다. 결국 자제력을 기르고 구현하기 위해서는 일정 수준 무기에 대한 혐오감이 필요할 수 있다. 제1차 세계대전 이후의 화학 무기나 세균전과 관련된 공포들이 그 예시다. 공중 폭격도 마찬가지다. 로버트 파프(Robert Pape)가 지적한 것처럼 도시를 대상으로 한 공중 폭격은 전략 도구로서의 효과[23]가 부족했기 때문에 중단됐을 수도 있다. 그러나 여러 사례에서 보듯 공중 폭격은 언제나 지나친 파괴를 동반했다. 한편, 핵무기 통제는 어떤가? 군대와 지도자들이 핵무기를 혐오한다고 보고 싶지만 핵 억지력은 사실상 민간인을 표적으로 함으로써 그 효과를 도모한다. 이 잔인한 사실을 완곡하게 표현하자면 "대가치 표적화(countervalue targeting)"*라고 부를 수 있을 것이다. 이런 유형의 억지력은 운용적 사이버 무기 통제의 기반으로 삼기에는 너무 빈약하다.

1972년 미국과 소련이 체결한 탄도탄요격미사일 협정(Anti-Ballistic Missile Treaty, ABM Treaty)은 역설적인 내용을 포함하고 있다. 이 협정은 상호 간 핵미사일 방어 능력을 제한함으로써 공격받은 쪽이 남아있는 핵무기로 상대 국가를 다시 공격할 수 있도록 해 어느 쪽도 선제공격을 하지 못하도록 하는 방식이었다. 중대한 방어 역량을 포기하고 민간인을 위험에 노출한 상태로 운용적 무기 통제 의지를 구현한 것이다. 스탠포드 대학의 군비 통제 전문가들은 "각국이 방어할 권리를 포기한 것은 전례가 없는 일"이라고 평가했다.[24] "공포의 균형(balance of terror)"을 유지하는 기본 논리는 방어체계가 불균형하면 어느 한쪽은 공격 우위를 얻게 되므로 불안정성이 커지고 상대적으로 방어체계가 약한 쪽은 강력한 방어체계를 극복하기 위해 미사일을 개발하게 되니 방어체계를 동일한 수준으로 형성하자는 것이었다.

미국과 러시아는 2002년 조지 부시 대통령이 조약을 파기하기 전까지 제1차 전략 무기제한회담(Strategic Arms Limitation Talks, SALT 1)의 결과로 체결된 탄도탄요격미사일 협정(ABM Treaty)을 30년 동안 유지했다. 미사일 방어체계 구축을 지지했던 로널드 레이건(Ronald Reagan)조차도 이 협정은 유지했다. 오늘날까지도 여전히 미사일 방어체계 구축이 새로운 군비 경쟁을 촉발할 수 있다는 우려가 제기되고 있다. 그러나 훨씬 위험한 핵 분야에서도 상호 억제가 가능하다면 사이버 분야에도 희망이 있을 수 있다.

다만 사이버 전쟁은 핵무기처럼 대량살상무기로서의 공포를 특징으로 하지는 않는다. 오히려 기반 시설에 대한 공중 폭격의 그것과 유사하다. 폭탄과 미사일이 아닌 비트와 바이트로 훨씬 적은 물리적 파괴를 초래하면서 도덕적 논란도 줄일 수 있기 때문이다. 전략적 사이버 공격이 훨씬 유용한 선택지가 될 수 있는 것이다. 그렇다면 국가들이 사이버 공격 방식을 채택하지 않는 이유는 무엇인가? 사이버 공격이 공개적인 전쟁 수준에 미치지 않는 다양한 상황에서 익명으로 이루어질 수 있기 때문이다. 이런 특성은 전략적 사이버 공격을 채택할 충분한 유인이 된다.

공격자의 신원을 확인하기 어려운 무기나 전술이 표면적으로 높은 유용성을 갖지만 위험성도 내포하고 있을 때 발생하는 문제를 보여주는 사례가 있다. 스페인

---

* 대도시와 산업시설, 민간인 등 비군사 표적을 말한다.

내전(1936-1939) 당시 소련 선박의 호송대는 포위된 공화국 군대에 보급품을 전달하기 위해 지중해를 건너야 했다. 이때 독일과 이탈리아는 스페인의 파시스트 민족주의자들을 지지했고 잠수함을 이용해 소련 선박들을 공격하는 비밀 작전에 착수하였다. 보급선의 손실이 급증했고 이에 대한 비난이 쏟아지자 이탈리아는 해적들의 공격이라고 주장하며 책임을 돌렸다. 스페인 공화국에 우호적이었던 영국은 이를 인정하지 않았고 1973년 가을 스위스 니옹(Nyon)에서 개최된 회의에서 추가적인 해적 공격이 발생할 경우 이탈리아에 책임을 묻겠다고 경고했다. 공격은 즉시 그쳤고 윈스턴 처칠(Winston Churchill)은 이 회의를 "짧고 성공적이었다"고 회상했다.[25] 익명성의 베일로도 보복을 피하기에는 충분하지 않을 때가 있는 셈이다.

스페인 내전의 사례는 당사자 간의 직접적이고 공개적인 전쟁이 아닌 상황에서도 폭력 행위에 행동 기반 통제를 가할 수 있음을 시사한다. 핵심은 공격자의 신원이 알려지면 구체적인 증거가 부족하더라도 제재를 가할 수 있다는 점이다. 실제로 2016년 11월 미국 대선이 끝난 지 불과 한 달 만에 오바마 대통령은 사이버 정치개입을 이유로 러시아에 경제 제재를 가했다. 법적인 판단을 수행할 만한 증거가 부족했음에도 불구하고 조치를 취한 것이다.[26]

미국의 단호한 대응이나 1937년 이탈리아 잠수함 작전에 대한 영국의 조치처럼 사이버 영역에서도 비밀 행동에 수반되는 비용과 위험을 명확히 하고 상호 합의를 통해 행동을 통제할 수 있도록 필요한 최소한의 개방적 자세를 갖춰야 한다. 운용적 군비 통제 또한 완벽한 평화를 고려할 필요는 없다. 이 지점은 토마스 셸링(Thomas Schelling)과 모턴 할페린(Morton Halperin)의 오래된 연구인 전략과 군비 통제(Strategy and Arms Control)에서 다뤄진 바 있다:

"군비 통제는 유망하지만 아직은 그만큼 인식되지 않는 군사 전략의 범주에 해당한다. 군비 통제는 본질적으로 잠재적인 적들과 우리의 군사적 관계가 순수한 갈등과 반대의 관계가 아니라는 점, 나아가 전쟁의 범위와 폭력, 무기 경쟁의 비용과 위험을 최소화하고 양측 모두 원하지 않는 전쟁을 피함으로써 얻는 이익에 바탕하고 있다."[27]

이에 따르면 군비 통제는 군사 전략의 필수 요소다. 우리는 여기서 더 나아가

비트전: 사이버전의 혁신

고도의 정치와 외교가 수반된다는 점, 그리고 군비 경쟁을 피함으로써 얻을 수 있는 경제적 이익을 고려해 상호 통제에 합의한다는 생각을 훨씬 더 큰 국가 전략의 범주에 포함할 수 있어야 한다. 앞서 언급한 생화학 무기 금지협약의 사례에서 보듯 여러 이해관계가 복잡하게 얽혀 있는 최고 수준의 국가 전략도 행동 기반 군비 통제에 성공했다. 이제는 핵무기 위협조차도 우리 삶에서 불길한 존재감을 많이 잃었다. 1980년대 처음 협상을 시작해 핵무기 감축을 목표로 형성된 조약은 오늘날에도 대부분 준수되고 있다.

지속 가능한 군비 통제 협정, 특히 자발적 행동 제약에 의존하는 협정의 가능성에 대해서는 오랫동안 심각한 회의론이 이어지고 있다. 예를 들어 1912년 미국의 해양력(sea power) 선구자 알프레드 세이어 머핸(Alfred Thayer Mahan)은 군비 경쟁을 산업과 상업을 보호해 번영을 촉진하는 생산적 투자로 여겼다. 또한 그는 무력이야말로 진정한 정치술의 근본적 도구라고 주장했다. 외교와 국제 협상의 무대에서 무력은 최종적인 중재자로서 모든 논쟁의 바탕을 이루며 무력 전쟁은 단순히 그러한 논쟁의 궁극적 표현이라는 것이다.[28] 다음 해 윈스턴 처칠(Winston Churchill)이 해군의 휴일(Naval Holiday)을 통해 드레드노트(dreadnought) 전함*의 건조를 중단하고 영국과 독일 사이의 지속적인 평화를 달성하자고 제안[29]했으나 빌헬름 황제는 이러한 행동 기반의 군비 통제 제안을 거절했다. 무자비하고 집요하게 자신의 이익을 계속 유지할 것이라는 결정[30]과 함께 독일은 실제로 군비 경쟁에 박차를 가했고 이듬해 제1차 세계대전이 발발했다.

처칠과 카이저(the Kaiser)** 이야기의 교훈은 제1차 세계대전에서 독일이 U-보트를 활용해 국제 해전 규범을 무시하고 사전 경고 없이 상선을 공격하는 무제한 잠수함 작전을 운용함으로써 사라졌다. 전쟁 초기 표적 선박을 정지시키고 승무원과 승객이 구명보트에 탑승할 수 있도록 시간을 줌으로써 잠수함을 제한적으로 운용했던 독일군은 그 결과 잠수함이 더 큰 위험에 처하게 된다는 사실을 발견했다. 결국 합의된 행동 제약에 따른 해전 수행 방식은 전쟁이 길어짐에 따라 전략적 수요에 의해 밀려날 수밖에 없었다.

---

* 20세기 초에 등장한 전함 개념으로서 새로운 군비 경쟁을 촉발했다.

** 독일 제국의 황제를 뜻하는 고유명사이나 주로 빌헬름 2세를 칭한다. 제1차 세계대전 패배로 빌헬름 2 세가 폐위됨에 따라 공식 소멸됐다.

루시타니아호(Lusitania) 침몰과 같이 해상에서 많은 민간 희생자를 낸 일련의 사건 이후 독일은 잠시 주춤했지만 다시 무제한 잠수함 작전을 개시했고 결국 미국이 참전하게 된다. 특히 독일이 전쟁 전 동의했던 국제 규범을 위반한 것에 대한 도덕적 비난이 높아지면서 미국인들의 참전 열기도 뜨거워졌다. 역사학자 횔링(A. A. Hoehling)의 표현에 따르면 당시 분위기는 "설교자들이 성스러운 십자군의 미덕을 칭송"하는 듯했다.[31] 결국 이 경우에도 카이저가 해군의 휴일(Naval Holiday) 제안을 받아들이지 않은 것과 마찬가지로 행동 제약에 대한 거부가 매우 큰 역효과를 낳은 셈이다. 사이버공간에서의 행위를 제한하기 위한 행동 기반 통제 제안을 거부하는 경우에도 유사한 리스크(risks)를 부과할 수 있을 것이다. 생각보다 유보트를 운용한 행위와 사이버 봇(bot)을 활용하는 행위에 큰 차이가 없을 수도 있다.

희망적인 사례들도 있다. 최근의 공중 작전에서는 민간인의 피해를 방지하기 위한 지속적인 노력이 동반된다. 그리고 1945년 히로시마와 나가사키 이후 핵무기는 지속적인 확산과 냉전의 연속에도 불구하고 사용되지 않고 있다. 1950년대 미국이 채택한 대규모 보복(massive retaliation) 교리에 따르면 미국은 모든 공격 행위에 핵무기로 대응할 수 있다고 주장했는데 이는 동맹국과 적국, 그리고 전 세계 공동체 차원에서 법적으로도 도덕적으로도 수용되거나 정당화될 수 없는 것으로 여겨졌다. 토마스 셸링(Thomas Schelling)은 "대규모 보복은 1954년 발표된 이후 쇠퇴하는 교리"라며 이 정책의 어리석음을 지적했다.[32] 이 교리는 곧 조용히 사라졌다. 대량살상무기의 영역에서도 행동 기반 제약이 가능하다는 뜻이었다. 사이버 무기를 활용한 대량 혼란에 대해서도 이런 제약이 가능하지 않을까? 나는 항상 이 질문에 긍정적인 답을 찾고자 노력해왔다.

미국의 무의식적인 사이버 군비 경쟁 촉발?
Did the United States unwittingly spark the ongoing cyber arms race?

사이버 무기 통제에 반대하는 미국인들의 슬픈 역설 중 하나는 기술적 측면에서 이제 더 이상 미국이 사이버 작전의 영역을 선도하지 못하고 있다는 점이다. 러시아와 중국의 공격 능력은 미국과 대등한 수준에 달한다. 모스크바와 베이징의 사이버 전문가들은 뛰어난 방어 역량도 보여준다. 러시아와 중국뿐일까? 리처드 클라크(Richard Clarke)와 로버트 네이크(Robert Knake)에 따르면 이란과 북한도 미국의 사이버 방어 능력을 뛰어넘었다.[33] 따라서 미국이 앞서고 있으니 행동 기반 군비 통제 체제에 굳이 합류할 이유가 없다는 국방부의 입장은 허황되기 그지없다.

그러나 미국의 사이버전 능력이 분명히 우위를 점하고 있었다는 사실은 명확히 인식할 필요가 있다. 기본적으로 군부가 아닌 다른 정권의 통치 아래에서 정치 지도자는 물론 직업군인들은 자신이 누릴 수 있는 우위를 양보하거나 제한받기를 싫어한다. 1960년대 커티스 르메이(Curtis LeMay) 장군이 미국의 핵 우월성은 다른 나라에 위협이 되지 않으며 이를 유지해야 한다는 입장을 취했던 것이 대표적인 사례다. 그는 "미국은 뚜렷한 우위를 가지고 있지만 전쟁을 벌일 필요는 없다. 반면, 이런 미국의 우위가 감소하면 군사적 불균형이 발생할 수 있다"고 표현했다.[34]

물론 이해할 수 있는 태도였지만 결과적으로는 러시아가 미국과 동등한 핵전력을 갖추도록 부추겼을 뿐이다. 다행히도 끊임없는 핵 군비 경쟁은 피할 수 있었고 군비 통제 협정을 찾는 방향으로 전환되었다. 반면, 사이버 영역에서는 이미 미국의 우위가 무너졌다는 상황을 고려해야 한다. 르메이식의 비타협적 태도를 군비 통제 의지로 전환해야 하는 것이다.

UN에서 미국은 그간 사이버 군비 통제에 반대해왔다. 이제는 은밀한 경제 및 정치적 공격에 가담하기 위해 사이버공간을 사용하는 행위를 금지하고 전략적 사이버 공격을 수행하기 위한 목적으로 침입을 활용하면서 그 이상의 목적을 함께 고려하려는 충동은 억제할 수 있어야 한다. 사실 사이버 무기 통제 협정을 통해 금지하려는 모든 행동은 어떤 면에서는 전쟁 행위와 다름없다. 해상을 봉쇄하거나 상업용 선박을 습격해 상대 경제를 공격하는 행위가 무력 충돌로 이어질 수 있다는 사실은 국제법에서도 잘 알려져 있다. 경제의 역동성과 경쟁력을 뒷받침하는 중요한 지식재산을 탈취하는 사이버 공격도 비슷한 관점에서 봐야 한다. 사이보타주(cybotage)도 마찬가지다. 악의적인 비트와 바이트를 삽입해 더 넓고 파괴적인 영향을 미칠 수 있다는 점을 제외하고는 중요한 장소에 폭발물을 배치하는 것과 다름없다.

민주주의를 전복시키기 위한 것이든 권위주의자들을 끌어내리기 위한 것이든 사이버 정치전은 쉽게 합의에 도달할 수 있는 문제여야 한다. 과거 민주화를 위해 미약하게 노력하고 있었던 러시아와의 1996년 회의에서 러시아인들은 분명히 이 문제에 관심을 갖고 있었다. 그리고 오늘날 미국을 비롯한 자유주의 사회는 가짜 선전과 딥페이크(deep fake) 영상 등의 문제로 골머리를 앓고 있다.

전반적으로 인프라 공격이나 지식재산 탈취, 정치적 선동 등 다양한 사이버 관련 문제에 행동 기반의 군비 통제가 필요한 이유는 명확하다. 이 문제에 대한 합의를 도출하는 일도 불가능해 보이지는 않는다. 한편 이러한 행동 기반 통제의 영역을 넘어서는 사이버전의 영역은 엄밀히 말해 군사적 영역이 될 것이다. 로봇이 국가의 의사결정기구에 녹아들고 전쟁이 비트전(Bitskrieg) 패러다임으로 전환되는 흐름은 막을 수 없을 것이기 때문이다. 전투의 양상은 항상 기술 발전에 따라 재편되어 왔다. 그리고 비트전(Bitskrieg)은 그 전신인 전격전(Blitzkrieg)과 마찬가지로 대규모 교란을 통해 짧고 예리한 작전, 나아가 더 적은 희생을 동반하는 전쟁을 목표로 하기 때문에 사이버전의 진화는 거스를 수 없을 것이다.

행동 기반 사이버 무기 통제 협정의 실효성
Could a behavior-based cyber arms control agreement really work?

앞서 살펴본 바와 같이 이미 확산되고 있거나 상대적으로 제조하기 쉬운 무기의 사용에 대한 행동 기반 제한을 구현하려는 시도는 실패했다. 윈스턴 처칠(Winston Churchill)이 제1차 세계대전 이전 영국과 독일의 해군 군비 경쟁을 완화하기 위해 취했던 시도는 빌헬름 황제를 오히려 대담하게 만들었고 그 결과는 비참했다. 1920년대와 1930년대에는 민간인을 공중 폭격의 표적으로 삼지 말자는 합의에 도달하기 위한 다자간 노력도 있었다. 그런 노력이 무색하게 우리는 스페인 내전 중 벌어진 게르니카(Guernica) 공습, 제2차 세계대전 초기부터 이어진 무차별 공중 폭격, 1945년 핵 시대를 열었던 히로시마와 나가사키 원폭 투하를 목도했다.

물론 성공의 씨앗도 엿볼 수 있다. 여러 핵무기 보유국들이 무기고에 수천 개의 핵탄두를 보관하고 있었음에도 불구하고 1945년 이후 핵무기는 사용되지 않았다. 최근 수십 년 동안 민간인을 대상으로 한 재래식 공습도 크게 줄었다. 생화학 무기는 이미 국제사회에서 불법으로 규정하고 있다.

이런 흐름에서 공식적인 합의나 암묵적 규범에 의해 달성되는 행동 기반의 군비 통제를 지속하기 위한 조건들을 엿볼 수 있다. 일례로 생화학 무기가 국제사회에서 광범위하게 금지된 이유는 혐오감 때문이다. 덜 혐오스럽지만 파괴보다는 혼란을 목적으로 하는 무기들은 어떤가? 사람을 죽이지 않는 무기에 대한 행동 기반 통제의 좋은 예는 1967년부터 시행된 "달과 기타 천체를 포함한 외기권의 탐색과 이용에 있어서의 국가 활동을 규율하는 원칙에 관한 조약(Treaty on Principles Governing the Activities of States in the Exploration and Use of Outer Space, Including the Moon and Other Celestial Bodies)"이다. 이른바 우주 조약(Outer Space Treaty)으로도 불리는 이 조약은 우주 공간의 무기화를 제한한다. 다만 언론인 제임스 캐넌(James Canan)이 언급한 것처럼 이 제한의 범위는 원칙적으로 핵무기에 적용되며 재래식 폭발물에도 적용되는지 여부는 논란의 여지가 있다.[35] 수십 년 동안 기술력의 부족 및 우주 기반 통신의 원활한 기능에 대한 선진국들의 의존도 덕에 특별히 문제는 발생하지 않았다. 그러나 오늘날 상황은 다르다. 미국은 우주군을 새로 창설했고 다른 국가들도 새로운 무기를 개발하고 있기 때문이다. 이에 따라 우주에서도 군비 경쟁이 진행되고 있고 행동 기반 통제의 필요성 또한 점점 커지고 있다.[36]

우주 공간에서의 전쟁은 세계 경제와 사람들의 사회생활 및 상호작용, 그리고 점점 더 효과적으로 기능하고 전투하는 군사 조직의 역량에 파괴적 영향을 미칠 것이다. 그럼에도 이 갈등을 제한하기 위한 행동적 기반은 설득력을 잃고 있다. 주된 요인으로 기술 결정론이 지적되기도 한다. 새로운 기술의 발전으로 우주에서의 전투가 현실화되고 있기 때문이다. 그러나 이런 추론은 냉전 초기 이미 미국과 소련 모두 인공위성을 겨냥한 우주 무기를 갖추고 있었다는 점*에서 맞지 않다. 우주 자산을 궤도에 올려놓는 것보다 이를 가리거나 파괴하는 것이 더 쉬웠다는 점도 고려할 수 있다. 이 때문에 기술적 측면보다는 윤리적 측면에서의 제재가 이루어졌을지도 모른다. 일례로 지미 카터(Jimmy Carter) 대통령은 우주의 최대 평화(maximum pacification of space)를 추구하는 것이 세계 이익에 부합한다는 견해를 취했다.[37] 카터는 우주

---

* 미국의 소형 호밍 차량(Miniature Homing Vehicles, MHV), 소련의 슈퍼 수류탄(super grenades)이 대표적이다.

공간의 완전 비무장화를 지지했다. 그러나 점차 다른 나라의 무기들을 알게 되면서 미국이 자체 위성 요격 능력을 배치해야 한다는 쪽으로 기울고 말았다.[38]

우주 공간의 분쟁에 행동 기반 통제를 부과하려고 했던 오랜 노력은 사이버공간을 대상으로 하는 논의에도 도움이 될 수 있을까? 우주 공간과 달리 사이버공간에서의 상호 억제는 더 빠르게 무너질 것이라는 의견도 있다. 사이버공간에서 더 많고 다양한 공격을 수행할 수 있기 때문이다. 그러나 지금도 파괴적인 방법에서부터 혼란을 야기하는 수단에 이르기까지 우주 공간의 위성을 공격할 수 있는 다양한 방법이 있지만 여전히 그런 공격은 벌어지지 않고 있다. 이는 평시 이런 공격을 감행하는 일이 이득이 되지 않는다는 뜻이다. 무엇보다 우주 조약에 서명한 100개 이상의 국가들이 약속을 지키면서 자기 억제력이 보장되고 있다.[39] 물론 일부 국가가 우주 군비 경쟁에 참여하고 있을 수 있지만 공개적인 전쟁에서 사용할 가치가 충분히 확인되지 않는 한 이런 능력을 사용할 가능성은 매우 낮다. 이는 사이버 무기의 경우와 매우 유사하다. 컴퓨터 네트워크를 교란해 잠재적으로 심각한 경제적, 군사적, 사회정치적 영향을 미칠 수 있는 악성 소프트웨어의 개발도 마찬가지로 빠르게 발전하고 있다. 그러나 공개적인 전쟁이 없다면 일정 수준의 자기 억제력은 사이버 무기에도 적용된다고 봄이 타당하다.

물론 우주 공간의 행동 기반 군비 통제 문제와 사이버공간에서의 협정 가능성이 완벽히 들어맞는 것은 아니다. 그러나 우주 조약에 의해 오랫동안 감독되고 부분적으로 유지되고 있는 우주 평화를 고려하면 사이버공간에서도 유사한 도전을 해볼 가치가 있다고 생각된다. 실제로 사이버공간 조약이 반세기 이상 지속되기만 한다면 조약의 체결을 충분히 정당화할 수 있을 것이다. 우주 조약은 극단적인 상황이 아니라면 궤도 무기로 무장한 국가들조차도 무기를 사용하지 않을 것이기 때문에 더 오래 지속될 수 있다. 사이버 군비 통제 협정의 경우도 다르지 않을 것이다.

우주 공간과 같이 사이버공간에도 자기 억지력이 존재한다면 사이버 무기 통제 협정이 애초에 왜 필요하냐는 의문도 들 수 있다. 기본적으로는 공식적 합의를 통해 국가들이 스스로 구속하는 명확한 행동 규범을 확립할 수 있기 때문이다. 이 때문에 생화학 무기와 핵무기, 재래식 무기, 공격 및 방어 미사일 시스템, 해상 사고 등 국가들이 자제력을 가지고 행동하는 많은 분야에서도 다양한 군비 통제 협정이 체결되어왔다. 이러한 행동 규범에 동의하는 것 자체가 규범을 지속적으로 준수하려는 의지를 강화하고 유지한다. 이런 행위는 이른바 "행동 확증(behavioral confirmation)"을 형성하기 때문이다.

아울러 공식적으로 동의한 규범을 위반하는 행위가 적발된 경우에는 정당한 대가를 치르게 된다. 우주 공간에서 벌어지는 전쟁의 경우 공격자의 신원은 대부분 그 즉시 확실하게 알려질 것이다. 사이버 공격의 경우에는 대부분 그렇지 못한 것이 사실이다. 그러나 1990년대 초 데이비드 론펠트(David Ronfeldt)와 내가 사이버 전쟁 개념을 처음 개발한 이후에 비하면 오늘날 포렌식 기술이 크게 발전했기 때문에 공격자의 신원이 밝혀질 가능성도 더욱 커지고 있다.

전통적 현실 정치의 경화(hard currency)*에 따른 실질적인 위험-수익 계산을 넘어 행동에 기반한 국제 규범은 적대국 간에도 안정적이고 지속적이며 신뢰할 수 있는 관계의 토대를 제공하는 상호작용을 요구한다. 로버트 액셀로드(Robert Axelrod)와 로버트 코헤인(Robert Keohane)이 주장한 바와 같이 이러한 행동 제도(regime)는 계층적 의미로서 규칙을 강제하지는 않지만 거래 비용의 패턴을 바꾸고 참여자에게 정보를 제공해 불확실성을 줄일 수 있다.[40] 결국 행동 기반 사이버 무기 통제 협정의 가장 큰 이익은 극명하고 잘 무장된 적대감이 지속되는 상황에 수반되는 불확실성을 상당 부분 줄이는 것뿐일 수도 있다.

그럼에도 불구하고 고려해야 하는 실용적 문제들이 있다. 조약은 협상하고 서명하고 비준하는 데 시간을 소요한다. 생화학 무기 협약들도 시행하기까지 수년이 걸렸다. 그러나 군비 통제에 대한 행동적, 운용적 접근법을 취하지 않았다면 이런 합의에 도달하지 못했을 것이다. 많은 나라들이 생화학 무기를 개발할 수 있기 때문이다. 결국 너무 많은 기술을 제한하고 감독하고 검증해야 한다는 점이 핵심 문제다. 사이버 전쟁과 관련된 기술도 마찬가지다. 대부분의 정보기술은 "이중 용도 기술(dual use)"로 간주해야 한다. 민간용으로 쓰이는 기술은 의도에 따라 군사 목적으로도 사용될 수 있다. 따라서 군비 통제에 대한 전통적인 "구조적(structural)" 접근법은 적용할 수 없다. 지난 수십 년에 걸쳐 나타나고 있는 기술적 동향도 이와 일치한다. 알버트 르골(Albert Legault)은 첨단 미사일의 확산에 대한 초기 연구에서

---

* 사전적으로 금속으로 만든 화폐를 뜻한다. 금과 같이 구매력과 안정성을 뒷받침하는 재화 달러와 같은 기축통화를 칭하기도 한다.

다음과 같이 지적하며 오늘날 사이버 문제에 중요한 시사점을 준다:

과거 통제되지 않았던 많은 품목이 오늘날에는 군사 목적으로 활용될 수 있다. 게다가 산업계에서 점점 더 정교한 기술을 수용함에 따라 군용과 상용 모두에 쓰일 수 있는 상품과 노하우를 통제하는 일도 더욱 어려워지고 있다. 이런 품목을 통제하려면 더욱 엄격한 규제가 필요하다. 관련된 행정적, 관료적 복잡성은 물론 해당 국가의 경제적 이익에 대한 부정적 영향도 증가할 것이다.[41]

1987년 G7의 후원으로 체결되어 총 36개 선진국이 준수하고 있는 미사일 기술 통제 체제(Missile Technology Control Regime, MTCR)도 좋은 사례다. 이 체제를 활성화하고 유지해 온 강력한 행동 규범도 기술 발전으로 인해 문제를 마주하게 됐다. 이 문제의 핵심도 사이버 기술 발전에 있다. 고도로 발전된 인공지능 기술을 적용해 초음속 미사일을 운용할 뿐만 아니라 비행 중에도 작전 변화와 적의 방어 대책에 유연하게 대응할 수 있게 됐기 때문이다. 현재 이 분야의 선두 주자는 러시아와 중국이다. 미국은 2020년 3월 처음으로 마하 5 미사일 실험에 성공했다. 현재로서는 이른바 "초음속 강대국들(hypersonic powers)"이 이 기술을 더 널리 확산하는 데 별로 관심이 없지만 그간 기술 발전의 역사적 흐름을 따져보면 세계는 곧 기계학습(machine learning)을 통해 속도와 기동 능력이 크게 향상된 무기체계의 확산을 보게 될 것이다. 이에 대응할 수 있는 유일한 방법은 다른 로봇이 운영하는 방어 시스템을 만드는 것뿐이다. 저널리스트 크리스티나 린드버그(Kristina Lindborg)는 복잡한 인공지능 기반 센서 시스템만이 극초음속 무기를 감지하고 요격할 수 있다고 설명한다.[42]

이 문제는 우리가 제1장에서 다룬 치명적 자율무기체계(Lethal Autonomous Weapons Systems, LAWS) 개발을 금지하기 위한 UN의 노력을 떠올린다. 행동 기반 사이버 무기 통제 조약은 무기화된 로봇을 금지하는 내용도 포함해야 할까? 이렇게 되면 인공지능에 대한 편견뿐만 아니라 더 일반적인 기계 기술의 발전에 대한 편견도 수용하는 결과가 된다. 게다가 사이버에서 행동 기반의 운용적 군비 통제를 추구하는 근본적인 이유는 이중 용도로 사용되는 정보기술의 개발과 생산, 확산을 제한할 방법이 없기 때문이다. 이런 흐름은 막을 수 없을 것으로 보인다.

UN LAWS 체계의 또 다른 어려움은 정보, 감시, 정찰(ISR) 기능을 수행하는 로봇이다. LAWS는 이런 유형의 로봇을 불법으로 규정하지 않는데 이런 로봇들은 이미 대테러 및 기타 작전에서 치명적 효과를 발휘하고 있다. 이 로봇들은 직접 총을 쏘지는 않지만 적을 식별하고 사수를 지원해 치사율을 크게 높인다. 실제로 2019년 포트 베닝(Fort Benning)에서 실시된 야전 훈련에서 수적으로 열세인 소규모 부대가 완전히 로봇화된 ISR 시스템을 활용해 인간으로만 구성된 적들을 궤멸시키기도 했다.[43]

포트 베닝 훈련은 로봇공학이 미래의 전투 양상을 어떻게 변화시킬지 보여주는 하나의 사례일 뿐이다. 이미 사용되고 있는 무기는 어떨까? 치명적인 자율 시스템을 불법화하려면 수십 년 동안 사용된 로봇인 토마호크 지대공 미사일(Tomahawk land-attack missile, TLAM)과 같은 무기를 제거해야 할 수도 있다. 유일한 인간 개입은 TLAM의 발사 결정 단계에만 존재한다. 새로운 로봇 무기들도 유사한 통제 수준을 유지하고 있으며 미래의 로봇 무기체계들도 마찬가지일 것이다. 사실 일반적인 무기부터 다른 치명적 발사체를 유도하는 ISR 시스템에 이르기까지 모든 치명적 로봇을 군대에서 제거할 방법은 없다고 봐야 한다. 차라리 탱크나 비행기, 항공모함을 제거하는 것이 더 나을 수도 있다. 앞으로 로봇은 전장에서 인간 병사들과 함께 복무하게 될 것이다. 그리고 이들을 배치하는 국가는 전쟁법을 위반할 수 있는 인공지능의 모든 행동에 책임을 져야 한다.

그렇다면 사이버 무기의 어떤 부분을 운용적, 행동적 무기 통제의 영역에 둘 수 있을까? 적어도 정치 환경과 민간 인프라를 대상으로 하는 사이버 전략 공격은 명확히 제한되어야 한다. 이는 1996년 러시아와의 첫 회의에서 추진하기로 합의됐지만 오히려 미국 정부가 막았던 부분이다.

그러나 미국의 반대가 항상 확고했던 것은 아니다. 앞서 언급했듯이 버락 오바마 대통령은 행동에 기반한 미중 협정을 체결하기 위해 시진핑 주석에게 손을 내밀었고 그 결과 양국은 평시 상대국의 핵심 인프라에 대한 공격을 자제하기로 약속했다. 리언 파네타(Leon Panetta)는 이런 형태의 군비 통제를 강력히 지지했던 것으로 보인다. 지난 20년 동안 파네타 장관과 함께 일해온 경험에 비추어 보면 이 분야에 대한 그의 통찰력은 매우 깊다. 그러나 핵심 인프라에 대한 사이버 공격으로 전쟁이 시작될 수 있다는 점을 고려하면 오바마 사이버 이니셔티브의 "평시"라는 표현은 한계를 내포하고 있다. 그래서 나는 항상 이 문제를 공군력에 비유해 설명했다. 이미 한 세기 전부터 민간인에 대한 무차별 폭격을 자제하려는 노력이 이어졌기 때문이다. 물론 제2차 세계대전부터 베트남 전쟁에 이르기까지 이 노력은 무너졌지만 오늘날에는 다시 자리를 잡은 듯 보인다. 인프라에 대한 사이버 공격을 통제하는 데 있어 "평시"라는 제한을 없애는 것은 어떨까? 그리고 주로 민간인에게 영향을 미칠 수 있는 표적은 공격하지 않기로 약속할 수는 없을까? 이렇게 되면 전장에서 비트전(Bitskrieg) 전술을 전개하면서도 시민 사회의 대규모 혼란은 피할 수 있을 것이다. 분명 좋은 일이다.

1999년 작성한 원고에서 이런 형태의 행동 기반 사이버 무기 통제를 제안한 바 있다. 이 글에서 나는 토마스 아퀴나스(Thomas Aquinas)부터 휴고 그로티우스(Hugo Grotius)에 이르는 "정의로운 전쟁(just war)" 이론의 엄격함은 언제나 비전투원의 면책권을 유지하도록 한다는 점에 있다고 강조했다. 이 생각을 확장해 민간인의 생명권을 보호하는 데서 나아가 그들의 삶이 점점 더 의존하고 있는 기술 시스템에 적용하는 것은 어려운 일이 아니다. 또한 사이버 수단을 활용해 민간 표적을 공격하는 사람은 국가는 물론 첨단 정보기술 역량으로 무장한 개인이나 소규모 집단으로부터도 보복을 당할 수 있다는 점을 고려해야 한다. 표적에 대한 윤리적 기준을 준수함으로써 매우 실질적인 이점을 얻을 수 있는 셈이다.[44] 오늘날 미국과 대부분의 동맹국 및 우방국 등 자유롭고 개방적이며 선진적인 사회는 기반 시설에 대한 사이버 공격과 정치 전쟁에 가장 취약하다. 이런 점에서 행동 기반의 무기 통제는 시급히 추진해야 할 과제라고 할 수 있다.

마지막 장에서 살펴볼 기술 변화 시기의 다른 전략적 함의들도 마찬가지다.

밝은 미래를 향하여

Through a Screen Darkly

밝은 미래를 향하여

Through a Screen Darkly

온라인 일상과 거래, 그리고 그 안에서 벌어지는 갈등들이 점점 늘어나고 있다. 동시에 연결의 가용성과 보안성, 메시지의 신뢰성과 적시성도 중요해지고 있다. 사회적 집단 운동(social mobilization movements)에서 전쟁에 이르기까지 물리적 세계에서 일어나는 사건들이 사이버공간에서 벌어지고 그 영향도 확대되고 있다. 국정 운영과 전략, 외교는 인공지능이 아닌 자동화 수준의 정보기술만으로도 재편되는 모습을 보인다. 간단히 말해 지금의 세계는 지난 시대의 산업혁명만큼이나 큰 전환점에 서 있지만 훨씬 더 복잡한 문제를 마주하고 있다. 이러한 점을 고려해 이 장에서는 더 큰 번영과 지속 가능한 평화를 담보하기 위해 효율적으로 대응해야 하는 문제들에 초점을 맞춘다. 이 문제들을 해결하지 못하면 미래는 혼란과 혼돈의 세계로 이어질 것이다.

사이버보안 문제의 개혁

Rethinking cybersecurity

이 책의 첫 두 장에서는 방화벽과 백신 프로그램에 의존하는 지금의 사이버보안 프레임워크가 개인과 기업, 사회의 주요 기관과 체계를 보호하기에 충분하지 않다는 점을 입증하는 많은 증거를 제시하였다. 전 세계 수억 명이 해킹을 당했고 수조 달러 상당의 지식재산이 도난당했다. 심지어 일부 국가의 기밀정보시스템(classified information systems)이 공격을 받아 군과 정보기관의 보안이 침해되기도 했다. 사물인터넷(Internet of Things)의 등장으로 지능형 커넥티드카와 많은 가전제품이 수십억대에 달하는 악성 로봇네트워크(malicious robot networks) 대열에 동원될 수 있게 되었다. 이에 힘입어 공격자는 단순한 분산 서비스 거부(DDoS) 공격으로도 막강한 위력을 발휘할 수 있게 되었다. 게다가 인터넷이나 웹이 만들어지기 전에 구축된 선진국의 전력망이나 송유관 등 주요 기반 시설들은 연결성으로 인한 문제를 고려해 설계되지 않았고 이는 오늘날 새로운 위험의 지평을 열고 있다. 이제 사이버보안을 새롭게 바라보고 재편할 필요가 생긴 것이다.

제2장에서 제안한 바와 같이 백신 프로그램과 방화벽에 의존하는 관행을 벗어나 강력한 암호화, 그리고 어디서든 사용할 수 있는 클라우드 컴퓨팅으로의 전환이 시급하다. 그러나 이에 앞서 패러다임을 전환할 수 있는 더 큰 논의가 필요한데 바로 누가 사이버보안을 제공할 것인지의 문제다. 자유주의 사회의 개방된 시장 시스템은 민간 기업들이 제품을 안전하게 설계하고 판매하도록 하는 일에 실패했다. 정치 환경은 거의 예외없이 우파와 좌파의 극단적 대립으로 치닫고 있다. 필요한 법집행 권한을 부여하거나 사이버보안 제도를 설계하기 위한 입법 시도는 개인의 사생활 등 기본권 침해 우려에 부딪혀 무산되고 있다. 시민과 기업, 나아가 정치적 담론이 위협받고 있지만 의회의 지원이 없으면 공무원들은 이 문제에 제대로 대응하기 어렵다. 2016년 러시아의 미국 대선 개입 사건이 대표적인 사례다. 반면, 권위주의 국가는 별다른 제한없이 매우 강력한 방어체계를 구축하고 사이버공간에서도 국경을 통제하고 있으며 더욱 침해적인 사회 통제 방법을 도입하고 있다. 그러나 전 세계의 자유주의 법치국가는 강력한 명령(Diktat)*이나 포괄적인 사이버보안 법률 없이는 어떤 일도 제대로 할 수 없다. 그렇다고 사이버 공격에 무방비로 당하고 있을 노릇도 아니다.

이 문제의 해결책은 자유주의 사회의 시민들로부터 찾을 수 있다고 생각한다. 스티븐 레비(Steven Levy)가 미국의 "코드 반란군(code rebels)"에 대한 흥미로운

---

* 저자는 'Diktat'라는 단어를 사용하였는데 이는 독일어로 명령이나 칙령 등 국가나 권력자가 내리는 명령이나 규칙을 의미한다. 여기서는 명령 등을 통해 사이버보안을 추진하는 것을 뜻한다.

비트전: 사이버전의 혁신

이야기에서 언급했듯이 강력한 암호 기술을 능숙하게 사용할 수 있는 재능 있는 소수의 사람들은 정부의 통제 노력을 따돌리고 있다.[1] 그러나 몇몇 천재들이 제공하는 솔루션만으로는 암호 기술을 널리 확산할 수 없다. 코드 반란이 성공한 지 수십 년이 지난 오늘날까지도 미국의 사이버보안은 다른 많은 자유주의 사회와 마찬가지로 매우 열악한 상태에 머물러 있다. 따라서 이제는 어떻게 해야 대중들이 사이버보안에 대한 인식을 바꾸고 최선의 접근 방식을 채택하도록 할 수 있는지 고민해야 한다. 전 세계 사람들이 가장 강력한 유형의 암호 기술을 채택하고 클라우드 컴퓨팅을 효율적으로 활용해 더 나은 보호 수준을 누릴 수 있도록 해야 하는 것이다.

이 질문에 대한 대답은 조직 형태, 새로운 도구, 관행의 확산에 관한 사회학자 에버렛 로저스(Everett Rogers)의 고전적 연구에서 찾을 수 있다. 로저스는 교육을 위한 유치원의 확산과 우수한 농업 관행의 광범위한 채택 사례를 연구하면서 확산 과정은 그것이 포함된 사회시스템과 매우 깊은 관련성을 갖고 구현된다는 사실을 발견했다. 로저스는 궁극적으로 해당 사회 구성원들의 다양한 성향이 특정한 제도적 형태, 도구 또는 관행의 확산 여부와 그 속도를 결정한다고 믿었다.[2]

이 연구 결과는 미국 사회에 어떤 시사점을 주는가? 미국은 세계 곳곳에서 온 이민 자들로 구성됐다. 역사가 프레드릭 잭슨 터너(Frederick Jackson Turner)는 이런 미국인 들을 "개척민(frontier people)"으로 표현했다. 이들의 가장 큰 특징은 자립성이다. 터너 는 1893년 미국 역사학회(American Historical Association) 연설에서 "미국인들은 대륙을 횡단하고 황무지를 개척하는 과정에서 … 팽창하는 민족의 변화에 스스로를 적응시켜야만 했다"라고 주장하였다. 또한 개척지는 문명의 가장자리(the outer edge of the wave)로서 문명인들에 의해 재편될 뿐만 아니라 그 야생의 공간을 길들이기 위해 노력하는 사람들에게도 깊은 변화를 불러일으킨다고 말했다.[3] 이는 특히 그러한 환경에서 거주하고 번영을 추구하는 사람들에게 자립의 규범을 강요하는 형태로 나타난다. 이런 "외곽의 가장자리(the outer edge)"에서 개척민들은 정부가 자신을 보호할 만큼 빠르고 효과적으로 대응하지 못할 수 있다는 점을 알고 있었다. 자연스럽게 미국인들은 스스로 안전을 지켜야 한다는 생각에 익숙해졌다. 고인이 된 사이버 자유주의자 존 페리 발로우(John Perry Barlow)는 사이버공간을 "전자 개척지(electronic frontier)"라고 부르며 이곳이 바로 그러한 가장자리라고 표현했다.

사이버공간은 거버넌스의 손길이 거의 닿지 않는 곳이다. 법집행 기능은 제대로 작동하지 못하고 범죄와 테러리즘, 무장 세력에 대응하기 위한 국제협력은 아직도 형성 단계에 머물러 있다. 1988년 모리스 웜(Morris Worm) 사태 이래로 지난 수십 년 동안 벌어진 사이버공간의 사건 사고들을 살펴보면 국가는 가상의 황무지에서 빠르고 쉽게 움직이는 위협원들의 공격으로부터 국민과 기업, 나아가 정부와 군사기관조차도 제대로 보호하지 못하고 있음을 알 수 있다. 이는 터너가 묘사하였던 19세기 미국 서부의 모습과 매우 흡사하다. 당시 개척 정착민(pioneering settlers)들은 은행과 역마차 노선 및 기타 사업체와 마찬가지로 가차 없이 희생되었다. 심지어 미군조차도 마샬 장군(General S. L. A. Marshall)이 묘사한 "진홍빛 대초원(crimsoned prairie)"[4]에서 철수할 수밖에 없었다. 남아있는 사람들은 강인하고 자립심이 강했다. 그들은 인디언이나 무법자들의 위협에 신속하게 대응하기 위해 지역 차원의 대응체계를 구축했다. 자립성의 측면에서 사이버공간에 비유하자면 오늘날 모든 사람들이 강력한 암호화를 광범위하게 사용하도록 한 셈이다. 집단행동과 관련하여 사이버 민병대(cyber militias)를 구성한다는 개념은 제2장에서 언급한 에스토니아 모델과도 잘 맞아떨어진다.

모든 비유가 그렇듯이 사이버공간을 현실 세계의 개척지대에 비추어 이해하려는 시도는 한계가 있다. 개척지는 그 크기가 어떻든 관계없이 사람이 정착하고 땅을 일구면서 길들여지고 축소되는 경향이 있다. 그러나 사이버공간은 계속 확장하는 황무지와 같다. 일부 영역은 "정착" 속도보다도 더 빠르게 성장한다. 가상 영역의 확장은 관리되지 않는(ungoverned) 공간을 많이 생성한다. 이미 정착된 영역을 습격하고자 하는 사람들에게는 새로운 기회(new jumping-off points)인 셈이다. 이들은 지식재산을 훔치고 데이터를 "납치(kidnap)"해 몸값을 요구할 수 있다. 사기나 해킹 등 다양한 행위를 통해 금전을 탈취하고 심지어는 정치 전쟁을 통해 전 세계 자유주의 사회의 근본적 통치 구조를 전복시키려 할 수도 있다.

이러한 사이버공간의 한계는 온라인에서 점점 더 많은 삶을 살아가는 사람들에게 "강인함(hardiness)"의 중요성을 더욱 강조한다. 강력한 암호화를 통한 자립과 지역 사이버 민병대 형태의 집단적 행동 모두 필수적이다. 그러나 사이버공간에서 사회를 보호하고 사이버보안을 보장하려면 정부만이 제공할 수 있는 그 이상의 무언가가 필요하다는 것도 분명하다. 19세기 미국 서부에서는 강인한 개척자들이 정착해

비트전: 사이버전의 혁신

문명의 길을 닦았다. 그러나 그들이 맞서야 했던 지속적인 위협은 숙련된 군사 행동 없이는 제거할 수 없던 것이었다. 광활하고 불안정한 지역에서 파악하기 어려운 적과 싸우기 위해 불규칙한 전략과 전술적 조건에 적응해야 했기 때문이다.

따라서 가상의 황무지에서도 작전을 수행하고 이 지대를 길들이는 방법을 배울 수 있어야 한다. 이를 위해 기본적으로 두 가지 방법을 고려할 수 있다. 하나는 앞서 설명한 것처럼 사이버공간에 정착하거나 이미 정착한 사람과 기업, 그리고 기관의 자기방어 능력을 개선하는 것이다. 그러나 이보다 더욱 적극적인 접근 방법도 필요하다. 사실상 모든 사이버공간을 습격할 역량을 갖추고 네트워크를 활발하게 유지하면서 지속적으로 중대한 위협을 가하는 범죄자와 테러리스트 및 무장세력을 탐지하고 추적하고 교란하는 것이다. 오늘날의 사이버 범죄자나 테러리스트, 무장세력들은 수 세기 동안 물리적 세계에서 번성했던 무법자들과 같다. 제대로 통제되지 않는 공간에서 활동하고 있다는 점은 서부 개척 시대의 모습에 비유해 볼 수도 있다. 도적들은 만성적 가난에 시달리다가 생존하기 위해 약탈을 일삼았다. 종교를 맹신하던 중세의 암살자 광신도들도 생각해 볼 수 있다. 로빈 후드의 전설처럼 불합리한 억압을 타도하려는 숭고한 강도들도 있었다.[5]

사이버공간은 이 모든 종류의 동기에 의한 도적 행위로 가득 차 있다. 크고 작은 도적질, 다른 생각과 문화를 가진 사람과 소수자에 대한 가혹한 비난과 박해, 민주주의를 위협하는 정치 전쟁이 점점 더 많아지고 있다. 특히 정치적 동기를 가진 일부 사람들은 권력자들의 부패한 비밀을 훔치고 폭로함으로써 착취당하는 사람들에게 정보를 제공하고 힘을 실어주려는 "숭고한 강도"로 볼 수도 있다. 줄리안 어산지(Julian Assange)는 과도한 감시, 정치 후보 지명 과정의 조작, 기타 부정행위를 폭로하려는 노력을 지원한다는 점에서 그 적절한 예시라고 할 수 있다. 그러나 이런 숭고한 강도의 사례보다는 악의적인 사이버 도적질이 훨씬 많다. 그리고 많은 악의적 해커들이 국가와 밀접하게 연결되어 있으며 종종 국가를 대리한다는 사실은 문제를 더욱 어렵게 만든다. "인터넷연구소(Internet Research Agency)"가 러시아와 협력한 것처럼 국가와 협력하기로 한 해커들은 홉스바움(Hobsbawm)이 말했듯이 "진정한 권력의 세계에 스스로 들어가는" 길을 찾은 것이다. 그의 연구에 따르면 지속적으로 활동해 온 도적들은 일반적으로 국가의 지원을 받고 있었다. 홉스바움은 "그들은 자신들을 용인할 준비가 되어 있는 우월한 권력의 중심이 무엇이든 간에 그들과

타협하거나 굴복해야 했다"라고 결론지었다.[6]

국가가 사이버 용병을 고용하는 등 다양한 유형의 사이버 범죄가 고개를 들고 있다. 어떻게 하면 이런 종류의 범죄를 줄일 수 있을까? 지난 30여 년간 추구해 온 방어 중심의 패러다임은 적합하지 않다. 강력한 암호화와 클라우드 기반의 솔루션과 같이 방어 수단을 개선하더라도 여전히 사이버공간을 배회하는 도적들을 찾아 근절하기에는 역부족이다. 이를 방치하면 도적들은 자연스럽게 방어력이 취약한 대상, 즉 쉬운 먹잇감(easy pickings)을 찾는 데 집중하게 될 것이다. 그렇다고 해서 방어가 탄탄한 공간이 안전한 것도 아니다. 방어가 잘 되어있는 공간이더라도 공격자들은 끈질긴 연구를 통해 결국에는 효과적인 공격 기법과 수단을 개발할 것이기 때문이다. 무엇보다 이러한 현상은 국가로부터 전문 지식과 자원을 지원받는 사이버 도적들에 의해 더욱 빠르게 나타날 것이다.

방어가 아닌 무언가를 개발해야 한다. 사이버 도적질을 근절하지 못하더라도 대폭 감소시킬 수 있는 결정적 방법은 있다. 사이버공간에서 활동하는 악의적 공격자를 사전에 탐지할 수 있는 예방 역량을 구축하는 것이다. 이를 통해 사이버공간과 물리적 공간에서 공격자를 식별해 소재지를 파악하고 경우에 따라서는 체포하거나 협력국에 인도할 수 있어야 한다. 사이버 도적들은 종종 AI "정찰병(scouts)"을 통해 주요 표적을 찾는 데 엄청난 시간을 소비한다. 따라서 숙련된 추적자라면 이들을 탐지할 가능성이 높다. 그렇다면 이 사냥꾼들은 누구이며 어떻게 활동하는가?

추적은 기관에 소속된 인원이 제한적으로 수행하거나 외부에서 해커를 고용해 수행할 수도 있다. 이 모든 것은 자유주의 사회에서 법적·윤리적으로 허용하는 한계 내에서만 실시된다. 예를 들어 침입자를 "역해킹(back hack)"하려는 시도는 일반적으로 적대적 행위자의 흔적이 국경을 넘어서는 순간 제한되는 경향이 있다. 따라서 각국 정부의 법집행기관, 군 및 정보기관이 직접 수행할 수 있는 행위 외에도 국가가 가상의 야생 환경(virtual wild)에 남아 스스로 사이버 도적질에 가담한 것으로 보이는 뛰어난 해커에 은밀하게 접근하는 편이 유익할 수도 있다. 이들이야말로 다른 해커들을 탐지, 추적 및 방해하고 악의적 공격자들을 찾아 정부기관에 알려주거나 직접 그들을 먹잇감으로 삼을 가능성이 높은 사람들이기 때문이다.

도적을 활용해 다른 도적을 공격하고 몰아내는 방식은 실제로도 쓰여 왔던 전략이다. 러시아의 카자크족(Cossakcs)*은 수 세기 동안 모스크바 남부 국경 지역에서 절도와 대량 납치를 일삼던 타르타르 도적들(Tartar bandits)로부터 국경을 보호했다. 1654년 차르(Czar)**는 카자크족에게 지금의 우크라이나 지역에서 "국가를 관리하고 세금을 징수"할 수 있는 권한까지 부여했다. 카자크족이 타르타르족을 무자비하게 습격하고 방해할 수 있다는 것이 입증되었기 때문이다. 역사학자 버나드 퍼레스(Bernard Pares)에 따르면 "카자크족은 훌륭한 군사력을 보유하고 있었고 엄폐술의 달인이었다. … 그들은 무엇이든 할 준비가 되어 있었다."[7]

오늘날 정부가 화이트 해커(white hacker)를 포함한 해커 단체에게 이런 종류의 권한을 부여하는 일은 상상하기 어렵다. 그러나 권한을 부여하는 것은 차치하더라도 유능한 해커들을 이용해 위험한 범죄자와 반군 또는 테러리스트를 추적하고 공격하는 방식은 고려할 가치가 있다. 또 다른 유사 사례는 영국 식민 지배 시절의 인도(British Raj in India)에서 확인할 수 있다. 영국은 인도의 통치권 일부를 지역의 부족이나 세력에게 양도하여 지역의 보호와 통치를 맡겼다. 식민 지배 기간 내내 다른 도적들의 약탈을 막기 위해 우호적인 도적들(dacoits)***을 고용한 것인데 이러한 사례는 수없이 많았다. 19세기 봄베이 지역(Bombay Presidency)****을 활동 무대로 삼았던 라모시(Ramosi)가 특히 주목할 만하다. 영국 식민 정부는 라모시에게 봄베이 지역을 지나가는 캐러밴(caravans)*****과 정착촌을 보호하도록 하면서 모든 여행자를 대상으로 통행료를 징수할 수 있는 권한을 부여했다.[8] 오늘날 아무리 신뢰할 수 있는 해커라도 이러한 보상 방식을 허용할 수는 없다. 다만 악성 행위자들을 공격해 얻은 수익을 취득하도록 할 수는 있을 것이다. 이러한 종류의 간접적 보상을 제공하려면 상시는 아니더라도 정기적인 감독을 병행해야 한다. 이를 통해 고용한 해커가 정책 목표와 관계없이 단순히 수익성이 좋은 대상을 공격할 가능성을 줄일 수 있을 것이다.

이처럼 가상의 "헌터 네트워크(hunter networks)-저자가 2007년에 제안한 용어-"를 이해하고 자유롭게 운영하기 위한 노력은 1950년대 영국이 케냐에서 마우마우족(Mau

---

* 자유인(free man)이라는 뜻으로 일부 어원 분석에 따르면 도적이라는 의미와도 연관이 있다.

** 동방 정교회에서의 군주를 지칭하는 명칭으로 러시아 국왕을 의미한다.

*** 인도에서 도적들을 의미하는 단어이다.

**** 영국의 인도 지배 시기에 존재했던 행정구역으로 현재의 '뭄바이' 지역이다.

***** 낙타를 끌고 다니는 상인 집단을 의미한다.

Mau)을 상대로 "위장 조직(pseudo gangs)"을 운영한 이후 여러 식민지에서 유사한 정책을 채택했던 사례와 비슷하다. 이 전략의 기본적인 아이디어는 포로로 잡힌 무장 세력을 "전향(turn)"시키거나 무장 세력으로 위장할 수 있는 사람들을 고용한 다음 이들을 풀어주고 범죄자, 반란군 또는 테러리스트 조직과 연결하도록 하는 것이다. 일단 대상이 식별되고 위치가 파악되면 군이나 경찰 등 국가기관이 급습한다. 위장한 조직원(pseudo cell)들은 다른 조직들을 찾아 계속 활동한다. 이 방법은 영국 정보장교(intelligence officer) 프랭크 킷슨(Frank Kitson)에 의해 개발된 것으로 케냐와 오만 심지어 북아일랜드에서도 사용되었다. 이 전략을 통해 영국은 전통적 방법으로 승리하지 못했던 곳에서도 성공할 수 있었다. 킷슨이 주장한 것처럼 "반란군 대응의 핵심은 대부분 반란군을 색출"하는 일에 있다.[9] 사이버공간에서도 마찬가지다. 악의적인 해커를 상대하려면 우선 해커를 찾아내야 한다. 이 경우 국가기관과 달리 어떠한 제약도 받지 않고 활동하는 민간 해커들보다 이 일을 더 잘 할 수 있는 사람이 있을까? 결국 해커 동원은 필수적이다.

그러나 이 해결책은 여전히 수용되지 못하고 있다. 미국에서 이 문제로 범정부 협의체를 운영해 본 결과 절차적으로 많은 문제들이 발생했다. 기본적으로는 위장 요원의 후보를 제대로 검증하기 어려웠다. 그런데 더 큰 문제는 "우리도 최고의 해커를 양성할 수 있다"라고 하는 공무원들의 공통된 반응이었다. 물론 자체 역량을 강화하기 위한 노력은 계속되어야 한다. 그러나 이는 오랜 시간을 필요로 한다. 게다가 내부에서 성장한 해커들은 야생(wild)에서 활동하는 해커의 자질과 감각을 갖기 어렵다. 개인적으로 알고 있는 "야생의 해커들(wildlings)"은 사이버공간의 아름다움(beauty)과 복잡성(complexity)에 매료된다는 표현을 한다. 이들은 사이버공간을 소중히 여긴다. 많은 해커들이 탈근대적(postmodern) 도적질로 부터 사이버공간을 보호하기 위해 노력하고 있다. 존 칼린(John Carlin)과 가렛 그라프 (Garrett Graff)는 오늘날에도 일부 이어지고 있는 1세대 사이버 행위자들의 정신 (ethos)을 잘 설명하였는데 이에 따르면 해커들은 "스스로 마련한 행동 수칙이나 윤리강령에 가입하고 … 개방성, 정보의 탈중앙화, 데이터를 훼손하지 않겠다는 집단적 책임에 초점을 맞추고 있다."[10] 그러나 오늘날 사이버공간을 망칠 수도 있고 보호할 수도 있는 전문 해커들이 권위주의 정부에 포섭되고 있는 현상은 비극이 아닐 수 없다. 반면, 자유주의 국가에서 해커들은 사회적 반감이나 부정적 시선, 형사소추

등을 우려해야 하는 상황이다.

핵심 문제는 사회 문화적 요소에 있는 것으로 보인다. 새로운 기술이 등장할 때마다 새로운 사회학이 요구된다. 사이버공간과 함께 새로운 삶의 방식이 등장했다. 미국에서 결혼한 부부의 3분의 1 이상은 온라인에서 처음 만났다고 한다.[11] 전 세계 전자상거래 규모는 COVID-19 팬데믹 이전에도 이미 5조 달러를 넘어섰다. 이는 전 세계 GDP의 약 6%에 해당하는 규모로 전 세계의 약 40%를 차지하는 미국과 중국 경제를 제외한 모든 국가의 생산량보다 더 큰 수치다. 대규모 군사 작전과 비정규전 형태의 작전, 나아가 테러리즘의 출현 등 새로운 형태의 전쟁도 등장하였다. 이처럼 새로운 정보기술의 출현으로 군사 문제를 재설계해야 하는 상황이지만 우리는 여전히 기존의 관행을 고수하고 있다.

비트전(Bitskrieg): 사이버 전쟁의 순수한 군사적 이해
Understanding Bitskrieg: The purely military dimension of Cyberwar

폭넓은 사이버 전쟁을 개념화하려면 적을 교란하면서 자신의 컴퓨터와 데이터, 정치적 담론과 정보 기반을 보호하는 방법 그 이상의 것을 고민해야 한다. 1990년대 초 데이비드 론펠트(David Ronfeldt)와 나는 사이버 전쟁의 광범위한 비전을 처음으로 구상하면서 첨단 정보기술이 단순한 공방을 넘어서 군사 및 안보 문제에 어떤 영향을 미칠 수 있고 또 어떤 역할을 해야 하는지 이해해야 한다고 강조했다. 리언 패네타(Leon Panetta) 전(前) 미국 국방부 장관의 간결한 표현처럼 "사이버 기술은 … 전투에 대한 완전히 새로운 사고방식을 보여준다."[12]

나는 새로운 군사 교리(military doctrine)를 통해 고도로 정보화된 전쟁을 수행하기 위한 구체적 개념으로서 비트전(Bitskrieg)을 고안했다. 비트전(Bitskrieg)은 100년 전 기계화의 발전과 함께 등장한 전격전(Blitzkrieg) 교리의 뒤를 잇는 중요한 개념이다.[13] 문제는 그 중요성에 비해 너무 오랫동안 주목받지 못하고 있다는 점이다.

왜 이렇게 방치되고 있을까? 그리고 왜 이런 현상이 지속되는 것인가? 우선 군 전문가들은 하급 장교 시절부터 익숙해진 방식을 바꾸고 싶지 않아 한다. 구시대적(ancien régime) 전략과 이론을 유지하는 데 한몫을 하고 있는 것이다. 이 문제에는 대형 선박과

첨단 항공기, 지상 전투 차량 등을 대량 공급해 수익을 창출해야 하는 산업계도 엮여 있다. 자연스럽게 이런 기업들은 해상전, 공중전, 지상전에 대한 구시대 전략과 이론을 지지한다. 드론이나 극초음속 미사일 같은 신기술마저도 전통적인 군사적 틀 안에서 활용되고 있다. 물론 군 내에서도 전통적인 사고와 방법에서 벗어나려는 움직임이 있기는 하다. 예를 들어, 미 육군의 로버트 레온하드(Robert Leonhard)는 직간접적인 측면 공격보다는 정보 우위를 통해 적군을 "교란(dislocating)"하는 것을 핵심으로 전쟁의 모든 표준 원칙을 재설계하기 위해 노력했다.[14] 전쟁의 원칙에 대한 레온하드(Leonhard)의 선구적 연구 외에도 더글러스 맥그리거(Douglas Macgregor)는 그의 저서 "팔랑크스의 붕괴(Breaking the Phalanx)"*를 통해 현대 기술이 조직 재설계에 미치는 영향을 탐구했다.[15] 이러한 연구 외에 오늘날 기술의 발전이 혁신적 변화에 유리한 조건을 제공하는 것으로 보는 군사적 사상들은 찾아보기 어렵다.

사회와 군대를 기존의 질서에 묶어두는 사슬의 마지막 고리는 군복을 입지 않은 집단, 즉 정치인, 공무원, 군사 및 안보 관련 분야의 교수들, 기타 많은 국방 분야 지식인들에 의해 형성된다. 민주주의 국가와 권위주의 국가 모두 해당하는 문제다. 이들은 장군과 제독, 그리고 전문성의 우위를 이용해 시민 사회의 지도자들이 군사 및 산업 정책에 찬성하도록 설득하는 국방 분야 로비스트들의 의견에 많은 영향을 받는 경향이 있다. 월터 밀리스(Walter Millis)는 저서 "무기와 인간(Arms and Men)"을 통해 미국의 독립혁명부터 냉전 시대에 걸친 군사 및 안보 문제를 다루면서 "민간 부문의 지도자들은 기존의 군사 이론을 너무 쉽게 받아들이며 군사 전문가들에 의해 신성화된 진부한 이야기조차도 비판하지 못하는 소극적 모습을 보여 왔다"고 지적했다.[16] 이 책은 1950년대에 나왔지만 오늘날 미국 안팎의 모습은 여전히 다르지 않아 보인다.

조직적, 상업적, 정치적, 사회적 요소 모두 기술 변화에 적응하는 능력에 큰 영향을 미친다. 엘리엇 코헨(Eliot Cohen)과 존 구치(John Gooch)가 전략적 재앙(strategic catastrophes)에 관한 연구에서 언급하였듯 "적응의 실패는 역사상 최악의 군사적 재앙"과 다름없다.[17]

---

* 팔랑크스란 고대 그리스의 중장보병 방진을 뜻한다. 방진은 다수의 병사가 밀집 대형을 이루어 적에게 공격을 가하는 형태를 의미한다. 이 전술로 인해 전장은 개인전에서 집단전으로 바뀌었다.

향후 몇 년 이내에 행동 기반 사이버 무기 통제 협정(behavior-based cyber arms control agreement)이 체결되더라도 기반 시설에 대한 공격과 정치 전쟁의 상호 제약이 보편적 평화로 이어지지는 않을 것이다. 전통적인 정복 전쟁은 줄더라도 민족적 증오나 종교 갈등, 통치권 장악을 위한 전쟁처럼 다양한 분쟁은 계속 확산될 것이기 때문이다. 이 글을 쓰고 있는 현재에도 전 세계적으로 25건 이상의 총격전이 벌어지고 있다.[18] 이는 냉전 당시 발발한 전쟁의 평균 건수와 유사한 수치다. 1949년부터 1989년까지 40년간 이어진 이 시기는 핵무기의 어두운 그림자가 드리우던 때다. 이에 대해 현실 정치학(Realpolitik)의 대가인 케네스 왈츠(Kenneth Waltz)는 "대형 무기로 인해 형성된 상호 간의 두려움은 평화 대신 더 잦은 작은 전쟁으로 이어질 수 있다"라고 주장했다.[19]

오늘날 핵전쟁의 위험은 적어도 심리적으로는 줄어든 상태이다. 이 때문에 작은 전쟁의 급증과 함께 핵을 동반하지 않는 더 큰 규모의 전쟁이 늘어날 가능성도 있다. 특히 강대국 사이에서 벌어지는 대규모 갈등이 덜 파괴적인 방식으로 전개될 수 있다면 그 가능성은 더욱 높다. 바로 이 지점에서 사이버 전쟁과 이에 수반되는 비트전(Bitskrieg) 교리가 요구된다. 서로 연결된 민첩한 소규모 육군과 해군, 공군, 해커들, 그리고 로봇 전우들이 수행하는 전쟁을 그릴 수 있어야 하는 것이다.

강대국뿐만 아니라 중견국의 문제도 고려해야 한다. 중부 유럽에서 벌어지는 NATO와 러시아의 충돌, 중국의 남중국해 및 동중국해 팽창전략과 이에 대응하는 국가들의 연합 외에도 자체적으로 상당한 군사 능력을 보유한 중견 국가들이 예상하지 못한 큰 피해를 야기할 가능성도 있다. 이란의 물라(mullahs)*가 지역의 영향력을 확대하고 자국의 안보를 강화하기 위해 핵 개발에 착수한다면 이란과의 충돌도 고려해야 한다. 북한이 비핵화를 거부할 경우 벌어질 수 있는 한반도 위기도 생각해야 한다. 미국과 동맹국들이 북한의 완전 비핵화를 고수할수록 무력 충돌 가능성은 더욱 커지게 될 것이다.

강대국과 중견국의 군사력에 미치지 못하더라도 전 세계적으로 발생하는 많은 분쟁들은 엄청난 인명 피해를 낳고 있다. 러시아와 미국, 이스라엘, 터키, 이란이 군사적으로 개입했던 시리아 내전에서는 거의 백만 명이 사망했다. 예멘은 국가

---

* 이슬람교의 종교 지도자를 말한다.

전체가 공중폭격과 기아로 매일 공포에 시달리고 있다. 지난 10년간 리비아의 상황은 그나마 나았지만 피해가 조금 적었을 뿐이다. 우리의 세계는 불타고 있다. 이 불길은 앞으로 몇 년 안에 더 커질 수도 있다. 전략적이고 인도주의적인 접근이 필요하지만 기존의 방식으로는 불가능하다. 이라크, 아프가니스탄, 시리아와 예멘에서 사용했던 전통적 군사 방식은 모두 실패했다. 새로운 방법만이 희망인 셈이다.

따라서 오늘날 사이버 전사들은 해킹과 사이버보안 도구만을 강조하는 고정관념에서 벗어날 수 있어야 한다. 정보시스템의 방어를 개선해야 함은 물론이다. 그러나 인간의 고통과 무력 충돌의 파괴력을 줄이기 위해 더 시급한 과제는 정보기술의 새로운 전략적, 전술적 함의를 이해하는 것이다. 이를 바탕으로 군사 문제를 완전히 다시 생각할 수 있어야 한다.

일부 미국 전략가들은 산업화 시대의 대량 생산과 막강한 화력으로 무장한 주요 국가의 대규모 군대를 "충격과 공포(shock and awe)"의 교리만 연계하는 경향이 있다.[20] 여전히 인기가 높은 접근이지만 더 밝은 미래로 나아가기는 어렵다. 전통적인 군사 방법은 미군을 괴롭혀 온 베트남 전쟁부터 아프가니스탄 전쟁의 예시를 통해 확인했듯 비정규전(irregular wars)*에는 효율적이지 못하다. 사이버 전쟁도 기존의 군사적 사고에 종속되면 그 효과가 크게 떨어질 가능성이 높다. 따라서 사려 깊은 한 연구에서 강조하듯 군사 교리의 요소인 비트전(Bitskrieg)은 국가 차원의 방향과 군사 역량에 긴밀히 통합(deeply integrated)되어야 한다.[21]

여기서 긴밀하게 통합된다는 표현은 사이버공간의 기술적 측면을 넘어 군사 교리와 조직, 전략 전반에 근본적인 변화가 동반된다는 뜻이다. 교리는 어떻게 싸울 것인지를 다룬다. 데이비드 론펠트(David Ronfeldt)와 내가 관찰한 바에 따르면 오랜 군사 역사를 통틀어 전투는 네 가지 범주로 분류되는 경향이 있다. 육상과 해상에서 벌어지는 초기의 교전은 양측의 병력이 혼란스럽게 뒤섞여 혼돈에 빠지는 "난투전(mêlées)"의 특징을 보인다. 한편, 고대 그리스의 팔랑크스(Greek phalanx),** 16세기 전쟁에서의 보병대대와 해군의 전열, 나폴레옹의 군단은 모두 전투에서

---

* 비정규전은 정식 전쟁이 아닌 다양한 분쟁의 형태를 뜻하는 개념으로 전시, 평시 관계없이 벌어지는 게릴라 활동, 첩보활동, 비밀작전, 파괴공작, 심리전, 테러 등이 해당된다.

** 팔랑크스는 고대 그리스의 밀집 장창 보병대를 의미한다. 창과 방패로 무장한 보병들이 밀집 대형을 이루어 싸우도록 훈련시킨 것으로 고대 그리스군의 전형적 부대 운용 전술이었다.

순전히 양적(sheer mass) 우위를 달성하려고 노력했다. 이러한 "물량전(mass)"은 제1차 세계대전에서 정점에 이르렀고 종식(dénouement)을 맞이했다. 제1차 세계대전 당시 서부전선(Western Front)에서 벌어진 살육과 유틀란트(Battle of Jutland) 해전*의 승자 없는 대학살이 대표적인 사례다. 이런 결과는 다음 세대의 육해공 병력이 세 번째 교리인 "기동전(maneuver)"을 채택하도록 했다. 물론 13세기 몽골의 기병 부대와 18세기 프리드리히 대왕(Frederick the Great) 휘하의 프로이센(Prussia) 정예 보병들도 훨씬 우세한 적과 교전해 승리하는 경우가 많았기 때문에 기동전의 대가라고 할 수 있다. 하지만 제2차 세계대전 이후에는 현대적 기계화와 함께 광범위한 기동전이 전장의 전면에서 나타났다.

네 번째 교리는 론펠트(Ronfeldt)와 내가 "군집전(swarming)"**이라고 명칭을 붙인 것으로 적군을 전방위에서 동시에 공격하는 전투 개념이다. 이런 전투방식은 고대부터 중세 시대의 유목민 기마 궁수들이 선호했지만 이후 총과 포의 등장으로 물량전에 밀려 사라지게 되었다. 그러나 지난 세기에 걸쳐 군집전이 다시 등장했다. 제2차 세계대전 당시 태평양 전쟁에서 어뢰기와 폭격기를 이용한 일본의 자폭 특공대(kamikazes) 전술이 대표적인 사례다.

1945년 이후 발생한 반식민지 및 여러 분쟁에서도 반란군은 군집전을 선호했다. 특히 이런 전략은 베트남 전쟁의 텟 공세(Tet Offensive)***와 기타 주요 작전에서 큰 효과를 발휘했다. 넓은 범위와 매우 높은 정확도를 보장하는 정보화 기술이 가득한 미래에서도 군집전은 가장 효과적인 전술이 될 것이다. 이런 시대에서 물량전에 대한 오래된 믿음과 전통적인 기동전에 의존하는 자들은 엄청난 대가를 치르고 패배할 수밖에 없다. 사이버공간에 기반한 공격 교리는 이미 군집전을 사용하고 있다. 분산 서비스 거부(DDoS) 공격 방식은 동시다발적인 전방위 공격의 대표적인 유형이다. 그러나 비트전(Bitskrieg)의 더 큰 과제는 이 군집전을 현실의 전장에서 구현하는 데 있다.

---

* 1916년 5월 31일에서 6월 1일 사이에 벌어진 해상전투로 역사상 가장 많은 전함이 동원된 해전이다.
** 스워밍(swarming)은 곤충이나 동물들이 무리지어 움직이는 것을 뜻하는 용어로 군사 분야에서는 다수의 병력이 일정한 지역에 집중적으로 투입되어 공격하는 전술을 의미한다. 한국어로는 '군집'이라는 표현으로 번역되고 있다.
*** 1968년 1월 30일 베트남의 명절인 텟(tết)에 이루어진 대규모 기습 공세 작전을 말한다.

론펠트(Ronfeldt)와 나는 항상 이 네 가지의 전형적 교리가 공존한다고 보면서 종종 환경이나 기술 변화로 인해 특정 전략이 두드러지게 나타난다는 점을 주의 깊게 짚어왔다.[22] 몽골군의 교리는 주로 신속한 장거리 기동 능력에 중점을 뒀지만 군집전 전술과도 연계되어 있었다. 실제로 칭기즈칸(Genghis Khan)은 전방위적인 "까마귀떼(Crow Swarm)" 전술*을 선호했다.[23] 미국 독립 전쟁에서 너새니얼 그린(Nathanael Greene)은 기동전과 군집전을 조합하여 주력 부대가 기동전을 수행하고 후방의 비정규군은 군집전을 수행하도록 했다. 제1차 세계대전에서 토머스 에드워드 로렌스(T. E. Lawrence)와 그의 아랍 반란군은 알렌비(Allenby)의 기동전을 군집전과 융합하여 터키의 긴 통신선을 공격했다. 그러나 제1차 세계대전 종전 이후 몇 년 동안은 이러한 전략적 통합이 드물었다. 1940년 프랑스가 무너졌을 때도 프랑스는 마지노선(Maginot Line)과 같은 대규모 배치 병력에 기동전 요소들을 통합하지 못했고 이는 매우 빠르고 결정적인 패배로 이어졌다. 베트남에서도 미국은 기동성을 갖춘 대규모 헬기로 적의 군집전을 격파하기 위해 시도했지만 실패했다. 존재가 드러날 수밖에 없는 헬기의 취약성이 주된 요인이었다. 미군은 4,000대 이상의 헬기를 잃었다.[24]

이처럼 기본 교리들을 성공적으로 결합한 사례들은 점점 줄어들고 있지만 무기체계의 정보화가 급증하는 시대에 가장 강력한 전투방식은 군집전이라는 사실을 분명히 보여주는 사례가 있다. 바로 러시아의 전략로켓군(Strategic Rocket Forces)이다. 러시아의 전략로켓군은 군집전에 초점을 두고 구성되어 미국과 동맹국의 모든 미사일 방어체계를 압도할 수 있는 가장 유력한 병력으로 간주된다. 중국의 미사일 부대도 이런 방향으로 나아가면서 러시아와 함께 극초음속 무기를 개발하기 위해 노력하고 있다. 양국 모두 인공지능 기술을 활용해 무기의 정보 의존도(information content)를 늘리면서 이를 통해 유도시스템의 스텔스 및 회피 기능을 대폭 강화하고 있다.[25]

이란은 수년간 바다에서 해안 부대를 활용해 미국 등 대규모 적의 함정과 함대를 공격할 수 있는 에스바(esba)-발음할 때 벌이 윙윙거리는 소리처럼 들린다[26]-라는 이름의 군집전 교리를 연마해왔다. 2015년 이란의 고속정은 "뛰어난 선지자 9(Great

---

* 활을 든 궁기병들이 다른 부대처럼 대오를 맞추어 적과 교전하는 것이 아니라 여럿으로 쪼개져 적을 에워싸고 벌떼(swarm)처럼 달려들어 공격하고 빠지는 것을 반복하는 전술이다.

Prophet 9)" 훈련에서 군집전을 통해 미국의 모형 항공모함을 순식간에 격파했다. 최근에도 이란은 또 다른 미국의 항공모함 모형을 만들어 파괴했다. 이 훈련을 분석한 보고서에 따르면 미 해군에 비해 규모가 작은 이란 해군은 페르시아만을 드나들 때 해협을 통과하는 미국의 항공모함을 압도하기 위해 군집전 전술을 연습하고 있다.[27]

군집전에 기반한 이란의 새로운 해상 전투 개념은 기술과 교리, 조직 간 연계에 중요한 단서를 제공한다. 이란의 군집전은 중무장한 소형 고속정을 통해 가장 잘 구현된다. 이란 해군은 이미 수백 척의 고속정을 보유하고 있으며 중국의 해군도 500척이 넘는 소형 미사일 및 어뢰정을 갖추고 있다. 이러한 이란과 중국의 연안 경비대는 소규모의 전술 공격 그룹으로 구성되어 있다. 무엇보다 이들 부대의 진정한 힘은 개별 함정이 탑재한 무기보다는 보안이 확보된 탐지 및 통신 체계를 활용한 군집전을 통해 발휘된다.

이는 제2차 세계대전 당시 영국 본토 항공전(Battle of Britain)에서 영국 공군이 체인 홈(Chain Home) 레이더*와 1,000개의 관측 부대 전초기지를 활용해 분산된 편대를 이동시킴으로써 독일의 대규모 공군(Luftwaffe)에 대항했던 방식과 유사하다. 이란과 중국의 군집 군대와 달리 미국의 해군은 대형 항공모함(super-carriers)처럼 대부분의 공격력을 소수의 대형 군함에 집중시킨 전통적인 전술을 구사하고 있다. 군집 공격에 대형 군함이 취약하다는 점은 부인할 수 없는 사실이다. 이 때문에 지난 30년간 몸담았던 해군 대학원(Naval Postgraduate School)에서도 군집 부대의 증가하는 위협에 대응하기 위한 최선의 대응책을 찾고자 끊임없이 고민하며 토론하고 있다.

정규전과 비정규전, 육상과 해상, 공중, 나아가 우주 및 사이버공간 구분없이 가장 중요한 교리가 군집전이라면 이제는 이 교리에 최적화된 조직 형태가 무엇인지 고민해야 한다. 제2차 세계대전 당시 독일군은 10%에 불과한 기갑 사단에 전력을 집중시켜 전격전(Blitzkrieg)에 성공했다. 비트전(Bitskrieg)의 잠재력을 최대한으로 끌어낼 수 있는 조직 구조는 무엇일까? 이 책의 전반에서 주장하듯 우선 행동 단위의 크기가 작아져야 한다. 동시에 오늘날 선진(advanced) 군대의 구성 체계보다 훨씬 더

---

* 제2차 세계대전 중 영국 공군이 해안에 건설한 조기 경보 레이더 기지를 의미한다. 비행 기술 발달로 폭격기가 출현하고 조기 경보 체제의 필요성에 따라 개발된 것으로 적들이 본토에 도달하기 전에 미리 탐지하기 위해 개발되었다. 영국은 이 레이더를 사용해서 체계적 대공 조기경보망을 세계 최초로 구축하고 이용했다.

많은 단위가 있어야 하며 이들은 네트워크화 되어야 한다. 모든 개별 부대가 반드시 서로 연결될 필요는 없다. 다만 핵심 조정 체계와 함께 작전 상황에 따라 쉽게 구분될 수 있는 클러스터(cluster) 단위로는 연결되어야 한다. 이런 역량을 갖추려면 오늘날의 주요 군대 지도자들은 오랫동안 지배적이었던 "명령과 통제(command and control)" 개념에서 벗어나 군집 네트워크가 번성할 수 있는 형태의 "명령과 탈통제(command and decontrol)" 개념을 수용해야 한다.

이처럼 분산되고 네트워크화된 조직 구조를 통해 군집 전술을 최적으로 활성화한 대표적 사례는 베트남 전쟁 당시 프랑스군과 미군을 모두 물리친 보 응우옌 지압(Vo Nguyen Giap)*의 작전이다. 미국의 군사 역사학자인 러셀 웨이글리(Russell Weigley)는 지압(Giap)의 공적에 비하면 미국 독립전쟁 당시 너새니얼 그린(Nathanael Greene)이 벌인 대규모 전투는 "비교할 수도 없는 수준(not unworthy of comparison)"이라고 평가했다. 웨이글리(Weigley)가 그린(Greene)을 2세기 이상 비재래식 전쟁 전략을 개발한 미국 최고의 거장으로 평가했다는 점[28]을 고려하면 지압(Giap)의 공적에 대한 평가는 극찬이나 다름없다.

군집전이 항상 모든 것을 휩쓸어버리는 것은 아니다. 일례로 제2차 세계대전 중 연합군의 호송선단을 상대로 한 독일 제독 칼 되니츠(Karl Doenitz)의 "늑대떼(wolf pack)" 작전**은 결국 실패했다. 가장 큰 이유는 당시 제독이 중앙에서 개별 현장의 전술 단위까지 철저하게 통제하려고 했기 때문이다. 또 다른 중요한 이유 중 하나는 독일의 교신이 앨런 튜링(Alan Turing)과 블레츨리 파크(Bletchley Park)***의

---

* 베트남 전쟁 당시 북베트남 인민군 사령관으로 '텟 공세'를 기획하였다. '붉은 나폴레옹'으로도 불리며 20세기의 명장으로 꼽힌다.

** 제2차 세계대전 당시 연합군은 영국으로 들어오는 물자들을 실은 상선들이 바다에서 공격당하지 않도록 호송선을 통해 상선들을 보호하였다. 독일은 잠수함인 U보트를 활용해 영국의 호송선단과 연합국의 많은 선박들을 격침하였는데 이는 연합군에 비해 해상 전략이 미약했던 독일군에게 큰 이익이 되었다. 칼 되니츠는 U보트 함대를 지휘한 제독으로 많은 전과(戰果)를 기록했다. 특히 산개한 U보트들이 무선 통신으로 정보를 교환하다가 선단이 시야에 나타나면 통신을 통해 신속히 집결하여 함께 공격하는 늑대떼 전술로 유명했다.

*** 블레츨리 파크는 제2차 세계대전 당시 영국 정부의 암호 기지가 있던 곳으로 앨런 튜링 등이 독일군의 암호를 해독한 곳으로 유명하다.

비트전: 사이버전의 혁신

다른 "보핀들(boffins)"*에게 "해킹"을 당했다는 사실이다.[29] 통제권을 유지하기 위해 직접 지시를 내리던 되니츠(Doenitz)로 인해 독일의 U보트 위치는 족족 드러났고 늑대떼 작전은 치명적인 취약점을 노출할 수밖에 없었다. 이는 미래에도 전통적인 지휘체계가 지속될 수 있다고 생각하는 사람들에게 중요한 시사점을 준다.

아울러 비트전(Bitskrieg) 교리의 핵심이 될 군집 전술을 지속하려면 안전한 데이터 흐름이 중요하다. 여기에는 보안을 넘어서는 이해력(comprehension)이 반드시 요구된다. 이런 이해력은 전장의 전체 그림을 봐야 하는 고위 의사결정자뿐만 아니라 광범위하게 분산되어 다양하고 민감한 전술적 시나리오에서 최선의 선택지를 결정해야 하는 소규모 부대에도 필요하다. 이를 통해 작전이 가장 원시적인 전투, 즉 신뢰할 수 있는 정보의 흐름이 거의 없을 때 발생하는 혼돈의 "난투전(mêlée)"으로 변질되지 않도록 해야 한다. 이제 전장에서는 정보의 전달자에 초점을 맞추기보다는 정확한 콘텐츠를 적시에 사용할 수 있도록 하는 데 집중하는 지휘 개념이 중요하다. 전달 매체와 콘텐츠 간의 균형을 유지하기 위한 통찰력은 이미 자동화 분야의 선구자 중 한 명인 존 디볼드(John Diebold)가 오래전에 보여줬다. 디볼드가 군사 분야에 특별히 초점을 두고 있던 것은 아니지만 1980년 4월 "정보 기회(information opportunities)"에 대한 선구적인 연설에서 지적한 과제는 오늘날 군사 분야에도 중요한 시사점이 된다:

기술이 정보시스템의 구조와 인터페이스를 빠르게 변화시키고 있다. 이러한 변화의 의미를 이해하려면 정보시스템뿐만 아니라 정보 콘텐츠도 함께 살펴보아야 한다.[30]

따라서 군사 지휘 기술 자체는 궁극적으로 육상, 해상, 항공우주와 사이버공간 등 모든 영역에서 벌어지는 소규모 부대의 행동 단위별 개별 콘텐츠의 관련성을 인식하고 관리, 배포하는 역량과 밀접하게 연관된다고 봐야 한다. 콘텐츠 자체의 목표는 단순한 데이터 처리를 넘어서 항상 구조화(structure)하는 것에 있어야 한다. 이를 통해 특정 작전 상황에 맞는 패턴을 식별하고 우선순위를 정해 필요한 지식으로 정제할 수 있기 때문이다. 독일의 위대한 군사 철학자인 카를 폰 클라우제비츠(Carl von

---

* 과학자, 기술자, 공학자들을 비하하는 표현이다. 19세기 영국에서 유래된 표현으로 당시에는 과학자들이 대중들에게 존중받지 못하였기 때문에 사용된 용어.

Clausewitz)는 정보를 정제하고 공유함으로써 전투력을 개선할 수 있다는 사실을 잘 알고 있었다. 클라우제비츠는 그 중요성을 강조하면서 "지식은 반드시 능력이 되어야 한다"고 주장했다.[31] 아직 전기도 등장하지 않았던 때였다.

그러나 클라우제비츠가 『전쟁론』을 집필한 이후 200년 동안 기술은 클라우제비츠가 꿈꾸던 것 이상으로 발전했다. 지식을 능력으로 전환하려는 노력도 헤아릴 수 없을 만큼 복잡해졌다. 무기체계는 더욱 다양해졌고 장거리에서도 높은 정확도로 타격할 수 있는 기술의 발전은 군사 행동의 구조와 전략, 속도를 근본적으로 변화시켰다.

여기에 기술 변화로 인한 정보 흐름의 거대한 물결을 더하면 인간의 인지 능력을 개선하기 위한 과제는 더욱 어려워진다. 1960년대의 학자들과 정보과학자들은 "정보 과부하(information overload)" 문제를 우려했다. 버트람 그로스(Bertram Gross)는 저서 『조직의 관리(Managing of Organizations)』에서 선구적으로 이 문제를 정의하고 설명했다.[32] 그러나 정보화 시대의 새로운 기술이 인간의 인지 능력에 가장 큰 부담이 될 것이라는 점을 널리 알린 사람은 미래학자 엘빈 토플러(Alvin Toffler)였다. 토플러는 저서 『미래의 충격(Future Shock)』에서 "충격(shock)"이라는 용어를 사용했다. 그는 정보 과부하 문제를 제기하면서 "감각 수준에 가해지는 과잉 자극은 현실을 인식하는 과정에서 왜곡을 증가시키고 인지적 과잉 자극은 우리의 '사고 능력'을 방해한다."라고 주장했다.[33]

반세기 전에 쓰여진 토플러의 경고는 오늘날 진짜 문제로 다가왔다. 특히 군사 및 안보 문제에서 더욱 두드러진다. 이 문제 때문에 군대는 핵심 전략 분석과 작전 평가를 지원하고 유지하기 위해 컴퓨팅과 기계 지능에 크게 의존하게 됐다. 자연스럽게 사이버보안의 중요성도 더욱 커졌다. 확실히 비트전(Bitskrieg)으로의 전환은 사이버공간에서 "비트(bits)"가 생성하는 "미묘한 위험(subtle danger)"에 충분한 주의를 기울인 경우에만 가능할지도 모른다. 재클린 슈나이더(Jacquelyn Schneider)는 이런 위험이 "군대의 속도를 늦추고 혼란을 야기하여 임무 수행을 어렵게 만들 수 있다."[34]고 예리하게 지적했다. 적군의 속도를 늦추고 혼란스럽게 하면 군대의 전투력이 급격히 감소하고 취약성도 증가할 수 있다는 것이다. 이제 가상공간에서의 작전이 물리적 공간에서 벌어지는 일들에 점점 더 큰 영향을 미치고 있다.

따라서 어떤 형태로든 행동에 기반한 사이버 무기 통제를 고려하고 추구해야 한다. 군사 문제와 전쟁의 수행방식은 고대 사막의 유목민들이 오아시스의 물에 독을 타는 것을 제한하거나 화학 및 생물학 무기 사용을 금지하는 오늘날의 군대와 사회에 이르기까지 오랜 기간에 걸쳐 개선된 협정의 영향을 받아 왔다. 그리고 인류는 계속해서 쓰라리고 값비싼 전쟁에 참여하면서도 이런 유형의 문제에 있어서는 광범위하게 협력하고 있다. 사이버전에서도 이러한 윤리적·인도주의적 실천을 이어가야 하지 않을까?

사이버 무기 통제를 위한 행동 기반 마련
Toward a behavioral basis for cyber arms control

사이버보안과 군사 업무에 대한 접근 방식이 급격히 변화하면서 직면하는 어려움에 비하면 행동 기반 무기 통제는 더 쉬운 일일 수 있다. 그러나 현실은 그렇지 않았다. 사람들은 위험물질과 무기의 숫자를 세고 통제하는 "구조적" 접근을 지나치게 강조했다. 개념적 문제도 있었다. 사실상 모든 첨단 정보기술은 무기화할 수 있고 이중용도로 사용될 수 있기 때문에 사이버 무기 통제 협약은 화학 및 생물학 무기의 생산과 사용을 줄이는 데 성공한 조약들처럼 행동에 기반하고 "운용적(operational)"이어야 한다. 그러나 사이버 기술은 생화학 무기 등 독성 기술보다 훨씬 더 복잡하다. 사이버 전쟁에 쓰이는 다양한 무기는 전시 군사 작전에서 허용될 수 있어야 하기 때문이다. 컴퓨터 웜, 바이러스, 그리고 적의 정보 흐름을 교란하거나 무력화하기 위해 고안된 다른 공격 도구들이 없었다면 비트전(Bitskrieg)은 지배적인 전투 교리로 부상할 수 없었을 것이다. 따라서 화학 및 생물학 무기 통제에 대한 비유를 넘어 100년 전 공군력을 제한하기 위해 시도됐던 초기 노력에서 아이디어를 얻어야 한다. 당시 무기 통제 조약의 기본 개념은 민간인을 표적으로 삼지 않는 것이었다. 물론 이 개념은 제2차 세계대전과 그 이후 한동안 실패했지만 오늘날에는 대체로 자리를 잡았다.

이에 따라 2015년 오바마 대통령과 시진핑 주석은 민간 기반 시설에 대한 사이버 공격을 행동 기반으로 금지하는 방안(behavior-based ban on cyber attacks)을 모색하기로 합의했다. 이 논의는 2020년 여름 휴스턴 주재 중국 총영사관 폐쇄와 이어진 미중 사이버 갈등으로 시들해졌지만 다시 발전시킬 필요가 있다.

앞 장에서 언급했듯 1990년대 미국과 러시아는 사이버 무기 통제 절차에 착수할 수 있는 기회가 있었다. 이런 기회는 러시아에 대한 미국의 불신과 기술적, 심리적 사이버 작전 모두에서 미국이 우위를 점하고 있었다는 과신 탓에 사라졌다. 미국의 반감은 1999년 국방부 법률고문의 보고서를 통해 더욱 확고해졌다. 이에 따르면 미국의 입장은 "정보 작전과 직접적으로 관련된 … 새로운 조약 의무와 협상을 지지할 특별한 이유는 없는 것 같다"는 것이었다.[35] 점점 더 증가하는 취약성은 말할 것도 없다. 개인과 기업을 포함한 모든 미국인들이 겪은 사이버 사고들, 그리고 2016년과 2020년의 대선 개입 사건을 고려하면 과거 미국의 입장은 허황될 따름이다.

그러나 이런 반감에도 불구하고 미국은 사이버 무기 통제 협정이 체결될 수 있다는 희망을 잃지 않기 위해 UN이 추진하는 노력들에 참여했다. 첫 번째 회의가 2005년에 열렸지만 특별한 진전은 없었다. 2010년 두 번째 회의에서 미국은 영국, 중국, 프랑스, 독일, 러시아 등 14개 국가들과 함께 "사이버공간에서 허용되는 행동 규범(norms of accepted behavior in cyberspace)"을 수립하기 위한 협정을 추진하기로 했다.[36] 그러나 이 희망적인 순간에도 워싱턴의 회의론자들은 진전을 방해하였다. 오바마 행정부의 "사이버 차르(cyber czar)"*는 나의 의견에 반대하는 기고문에서 "사이버 전쟁은 없다"라고 주장했다.[37]

지난 10년에 걸쳐 사이버 전쟁이 없다는 주장은 틀렸다는 사실이 드러났다. 이제 사이버공간에서는 새로운 사이버 경제 전쟁이 펼쳐지고 있다. 많은 비용을 소모하며 파괴적 행위와 지식재산의 대규모 절취로 나타나는 전략적 범죄가 급증한 것이다. 게다가 가상 영역은 민주주의 국가를 대상으로 하는 정치 전쟁의 발판을 제공하고 있다. 미국은 이러한 공격의 표적 중 하나에 불과하다.

사이버 분야에서 활동하는 공군 및 핵 전략가들은 기반 시설을 공격하는 유형의 사이버 전쟁을 선호한다.[38] 물론 실제로 관련된 취약점들이 존재하지만 이런 유형의 행동이 발생한 사례는 거의 없다. 대규모 전쟁이 진행 중이지 않은 상황에서 이런

---

* 미국 대통령실 내에서 사이버 문제를 전담하는 직책을 뜻한다. 오바마 행정부의 사이버 차르는 당시 사이버보안 조정관인 Howard Schmidt였다.

비트전: 사이버전의 혁신

수준의 전략적 공격을 수행할 경우 귀중한 사이버 무기를 낭비할 수 있기 때문이다. 이런 공격 도구를 평시에 사용하면 상대는 장애를 회복, 복구하고 중대한 취약점을 패치해 방어를 강화할 수 있다. 흔적을 분석해 공격의 배후자를 추적할 수도 있고 다양한 방법으로 악의적 행위자를 제재할 수 있는 충분한 기회를 얻을 수도 있다.

실제로 사이버 포렌식(cyber forensics) 기술의 발전은 사이버 범죄자와 정치체제를 전복시키고자 하는 세력들을 "역해킹"하여 이들을 지원하고 은신처를 제공할 수 있는 모든 국가와 함께 범죄의 책임을 귀속시킬 가능성을 높였다. 평시 기반 시설을 대상으로 한 사이버 공격의 비효율성, 지식재산의 탈취와 정치적 계략, 악의적 행위자들과 후원자, 표적이 아닌 경우에도 마주하게 되는 탐지 및 보복의 위험 등을 고려하면 자신의 이익을 위해서라도 행동 기반 무기 통제 협정에 참여하여야 한다. 이를 통해 "뜨거운 전쟁(hot wars)"이 지속되는 세계에서도 일종의 사이버 평화를 확보할 수 있을 것이다.

무력 충돌의 어두운 미래
The cloudy future of armed conflict

사이버 전쟁의 가장 중요한 특성은 물리적 전투에도 혁명적 변화를 일으킬 수 있는 잠재력이다. 이 때문에 새로운 전쟁 교리인 비트전(Bitskrieg)은 사이버 전쟁의 다양한 양상 중 가장 핵심적인 요소라고 할 수 있다. 나아가 군사적 전통의 관성과 정치적 영향력, 상업적 이익을 고려할 때 민주주의 국가나 권위주의 국가 등 다양한 유형의 통치체제에서 이를 충족하고 숙련하는 일은 벅찬 과제일 수밖에 없다. 이런 의미에서 현재 진행 중인 군비 경쟁은 단순한 기술 기반 군비 경쟁의 개념을 넘어선다. 여기에는 조직적, 교리적, 전략적 의미를 완벽히 분석하기 위한 인지적 경쟁(cognitive race)이 포함되어 있다. 이 경쟁의 승자는 막대한 국력과 글로벌 영향력을 쥐게 될 것이다.

기술의 진보는 이 경쟁에서도 중요하다. 500년 전 일부 유럽 국가들은 산업혁명이 일어나기 전까지 중무장한 장거리 항해 선박으로 전 세계를 지배했다.[39] 이런 힘의 불균형은 무자비한 사례들로 이어졌다. 20세기에 들어서는 미국과 일본으로 그 범위가 확장됐다. 10년 후 제1차 세계대전의 발발로 전략은 무의미한 학살로 대체되었다.

기술 발전이 만들어 낸 것은 대학살뿐이었다.

기계화와 석유 시대는 핵무기가 개발되기 전에도 폭발물의 엄청난 발전과 함께 전쟁을 일으킬 수 있는 잠재력과 힘을 확산하고 증가시켰다. 그러나 기술 혁신에 대한 열망은 심각한 도덕적 감수성 쇠퇴와 식민지 약탈로 이어졌다. 심지어 과거 몇 세기 동안 강대국들이 벌여 온 최악의 전쟁을 넘어서기에 이르렀다. 영국군 장교이자 군사학자인 J. F. C. 풀러(John Frederick Charles Fuller)는 히로시마와 나가사키 원폭에 대해 다음과 같이 논평했다:

> 폭탄이 늘어나면서 도덕성은 무너졌다. … 상대국의 지도자들은 말과 행동이 거친 여자들(fishwives)처럼 서로를 헐뜯었다. … 적에게 저지른 모든 종류의 잔혹 행위는 박수를 받았다. … 가장 중요한 사실은 이러한 야만행위의 보편성이 아니라 그것에 대한 대중들의 환호였고 이는 인간이 얼마나 타락하였는지를 보여준다.[40]

이후 약 75년이 넘게 세계는 제2차 세계대전과 같은 대규모 전쟁을 겪지는 않았다. 그러나 풀러(Fuller)가 묘사한 당시의 문제는 여전히 남아있다. 2003년 이라크를 파괴한 "충격과 공포(shock and awe)"의 폭격은 너무 많은 사람들의 환호를 받았다. 오늘날에도 하늘에서 예멘 사람들에게 계속해서 쏟아지는 폭탄은 그 슬픈 땅을 세계의 납골당으로 만들었다. 그럼에도 후티 반군(Houthis)*에 대한 사우디아라비아의 끊임없는 증오와 그 부족민들에 대한 이란의 지원으로 인해 전쟁은 계속되고 있다.

우리 시대의 핵 평화가 강대국 간의 "상호 자살 협정"을 통해 수억 명의 무고한 사람들을 전멸시키겠다는 끊임없는 위협에 기반을 두고 있다는 사실도 이런 야만의 흔적을 감추고 있다. 세계의 사회시스템뿐만 아니라 삶의 기반이 되는 지구의 환경 자체를 파괴할 수 있는 약속인 셈이다. 기술과 군사 문제는 양날의 검이다. 실제로 새로운 전쟁 수행방식이 등장하면서 전투의 양상도 끊임없이 변화하고 있다. 새로운 유형의 무기는 궁극적으로 대재앙을 낳았다. 비전투원을 직접 공격할 수 있는 능력이

---

* 예멘은 시아파인 후티 반군과 수니파인 하디 정부의 갈등으로 2014년부터 내전 상태에 빠졌다. 수니파의 종주국인 사우디아라비아 등 국가 연합이 하디 정부를 지원하고, 시아파의 종주국인 이란은 후티 반군을 지원하고 있다.

크게 향상되었으며 최근에는 핵전쟁만이 대안일 수도 있는 가장 치명적인 교착상태가 형성되고 있다.

이런 흐름을 고려해 보면 이제는 스마트 로봇을 포함하게 될 군사 및 안보 분야의 발전에 따른 결과를 생각할 수 있어야 한다. 이를 위해서는 인지적 도약이 필요한데 바로 이 지점에 희망이 있다. 사이버 전쟁의 다양한 측면은 파괴적(destructive)이기 보다는 혼란스러운(disruptive) 경향이 있다. 특히 군사적 측면에서 비트전(Bitskrieg)은 훨씬 적은 인원으로 교전하고 적의 통신을 차단하거나 혼란스럽게 하여 전투에서 승리하는 전술이다. 따라서 비트전(Bitskrieg)은 전쟁의 규모를 축소하는 것에 중점을 두면서도 억제력을 강화하고 무기 통제를 촉진할 수 있다.

다만 여기에도 역설은 있다. 군사 문제의 혁명적 도약이 오히려 전쟁을 부추기고 무기 통제의 장점을 제한할 수도 있기 때문이다. 그러나 훨씬 더 스마트한 사이버보안과 무기 통제를 통해 민간의 기반 시설을 공격하지 않겠다는 점을 분명히 하고 세계가 비트전(Bitskrieg)을 광범위하게 채택한다면 실제로 억제력을 강화하고 더 평화로운 세상을 유지하는 데 도움이 될 것이다. 전쟁이 발발해서 더 많은 혼란이 일어나더라도 최소한 덜 파괴적인 결과를 얻을 수 있다. 토마스 쉘링(Thomas Schelling)과 모튼 핼퍼린(Morton Halperin)은 여전히 전쟁이 일어날 가능성이 있는 세계의 군비 통제와 관련하여 무력 충돌이 발생하더라도 그런 협상의 가치는 있다고 강조했다. 이들이 지적한 바와 같이 "전쟁을 피하거나 전쟁의 범위와 폭력을 줄이는 데에는 상호 이해관계가 강력하게 작용한다."[41] 따라서 팍스 사이버네티카(Pax Cybernetica)*로서의 정보화시대와 지속적 평화에 대한 전망을 믿든 계속되는 무력 충돌이 불가피하다고 믿든 관계없이 전투의 다음 국면을 탐색하고 분쟁으로 인한 혼란과 물리적 파괴, 인명 손실의 범위를 제한하기 위해 합의해야 한다는 점은 분명하다.

마지막으로 전쟁의 인적 피해와 관련하여 인공지능의 발전은 특히 유용할 수 있다. 로봇이 육해공의 군인을 대체할 수 있기 때문이다. 최근 딥마인드 로봇에 대한

---

* Pax Cybernetica는 라틴어에서 유래된 표현이다. Pax는 평화(Peace)를 의미하고, cybernetica는 사이버공간을 칭한다. 사이버공간에서의 평화를 뜻하며 주로 사이버공간에서의 안전과 안정을 강조하거나 국제협력과 평화를 강조하는 개념이다.

엄격한 테스트를 통해 "AI 제인(AI Jane)"의 잠재력이 증명됐다. 2020년 여름 미국 최고의 "탑건(Top Gun)" 전투기 조종사 한 명과 딥마인드 로봇이 대결을 펼쳤다. 인간 파일럿과 로봇 파일럿 모두 같은 기종의 비행 시뮬레이터를 조작했는데 5번의 대결에서 딥마인드는 단 한 번도 명중되지 않고 매회 승리했다. 이는 기계 지능이 미래의 군사 업무에 넓게 퍼져 영향을 미칠 것이라는 점을 명백하게 보여준다. 아울러 지능형 전투 기계는 어디에나 존재할 것이기 때문에 인공지능 기술의 사용은 행동 기반 무기 통제 협정을 적용하기 어려울 것이다. 따라서 로봇을 전투에 활용하는 경우 윤리적 문제를 고려할 수 있도록 해야 한다.[42] 이는 민간 및 군 지도자들이 강조해야 하는 과제를 넘어서는 중대한 문제라고 할 수 있다.

새로운 사고방식과 문화의 요구
Needed: a new mindset and culture

이 시대의 새로운 기술이 제기하는 도전에 효과적으로 대처하지 못한 문제는 전 세계의 경직된 군대와 근시안적인 산업계, 편협한 정치 지도자들의 반대에 초점을 두기보다는 더 넓은 문제에 대한 이해를 형성해야만 제대로 설명할 수 있고 바로잡을 수 있을 것이다. 즉, 의사결정자들의 잘못된 추론을 비판하는 데서 나아가 인간과 기계의 관계가 도달한 사회 전반의 변곡점에 초점을 두어야 한다. 반세기 전의 인쇄술은 지적 쇄신과 개혁을 일으켰다.[43] 증기기관은 산업혁명을 일으켜 세계를 또 한 번 뒤집었다. 마찬가지로 오늘날 정보기술도 이와 비슷한 영향을 미치고 있다. 기술 역사가인 엘팅 모리슨(Elting Morison)은 1960년대 막 떠오르던 사이버공간과 새로운 정보시스템을 설명하면서 "우리는 우리가 통제할 수 없는 수준으로 복잡한 인공 환경을 만들었다"고 평가했다.[44]

모리슨의 관점에서 보면 최근의 혁명적 기술 변화의 의미를 수용하지 못하는 이유는 상업과 정부, 사회 제도의 결함보다는 문화의 경직성 때문이다. 따라서 중요한 과제는 이런 흐름의 방향을 재설정하는 일이다. 모리슨은 "우리가 만든 강력한 시스템을 관리하려면 … 우리는 반드시 새로운 체계에서 우리의 관심사가 무엇인지 명확하게 정의할 수 있는 새로운 문화도 형성해야 한다"고 제안했다. 즉, 더 빠른 속도와 강력한 중앙집중화, 대규모 확장이 아닌 적정한 속도의 발전과 탈중앙화, 그리고 규모의 축소에 대한 의지가 요구되는 것이다. 간단히 말해 모리슨은 기계의 발전 속도가 개발자의 의식적 감성을 능가하게 될 때 발생하는 어려움을 줄이기 위해 기술 변화가 문화에 미치는 영향을 확인하고 이에 적응하기 위한 신중하고 지속적인 노력을 요구했다.[45] 더 큰 문화적 관점에서 사고해야 한다는 모리슨의 지적은 자동화의 미래와 지능형 기계의 문제를 고민할 때 큰 도움이 된다. 오랫동안 기술 동향을 관찰해 온 존 마코프(John Markoff)의 관점에서도 이 문제는 우리 시대가 직면한 핵심 과제다.[46]

기계의 발전이 빠르고 맹렬하게 진행되는 반면 문화적 관점은 느리게 변화해 모든 조직과 사회 집단의 변화 속도를 방해하고 있다. 이런 상황에서 우리는 어떻게 나아가야 하는가? 영국의 생물학자이자 다윈(Darwin)의 지지자였던 토마스 헉슬리(Thomas Huxley)는 19세기 산업 발전을 연구하면서 "이 모든 것을 가지고 무엇을 할 것인가?"라는 유명한 질문을 던졌다. 한 세기가 지나 훨씬 더 광범위한 "사물(things)"에 대해 고민했던 엘팅 모리슨(Elting Morison)은 엄청난 변화의 규모에 심리적으로 압도당하지 않으면서도 기존 방식의 안도감에서 나아가려면 사회적 차원에서 일련의 "실험적 실증(experimental demonstrations)"이 필요하다고 주장했다.[47]

이 책은 모리슨이 말한 그런 종류의 실험에 대해 자세히 설명했다. 행동 기반 사이버 무기 통제를 시작해보자는 주장은 사회와 안보가 점점 더 의존하고 있는 사이버공간을 보호하기 위해 억지력을 강화하고 지속 가능한 평화를 구축할 수 있는지 확인하는 실험을 의미한다. 이 실험은 어디에서나 사용할 수 있는 강력한 암호 기술과 광범위하게 의존하고 있는 "클라우드 시스템"을 활용해 사이버보안을 강화해보자는 또 다른 실험을 통해 강력하게 뒷받침될 것이다. 이렇게 더 나은 암호화와 데이터 이동성을 통해 방어력이 향상되면 사이버 무기 통제 협정을 위반하려는 요인도 감소할 수 있다.

대량의 정보를 축적하고 관리하는 다른 유형의 사이버 실험은 이미 흥미로운 결과를 낳았다. 소위 "빅데이터 분석(big data analytics)"은 비즈니스 영역은 물론 다른 많은 영역에서 놀라운 통찰력을 제공하며 생산성을 꾸준히 개선하고 있다. COVID-19의 확산을 통제하기 위해 접촉자를 추적했던 경험도 성공적인 빅데이터 분석

사례다. 특히 동아시아를 비롯한 여러 국가들에서 데이터 수집과 분석은 바이러스 확산을 막는 데 중요한 역할을 했다. 콜롬비아의 메데인(Medellin)시(市)에서 그 가능성을 보여주는 극적인 사례를 찾아볼 수 있다. 전 세계적으로 팬데믹이 시작된 지 3개월이 지난 2020년 6월 중순까지 인구 250만 명, 그리고 주변 지역에 100만 명 이상이 거주하는 이 도시의 확진자는 700명, 입원환자는 10명에 불과했다. 인구밀도와 빈곤층 비율이 매우 높음에도 불구하고 사실상 모두가 자가 격리에 대한 엄격한 검역 지침을 준수했다. 시는 휴대전화 앱을 통해 빈곤층에게 식량을 전달하고 감염 데이터를 수집하며 신속하게 조치를 취했다. 이 성공의 열쇠는 정보 관리였다.[48]

테러와의 전쟁에서도 정보기관과 법집행기관은 국가 내외의 정보를 능숙하게 관리하고 확산함으로써 테러 네트워크를 탐지하고 추적해 다양한 테러 음모를 차단할 수 있었다.[49] 다른 분야에서 뚜렷한 차이를 보이는 국가 간의 이러한 협력과 조율은 오랜 사고방식을 바꾸기 위해 엘팅 모리슨(Elting Morison)이 제안한 실험의 증거라고 할 수 있다. 과거에는 통제할 수 있는 정보의 양으로 힘을 측정할 수 있었다. 그러나 오늘, 그리고 미래의 힘은 "공유하는 정보의 양"에 따라 평가될 것이다. 내가 항상 고위 의사결정자들에게 강조하는 말이기도 하다.

이처럼 정보를 관리하고 활용하는 일에서 나타나는 협력과 소통은 사이버 전쟁의 광범위하고 다차원적인 개념의 핵심 요소이지만 아직까지 그 실험적 증거는 충분한 모범사례로 이어지지 않고 있다. 이는 최고 의사결정자조차도 좌우하기 어려운 조직의 오래된 사고 습관 때문일 수 있다. 그러나 모리슨의 실험적 시연에 대한 아이디어를 염두에 두고 이를 통해 확보한 증거를 진지하고 정직하게 고려한다면 충분히 가능한 일이다.

결국 궁극적인 도전은 세계를 새로운 방식으로 생각하고 그 안에서 우리가 어떻게 살아가며 사랑하고 일하고 싸울 것인지 고민하는 데 있다. 가장 큰 문제는 자유주의와 권위주의를 포함한 대부분의 국가에서 권력을 가진 엘리트들이 대부분 나이가 많고 새로운 사회문화적 기준과 행동의 틀을 이해하거나 수용할 가능성이 낮다는 점이다. 실제로 고령 인구가 증가하는 국가에서는 지도층뿐만 아니라 대중들도 새로운 변화에 적응하는 데 어려움을 겪고 있다. 이 때문에 종종 분노에 찬 퇴행적 포퓰리즘 운동도 부상하고 있다. 최근 몇 년 동안 이런 반응은 미국뿐만 아니라 소위 "민족주의

포퓰리즘 운동(nationalist populist movements)"이 발생한 다른 나라에서도 확인되고 있다. 따라서 정보화시대가 사회와 안보에 미치는 영향에 제대로 적응하지 못하면서 이 문제를 위험할 정도로 소홀히 다루고 있다는 사실은 놀라운 일이 아니다. 다만 이런 방치가 계속된다면 사회적, 상업적, 군사적 영역 모두에서 엄청난 비용을 치르게 될 것이라는 점은 분명하다.

정보화시대에 가장 적합한 군사 교리인 비트전(Bitskrieg)을 채택하지 않는 것도 위험하지만 사이버보안의 문제를 방화벽과 안티바이러스 소프트웨어에만 한정해서 생각하는 것도 그에 못지않게 위험하다. 강력한 암호화와 클라우드 컴퓨팅의 광범위한 사용을 통해 막대한 비용을 야기하는 해커들의 공격을 막을 수 있도록 유도해야 한다. 물론 압도적 증거에도 불구하고 이 문제에서도 군사 영역과 마찬가지로 변화를 가로막는 장애물이 존재한다. 보안을 방화벽과 안티바이러스에 의존하도록 하는 사고 습관과 제도적 이해관계들이다. 선도 기업의 강력한 지배력이 줄어들고 사이버보안에 대한 접근성도 확대되고 있지만 기존 업계로부터 오는 압력은 여전하다. 그러나 사이버보안에 대한 지나치게 제한적인 접근 방식은 정보시스템을 불안정하게 만들 뿐이다. 중국의 5G 기술 개입과 관련된 사이버보안 통제 논쟁에서도 볼 수 있듯 지나친 규제는 가장 진보된 형태의 통신 기술을 확산하는 데 걸림돌이 되고 있다.[50] 강력한 암호화와 클라우드 컴퓨팅을 강조하면 5G 시스템 수용과 관련된 화웨이 논란을 크게 완화할 수 있다. 특히 화웨이는 스스로 소스코드를 공유하겠다고 제안하고 있다. 사이버보안에 대한 보다 폭넓은 접근 방식을 취하면 5G 기술을 통해 얻을 수 있는 속도와 효율성도 균형있게 누릴 수 있을 것이다.

이 책에서 제안하는 주요 과제를 종합적으로 요약해 보면 다음과 같다:

① 사회 경제적으로 큰 진전을 이루기 위해 연결성과 정보의 저장 및 흐름을 보호할 것

② 최첨단 정보기술이 가능하게 하는 군사 및 안보 분야의 중대한 변화로서 전투의 새로운 모습인 비트전(Bitskrieg)을 수용할 것

③ 무기 통제의 개념을 다시 생각하여 사이버 작전에 적용함으로써 군비 경쟁과 위기 통제의 가능성을 높이고 무력 충돌이 발생할 경우 민간 시설을 공격하지 않도록 합의할 것

지난 수십 년간 정보보안을 추구하고 분쟁을 완화하며 무기 통제를 촉진하기 위한

방법을 찾는 데 전념해 왔지만 진전은 거의 이루어지지 않은 듯하다. 파괴적인 해킹과 장기적이고 결정적이지 못한 전쟁, 그리고 군비 경쟁 등의 문제는 여전히 이어지고 있고 심지어 더 심각해지고 있다. 반면 이를 처리하기 위한 가장 효과적인 정책은 채택되지 않고 있다. 그렇다면 가장 큰 과제는 우선 지금의 접근 방식으로는 점점 증가하는 대규모 파괴 위협에 대처하기 어렵다는 점을 인식하는 것이다. 이런 인식이 확산된다면 정보기술로 급변하는 시대에도 지속적인 해결책과 사회 및 보안의 문제를 개선할 수 있는 혁신적 발전의 기회가 열릴 수 있다. 부디 그렇게 되기를 희망한다.

더 읽을거리(Further Reading)

앞 장에서 인용한 도서, 기사, 공식 보고서 외에도 다양한 자료를 참고하였습니다. 사이버와 관련된 매우 넓고 사려 깊은 연구들이 많습니다. 따라서 이하에서 소개하는 내용은 매우 방대한 문헌 중 일부에 불과하며 그중 일부를 선별한 것임을 밝힙니다.

이 책에서 저는 비유적 서술을 많이 사용했습니다. 이는 비유의 한계에도 불구하고 다소 유사한 사물이나 상황을 짚어내면 이해도가 높아지기 때문이기도 하지만, 저와 교류하는 많은 고위 군 지도자들에게 공감을 불러일으키기 때문이기도 합니다. 사이버 작전에 대한 이해를 높일 수 있는 비유를 찾기 위한 첫 번째 체계적인 노력은 미국 국가안보국(NSA)과 사이버사령부(Cyber Command)의 수장이었던 키스 알렉산더 장군(General Keith Alexander)의 요청으로 이루어졌습니다. 그 결과 컴퓨터 과학, 경제학, 역사학, 철학, 심리학 등 다양한 학문 분야의 전문가들이 참여하고 에밀리 골드만(Emily Goldman)과 제가 공동 편집을 맡았던 2014년 정부보고서 '사이버 비유(Cyber Analogies)'가 발간되었습니다. 이 노력은 많은 호평을 받았으며, 알렉산더 장군의 후임자인 마이크 로저스 제독(Admiral Mike Rogers)은 이런 종류의 사고가 더 많이 필요하다고 봤습니다. 이후 카네기 국제평화재단(Carnegie Endowment for International Peace)의 학자인 조지 퍼코비치(George Perkovich)와 아리엘 E. 레비트(Ariel E. Levite)가 주도한 핵심 프로젝트가 진행되었고, 이들은 공동으로 『사이버 분쟁의 이해: 14가지 비유(Understanding Cyber Conflict: 14 Analogies)』(Georgetown University Press, 2017)를 출간하며 훨씬 더 광범위한 학자들을 한곳에 모았습니다.

사이버공간의 전반적 보안을 개선하기 위해 억지 개념을 적용하는 방법을 찾는 노력은 어떤 측면에서는 또 다른 비유적 접근 방법입니다. 이 영역에서 최근의 영향력 있는 연구로는 2017년에 출간된 스콧 재스퍼(Scott Jasper)의 『전략적 사이버 억지(Strategic Cyber Deterrence)』(로우맨 & 리틀필드, Rowman & Littlefield)와 로버트 만델(Robert Mandel)의 『사이버 억지력 최적화(Optimizing Cyberdeterrence)』(Georgetown University Press, 2017)를 꼽을 수 있습니다.

자신의 시스템에 대한 해킹 공격을 방어하기 위한 보다 구체적인 기술적 접근 방식에 관하여 리처드 클라크(Richard Clarke)와 로버트 네이크(Robert Knake)는

2010년 『사이버전쟁(Cyber War)』을 업데이트하여 『제5의 공간: 사이버 위협 시대의 국가와 기업, 그리고 우리 자신을 지키기(The Fifth Domain: Defending Our Country, Our Companies and Ourselves in the Age of Cyber Threats)』(Penguin, 2019)를 발간하였습니다. 대량의 개인정보에 접근하려는 정부의 '빅 브라더, 그리고 상업적 리틀 브라더'의 위협과 관련하여 브루스 슈나이어(Bruce Schneier)의 『데이터와 골리앗: 데이터를 수집하고 세상을 통제하기 위한 숨겨진 전쟁(Data and Goliath: The Hidden Battles to Collect Your Data and Control Your World)』(W. W. Norton & Company, 2015)은 여전히 놀라운 책입니다. 이외에 독자들은 사이버공간에서 자신과 자신의 데이터를 보호하는 방법에 대하여 슈나이어의 다른 12권의 책에서도 도움을 받을 수 있습니다.

중국의 부상과 러시아의 글로벌 무대 복귀에서 알 수 있듯 강대국 경쟁의 시대가 다시 도래한 가운데 베이징과 모스크바가 사이버 무대에 어떻게 진입했는지에 대한 여러 연구가 진행되었습니다. 데니스 포인덱스터(Dennis Poindexter)의 『중국의 정보 전쟁: 간첩, 사이버 전쟁, 통신의 제한, 그리고 미국의 국익에 대한 위협(The Chinese Information War: Espionage, Cyberwar, Communications Control and Related Threats to United States Interests)』(McFarland, 2013); 딘 쳉(Dean Cheng)의 『사이버 드래곤: 중국의 정보 전쟁과 사이버 작전 속으로(Cyber Dragon: Inside China's Information Warfare and Cyber Operations)』(Praeger, 2016); 캐슬린 홀 제이미슨(Kathleen Hall Jamieson), 『사이버 전쟁: 러시아 해커와 트롤이 대통령 선거를 도운 방법(Cyberwar: How Russian Hackers and Trolls Helped Elect a President)』(Oxford University Press, 2018); 앤디 그린버그(Andy Greenberg), 『샌드웜: 사이버 전쟁의 새로운 시대와 크렘린궁의 가장 위험한 해커 사냥(Sandworm: A New Era of Cyberwar and the Hunt for the Kremlin's Most Dangerous Hackers)』(Doubleday, 2019); 스콧 재스퍼(Scott Jasper), 『러시아의 사이버 작전(Russian Cyber Operations)』(Georgetown University Press, 2020)이 대표적입니다.

또한 사이버 전쟁의 다양한 측면이 세계 정치 권력과 무기 경쟁에 광범위하게 영향을 미치는 방식에 대한 통찰력 있는 분석도 있습니다. 밴 뷰캐넌(Ben Buchanan)은 두 가지를 제공하였습니다: 『사이버 보안의 딜레마: 해킹, 국가 간의 신뢰와 공포(The Cybersecurity Dilemma: Hacking, Trust and Fear between Nations)』(Oxford University Press, 2017); 『해커와 국가: 사이버공격과 지정학의 뉴노멀(The Hacker and the State: Cyber Attacks and the New Normal of Geopolitics)』(Harvard University Press, 2020), 사이버 무기

개발을 위한 새로운 경쟁의 역학관계에 대해서는 니콜 펠로스(Nicole Perlroth)의 『세상은 이렇게 종말한다고 한다: 사이버 무기 군비 경쟁(This Is How They Tell Me the World Ends: The Cyber Weapons Arms Race)』(Bloomsbury, 2020)이 빛을 발합니다.

다미에 반 푸이벨데(Damien Van Puyvelde)와 아론 브랜틀리(Aaron Brantly)의 『사이버공간에서의 정치, 거버넌스, 갈등(Cybersecurity: Politics, Governance and Conflict in Cyberspace)』(Polity, 2019)은 정치, 기술, 전략을 예리한 방식으로 결합합니다. 정보수집, 온라인 전쟁 및 기타 사이버 관련 수요를 충족하기 위해 방산 기업이 진화하는 방식에 대해서는 쉐인 해리스(Shane Harris)의 『@전쟁: 군사-인터넷 복합체의 부상(@War: The Rise of the Military-Internet Complex)』(Houghton Mifflin Harcourt, 2014)를 참고하길 바랍니다. 사이버 시대 전쟁의 미래에 대한 광범위한 탐구에는 다음이 포함됩니다: 데이비드 킬컬런(David Kilcullen), 『용과 뱀: 나머지는 어떻게 서구와 싸우는 법을 배웠는가(The Dragons and the Snakes: How the Rest Learned to Fight the West)』(Oxford University Press, 2020)와 로버트 라티프 소장(Major General Robert Latiff), 『미래의 전쟁: 새로운 글로벌 전장에 대비하라(Future War: Preparing for the New Global Battlefield)』(Knopf, 2017). 후자의 연구는 새로운 유형의 무기 체계와 그 용도에 대한 도덕적, 윤리적 함의에 특히 민감하게 반응하고 있습니다. 크리스찬 브로스(Christian Brose)의 『킬 체인: 하이테크 전쟁의 미래에서 미국을 지키다(Kill Chain: Defending America in the Future of High-Tech Warfare)』(Hachette, 2020)는 기술 발전으로 인해 군사 전략과 정책에 큰 변화가 요구될 가능성이 있다는 광범위한 분석을 제공합니다. 브로스보다 10년 앞서 재닌 데이비슨(Janine Davidson)은 정보화시대의 미국 국방을 소식석, 제도적 관점에서 살펴본 저서 『평화의 안개 걷어내기(Lifting the Fog of Peace: How Americans Learned to Fight Modern War)』(University of Michigan Press, 2010)를 출간했습니다.

로봇에 관한 문제도 있습니다. 로봇이 군사 및 안보 문제의 미래에 어떤 영향을 미칠지에 대한 현대적 관점과 관련하여, 폴 샤레(Paul Scharre)의 『아무도 없는 군대: 자율무기와 미래의 전쟁(Army of None: Autonomous Weapons and the Future of War)』(W. W. Norton, 2018)은 철저하고 신중하며 약간은 오싹하기까지 합니다. 그리고 로봇이 사이버 테러와 같은 분쟁에서 어떤 역할을 할 것인지 설명하는 소설로는 P.W.싱어(P. W. Singer)와 어거스트 콜(August Cole)의 『번-인: 실제 로봇 혁명에 관한 소설(Burn-in: A

Novel of the Real Robotic Revolution)』(Houghton Mifflin Harcourt, 2020)를 들 수 있습니다. 로봇의 반란을 다룬 최초의 작품인 카렐 차페크(Karel Čapek)의 디스토피아 희곡 『R.U.R』([Doubleday, 1922], Penguin, 2004)부터 아이작 아시모프(Isaac Asimov)의 조금 더 온건하고 상호 연결된 단편 소설 모음집인 『아이, 로봇(I, Robot)』(Fawcett, 1950)에 이르기까지 이 책들은 새로운 시각으로 재조명되어야 할 소설들입니다. 인간의 모습을 하지 않은 자기 인식 AI는 로버트 하인라인(Robert Heinlein)의 『달은 무자비한 밤의 여왕(The Moon Is a Harsh Mistress)』(Gollancz, [1966], 2008)에서는 로봇이 친구가 된 달의 식민지 주민들이 지구의 지배에서 벗어나 자유를 얻을 수 있도록 게릴라 전략을 개발하는 이야기를 다루고 있습니다. 이러한 작품들이 무시되지 않도록 이 작품들이 처음 제기한 많은 문제들이 여전히 공감을 얻고 있다는 점을 덧붙이고 싶습니다. 헨리 키신저(Henry Kissinger), 에릭 슈미트(Eric Schmidt), 다니엘 허튼로커(Daniel Huttenlocher)가 공동 집필한 영향력 있는 논문 『변신(The Metamorphosis)』(The Atlantic [August, 2019])은 AI가 사회에 '변혁적' 영향을 미칠 것으로 예측한 바 있습니다. 전쟁과 평화의 문제에 있어서도 마찬가지입니다.

소셜 미디어도 좋은 방향으로든 나쁜 방향으로든 변화를 가져올 수 있습니다. 『넷 환상: 인터넷 자유의 어두운 면(In The Net Delusion: The Dark Side of Internet Freedom)』(Public Affairs, 2011)에서 에브게니 모로조프(Evgeny Morozov)는 연결성이 억압하려는 자들과 해방시키려는 자들에게도 똑같이 사용될 수 있다는 설득력 있는 주장을 펼칩니다. 재런 러니어(Jaron Lanier)의 『당장 소셜 미디어 계정을 삭제해야 하는 10가지 이유(Ten Arguments for Deleting Your Social Media Accounts Right Now)』(Henry Holt, 2018)는 보다 개인적인 관점을 취하고 있는데 그의 주요 관심사는 온라인 생활과 함께 너무 자주 발생하는 정신의 둔화, 거칠어짐, 무감각화, 개인의 상업적 상품화에 관한 것입니다. P.W.싱어(P. W. Singer)와 에머슨 부킹(Emerson Booking)은 저서 『전쟁과 같은 길(Like War)』(Houghton Mifflin Harcourt, 2018)에서 소셜 미디어가 다양한 형태의 갈등에 어떻게 활용될 수 있는지를 철저하게 분석합니다. '딥페이크' 비디오를 제작할 수 있는 능력부터 신경망을 통해 훈련된 '챗봇'의 초고속 학습 능력에 이르기까지 최신 기술 발전에 대한 그들의 전문지식은 놀랍습니다.

마지막으로 앤드류 퍼터(Andrew Futter)의 『폭탄을 해킹하라: 사이버 위협과 핵무기(Hacking the Bomb: Cyber Threats and Nuclear Weapons)』(Georgetown University

Press, 2018)는 전 세계의 핵무장 국가들이 실수로 '버튼'을 누르는 것을 방지하는 지휘 및 통제시스템의 취약성에 대한 악몽 같은 통찰력을 제공합니다. 그의 통찰력은 미래의 핵무기 조약, 안전장치 프로토콜, 국가 지도자 간 핫라인에 대한 정보와 지침이 될 것입니다.

미주

1. 쿨 워(Cool War): 더 나은 전쟁의 가능성

1) Carl von Clausewitz, On War, ed. and trans. Michael Howard and Peter Paret (Princeton University Press, 1976), p. 89.

2) Martin Libicki, *Conquest in Cyberspace* (Cambridge University Press, 2007), p. 2. Martin Libicki, *What Is Information Warfare?* (Washington, DC: National Defense University Press, 1995). 전쟁을 모자이크에 비유한 부분은 전자의 3면에서 처음 언급된다.

3) Robert S. Mueller III, *Report on the Investigation into Russian Interference in the 2016 Presidential Election* (Washington, DC: Government Printing Office, 2019) 참조.

4) Clausewitz, *On War*, p. 84.

5) David E. Sanger and Julie Hirschfeld Davis, "Data Breach Tied to China Hit Millions," *The New York Times*, June 5, 2015.

6) Damian Paletta, "OPM Breach Was Enormous, FBI Director Says," *The Wall Street Journal*, July 8, 2015. 참조.

7) Lily Hay Newman, "Hack Brief: 885 Million Sensitive Financial Records Exposed," *Wired*, May 24, 2019.

8) Eric Tucker, "US Researchers Warned of Theft," Associated Press, October 7, 2019.

9) Michael McGuire, *Into the Web of Pro it: Understanding the Growth of the Cybercrime Economy* (Cupertino, CA: Bromium, Inc., 2018) 참조.

10) "North Korea Targets Cryptocurrency Exchanges, Banks" (New York: United Nations Security Council), August 5, 2019.

11) 이 주제는 다음 문헌에서 주로 다뤄졌다: Florian Egloff, "Cybersecurity and the Age of Privateering," in George Perkovich and Ariel E. Levite, eds., *Understanding Cyber Conflict: 14 Analogies* (Washington, DC: Georgetown University Press, 2017), 특히 233면을 참고.

12) George Quester, *Offense and Defense in the International System* (New York: John Wiley & Sons, 1977).

13) Thomas Rid, *Cyberwar Will Not Take Place* (Oxford University Press, 2013) 참조.

14) 이런 분쟁의 사이버 측면에 관하여는 다음 문헌들을 참고: John Markoff, "Before the Gun ire, Cyberattacks," *The New York Times*, August 12, 2008; Ronald Asmus, *A Little War That Shook the World* (New York: St. Martin's Press, 2010).

15) Adam Meyers, "Danger Close: Fancy Bear Tracking of Ukrainian Field Artillery Units," *CrowdStrike*, December 2016, March 2017 수정됨.

16) Ivano-Frankivsk 기반 시설 공격 사건과 Tom Bossert의 피해 추정에 관하여는 다음 문헌을 참고: Andy Greenberg, "The Untold Story of NotPetya, the Most Devastating Cyberattack in

비트전: 사이버전의 혁신

History," *Wired* (August 2018).

17) 이 분쟁에 관한 고전적 설명은 다음 문헌을 참고: Hugh Thomas's The Spanish Civil War (New York: Harper & Brothers, Publishers, 1961).

18) 구체적인 사항은 다음 문헌을 참고: Charles Messenger, *The Blitzkrieg Story* (New York: Charles Scribner's Sons, 1976), p. 127.

19) Karl-Heinz Frieser and J. T. Greenwood, *The Blitzkrieg Legend: The 1940 Campaign in the West* (Annapolis: Naval Institute Press, 2005), p. 10.

20) William L. Shirer, *The Rise and Fall of the Third Reich* (New York: Simon and Schuster, 1960), pp. 701, 703.

21) 이 견해는 다음 문헌에서 상세히 다루고 있음: Scott Shane, *Dismantling Utopia: How Information Ended the Soviet Union* (Chicago: Ivan R. Dee, 1994).

22) Donald Coers, *John Steinbeck Goes to War: The Moon Is Down as Propaganda* (Tuscaloosa: University of Alabama Press, 2006).

23) Steve Sheinkin, Bomb: *The Race to Build – and Steal – the World's Most Dangerous Weapon* (New York: Roaring Brook Press, 2012), p. 163.

24) David E. Sanger, *Confront and Conceal: Obama's Secret Wars and Surprising Use of American Power* (New York: Crown Publishers, 2012), p. 200.

25) Nicole Perlroth, "Cyberattack on Saudi Firm Disquiets U.S.," *The New York Times*, October 24, 2012.

26) Samuel Gibbs, "Triton: Hackers Take Out Safety Systems in Watershed Attack on Energy Plant," *The Guardian*, December 15, 2017; and Martin Giles, "Triton is the World's Most Murderous Malware – and It's Spreading," *Technology Review*, March 5, 2019.

27) Frederik Pohl, *The Cool War* (New York: Del Rey Books, 1981).

28) Joseph Nye, "Deterrence and Dissuasion in Cyberspace," *International Security*, 41, 3 (2017), p. 55.

29) Norbert Wiener, *The Human Use of Human Beings* (London: Eyre & Spottiswoode, 1954).

30) John Arquilla and David Ronfeldt, *"Cyberwar Is Coming!" Comparative Strategy*, 12, 2 (April-June, 1993), pp. 141-65. 인용한 부분은 pp. 141, 145.

31) John Keegan, *The Second World War* (New York: Viking, 1990), p. 87.

32) *Ibid.*, p. 156.

33) Michael Carver, "Conventional Warfare in the Nuclear Age," in Peter Paret, ed., *Makers of Modern Strategy* (Princeton University Press, 1986), p. 803. 6일 전쟁에 관하여는 다음 문헌을 참고: Michael B. Oren, Six Days of War (Oxford University Press, 2002).

34) C. Kenneth Allard, "The Future of Command and Control: Toward a Paradigm of Information Warfare," in L. Benjamin Ederington and Michael J. Mazarr, eds., *Turning Point: The Gulf War and U.S. Military Strategy* (Boulder: Westview Press, 1995), p. 163.

35) Roger C. Molander, Andrew S. Riddile, and Peter A. Wilson, *Strategic Information Warfare: A New Face of War* (Santa Monica: RAND, 1996). 사이버전쟁에 관한 펜타곤의 좁은 개념과 사이버

전쟁을 주로 전략적 공격 수단으로 집중하기로 한 선택에 대한 초기 연구는 다음 문헌을 참고: Gregory Rattray, *Strategic Warfare in Cyberspace* (Cambridge, MA: The MIT Press, 2001).

36) 이 영화는 Astounding Science Fiction의 1940년 10월호에 실린 Harry Bates의 단편소설을 원작으로 한다. 이 이야기는 Arthur Tofte가 소설화하여 *The Day the Earth Stood Still* (London: Scholastic, Inc., 1976)로 출간하였다. 원작의 클라투(Klaatu)는 신중하고 실험적인 모습을 보였지만 2008년 리메이크된 키아누 리브스(Keanu Reeves) 주연의 영화에서 나온 외계인은 보다 파괴적인 개입을 통해 인류의 전기 사용을 거부했다.

37) Robert A. Pape의 *Bombing to Win: Air Power and Coercion in War* (Ithaca: Cornell University Press, 1996)은 전략적 공중 폭격의 한계를 지적한 종합적 연구다. 관련하여 다음의 문헌도 참고: Tami Davis Biddle, *Rhetoric and Reality in Air Warfare: The Evolution of British and American Ideas about Strategic Bombing, 1914-1945* (Princeton University Press, 2002).

38) James Adams, *The Next World War: Computers Are the Weapons and the Front Line Is Everywhere* (New York: Simon & Schuster, 1998), p. 97.

39) 이런 관점에 대한 인사이트는 다음의 문헌에서 확인: Wesley Clark, *Waging Modern War: Bosnia, Kosovo, and the Future of Combat* (New York: PublicAffairs, 2001), 특히 pp. 259, 342-3을 참고.

40) Ivo H. Daalder and Michael E. O'Hanlon, *Winning Ugly: NATO's War to Save Kosovo* (Washington, DC: Brookings Institution Press, 2000).

41) John Arquilla and David Ronfeldt, "Need for High-Tech, Networked Cyberwar," *The Los Angeles Times*, June 20, 1999.

42) 이 작전에 대한 가장 상세한 설명은 다음 글에서 확인: Doug Stanton, *Horse Soldiers* (New York: Scribner, 2009).

43) Donald H. Rumsfeld, "Transforming the Military," *Foreign Affairs* (May/June 2002).

44) John Keegan, *The Iraq War* (New York: Alfred A. Knopf, 2004), p. 145.

45) Lieutenant General Paul Van Riper USMC (Ret.) and Lieutenant Colonel F. G. Hoffman USMCR, "Pursuing the Real Revolution in Military Affairs: Exploiting Knowledge-Based Warfare," *National Security Studies Quarterly*, 4, 1 (Winter 1998), p. 12.

46) Michael Maclear, *The Ten Thousand Day War: Vietnam 1945-1975* (New York: St. Martin's Press, 1981), p. 191.

47) Victor Davis Hanson, *The Savior Generals: How Five Great Commanders Saved Wars That Were Lost - From Ancient Greece to Iraq* (London: Bloomsbury Press, 2013), p. 229. 다음의 문헌에서도 확인 가능: Thomas E. Ricks, The Gamble: General David Petraeus and the American Military Adventure in Iraq, 2006-2008 (New York: The Penguin Press, 2009), p. 163.

48) António Guterres, "Remarks at Web Summit," United Nations, November 8, 2018.

49) Samuel Gibbs, "Musk, Wozniak and Hawking Urge Ban on Warfare AI and Autonomous Weapons," *The Guardian*, July 28, 2015.

50) Michael Crichton, *Electronic Life: How to Think About Computers* (New York: Alfred A. Knopf, 1983), pp. 135-6.

51) 로봇공학의 군사적 응용에 관한 개요는 다음의 문헌을 참고: John Arquilla, "Meet A.I. Joe,"

Communications of the Association for Computing Machinery, May 1, 2015.

52) 이런 유형의 새로운 경쟁에 관한 훌륭한 관점을 제시한 문헌으로 다음을 참고: Kai-Fu Lee, AI Superpowers: *China, Silicon Valley, and the New World Order* (Boston: Houghton Mif lin Harcourt, 2018).

53) Ewen Montagu, *Beyond Top Secret Ultra* (New York: Coward, McCann & Geoghegan, Inc., 1978); David Kahn, *Seizing the Enigma* (Boston: Houghton Mif lin, 1991); John Prados, *Combined Fleet Decoded* (New York: Random House, 1995).

54) Marshall McLuhan, *Understanding Media: The Extensions of Man* (New York: McGraw-Hill Book Company, 1965), p. 23.

55) *Ibid.*, p. 27.

56) 조지아, 우크라이나, 키르기스스탄에서 벌어진 혁명에 관하여 다음의 문헌을 참고: Lincoln A. Mitchell, *The Color Revolutions* (Philadelphia: University of Pennsylvania Press, 2012).

57) Kevin Kelly, "We Are the Web," *Wired* (August 2005).

58) John Arquilla and David Ronfeldt, *Networks and Netwars: The Future of Terror, Crime, and Militancy* (Santa Monica: RAND, 2001).

2. 위험에 이르는 길

1) Richard A. Clarke and Robert K. Knake, *Cyber War: The Next Threat to National Security and What to Do about It* (New York: HarperCollins, 2010), 특히 148면 참고.

2) 2011년 9월 20일 카네기국제평화재단(Carnegie Endowment for International Peace)의 발제에서 확인.

3) Norman Cousins, *The Pathology of Power* (New York: W. W. Norton, 1987), p. 194.

4) Nicholas Burns and Douglas Lute, *NATO at Seventy: An Alliance in Crisis* (Cambridge, MA: Belfer Center for Science and International Affairs, 2019).

5) Patrick Tucker, "NATO Getting More Aggressive in Offensive Cyber," *Defense One*, May 24, 2019.

6) Ian Grant, "U.S. Computers Still Insecure after Spending Billions," *Computer Weekly*, March 25, 2010.

7) Craig Timberg, "Net of Insecurity: A Flaw in the Design," *The Washington Post*, May 30, 2015.

8) Fred Kaplan, *Dark Territory: The Secret History of Cyber War* (New York: Simon & Schuster, 2016), p. 8. 웨어의 선구적 연구는 다음의 문헌을 가리킴: *Security and Privacy in Computer Systems* (Santa Monica: RAND, 1967), P-3544.

9) Dorothy E. Denning and Peter J. Denning, eds., *Internet Besieged* (Boston: Addison-Wesley, 1998).

10) Steven Levy, *Crypto* (New York: Penguin Books, 2001), p. 63.

11) Steven Levy, "Battle of the Clipper Chip," *The New York Times*, June 12, 1994.

12) Katarzyna Lasinska, "Encryption Policy Issues in the EU," *Global Policy Watch*, May 25, 2018; EU Law and Regulatory Archives, www.nationalarchives.gov.uk.

13) 2013년 스노든 사태에 대한 훌륭한 정리는 다음 문헌을 참고: Mirren Gidda, "Edward Snowden and the NSA Files - Timeline," *The Guardian*, August 21, 2013. 그 밖에 Glenn Greenwald가 이 문제에 대해 쓴 가디언지 기사와 그의 저서 *No Place to Hide* (New York: Metropolitan Books, 2014) 참고; 다큐멘터리 영화 제작자 Laura Poitras의 2014년작 Citizenfour 및 Edward Snowden, *Permanent Record* (New York: Metropolitan Books, 2019) 참고.

14) Amanda Holpuch, "Tim Cook Says Apple's Refusal to Unlock iPhone for FBI is a 'Civil Liberties' Issue," *The Guardian*, February 22, 2016.

15) Ellen Nakashima, "FBI Paid Hackers One-Time Fee to Crack San Bernardino iPhone," *The Washington Post*, April 12, 2016.

16) Eric Geller, "Apple Rebukes DOJ over Pensacola iPhone Encryption Battle," *Politico*, January 14, 2020.

17) Drew Harwell, "Google to Drop Pentagon AI Contract after Employee Objections to the 'Business of War,'" *The Washington Post*, June 1, 2018.

18) Ted Koppel, *Lights Out: A Cyberattack, A Nation Unprepared, Surviving the Aftermath* (New York: Crown Publishers, 2015), p. 15.

19) *Ibid.*, p. 8.

20) Israel G. Lugo and Don Parker, "Software Firewalls: Made of Straw?" *Symantec Connect*, June 7, 2005.

21) Michael Thornton, "You Can't Depend on Antivirus Software Anymore: Malware has Become too Sophisticated," *Slate*, February 16, 2017.

22) P. W. Singer and Allan Friedman, *Cybersecurity and Cyberwar: What Everyone Needs to Know* (Oxford University Press, 2014), p. 63.

23) David Kahn, *The Codebreakers: The Story of Secret Writing, revised edition* (New York: Scribner, [1967] 1996), p. 84.

24) *Ibid.*, p. 412. 각 로터가 입력할 때마다 새로운 알파벳을 생성하기 때문에 키를 입력할 때마다 생성 가능한 경우의 수는 26을 제곱해 계산된다. 관련하여 같은 저자의 다음 문헌을 참고: *Seizing the Enigma* (Boston: Houghton Mif lin, 1991); 블레츨리 파크에 관한 상세한 내용은 다음 문헌을 참고: F. H. Hinsley and Alan Stripp, eds., *Codebreakers: The Inside Story of Bletchley Park* (Oxford University Press, 1994).

25) Scott Aaronson, "Why Google's Quantum Supremacy Milestone Matters," *The New York Times*, October 30, 2019.

26) Emily Grumbling and Mark Horowitz, eds., *Quantum Computing: Progress and Prospects* (Washington, DC: The National Academies Press, 2019), 특히 95면 참고.

27) Kate Conger, David Sanger, and Scott Shane, "Microsoft Wins Pentagon's $10 Billion JEDI Contract, Thwarting Amazon," *The New York Times*, October 25, 2019.

28) Conor Gearty, *Terror* (London: Faber and Faber, 1991), p. 2.

비트전: 사이버전의 혁신

29) Paul Wilkinson, *Terrorism versus Democracy: The Liberal State Response* (London: Routledge, [2001] 2006), p. 195.

30) Richard English, *Terrorism: How to Respond* (Oxford University Press, 2009), p. 129. 테러리즘의 효과에 대한 전체 논쟁을 상세히 분석한 연구로는 같은 저자의 다음 문헌을 참고: *Does Terrorism Work?* (Oxford University Press, 2016).

31) Walter Laqueur, "Postmodern Terrorism," *Foreign Affairs* (September/October 1996), pp. 24-36; 35면에서 인용. 물리적으로 덜 파괴적인 사이버 테러에 대해서는 다음의 문헌을 참고: Gabriel Weimann, *Terror on the Internet: The New Arena, the New Challenges* (Washington, DC: United States Institute of Peace Press, 2006).

32) David E. Sanger, *The Perfect Weapon: War, Sabotage, and Fear in the Cyber Age* (New York: Crown Publishers, 2018). 생어의 이야기는 특히 대규모 혼란의 위협을 잘 설명하고 있다.

33) Thomas M. Chen, *Cyberterrorism After Stuxnet* (Seattle: Didactic Press, 2015), p. 1.

34) Robert T. Marsh, *Critical Foundations: Protecting America's Infrastructure* (Washington, DC: Government Printing Of ice, 1997), p. 15.

35) David Tucker는 나와 함께 다음의 연구를 공동 주도하고 편집했음: *Cyberterror: Prospects and Implications* (Monterey: Center for the Study of Terrorism and Irregular Warfare, 1999). 실무 그룹과 주요 저자는 공군 소령 William Nelson, 육군 소령 Michael Iacobucci and Mark Mitchell, 해군 소령 Rodney Choi, and 공군 대위 Greg Gagnon으로 구성

36) Gerald McKnight, *The Terrorist Mind* (New York: The BobbsMerrill Company, Inc., 1974), p. 24.

37) Robert Pape, *Dying to Win: The Strategic Logic of Suicide Terrorism* (New York: Random House, 2005); Reza Aslan, *How to Win a Cosmic War* (New York: Random House, 2009); 및 Jessica Stern, *The Ultimate Terrorists* (Cambridge, MA: Harvard University Press, 1999).

38) Tim Maurer, *Cyber Mercenaries* (Cambridge University Press, 2018).

39) Krishnadev Calamur, "What is the Internet Research Agency?" *The Atlantic*, February 2018.

40) Akil N. Awan, "The Virtual Jihad," *CTC Sentinel*, 3, 5 (May 2010). 이 글은 미국 육군사관학교 대테러센터(Combating Terrorism Center at the United States Military Academy)의 저널임. 인용문은 al-Salim의 온라인 자료집인 "39 Ways to Serve and Participate in Jihad"에서 확인하였으며 www.cia.gov에서 쉽게 확인 가능.

41) William Ayers, *Fugitive Days* (London: Penguin Group, 2003), p. 261.

42) Alec Russell, "CIA Plot Led to a Huge Blast in Siberian Gas Pipeline," *The Telegraph*, February 28, 2004. 이 음모 혐의는 당시 Thomas Reed 전 미 공군 장관에 의해 폭로되었음.

43) Shane Harris, "'Military-Style' Raid on California Power Station Spooks U.S.," *Foreign Policy*, December 27, 2013.

44) Robert Walton, "Sniper Attack on Utah Substation Highlights Grid Vulnerability," *Utility Dive*, October 13, 2016.

45) Claire Sterling, *The Terror Network*(New York: Holt, Rinehart, and Winston, 1981); 13면에서 인용.

46) Sanche de Gramont, The Secret War (New York: G. P. Putnam's Sons, 1962), p. 491.

47) Brandon Valeriano, Benjamin Jensen, and Ryan Maness, *Cyber Strategy: The Evolving Character of Power and Coercion* (Oxford University Press, 2018), p. 19.

48) Jared Diamond, *Guns, Germs, and Steel: The Fates of Human Societies, revised edition* (New York: W. W. Norton & Company, 2005).

49) Eric Auchard, Jack Stubbs, and Alessandra Prentice, "New Computer Virus Spreads from Ukraine to Disrupt World," *Reuters,* June 27, 2017.

50) David E. Sanger, "U.S. and China Seek Arms Deal for Cyberspace," *The New York Times*, September 19, 2015.

51) Robert Axelrod and Rumen Iliev, "Timing of Cyber Con lict," *Proceedings of the National Academies of Science* (January, 2014).

52) 애런 슈워츠 사건에 관한 상세한 분석은 다음 문헌을 참고: Justin Peters, *The Idealist: Aaron Swartz and the Rise of Free Culture on the Internet* (New York: Scribner, 2016).

53) David Kushner, "The Autistic Hacker," *IEEE Spectrum* (July 2011).

54) Maev Kennedy, "Gary McKinnon Will Face No Charges in the UK," *The Guardian*, December 14, 2012.

55) Rory Carroll, "Gary McKinnon Hacking Prosecution Called 'Ridiculous' by US Defence Expert," *The Guardian*, July 10, 2012.

56) Christa Case Bryant, "Estonia's Cyber Warriors," *The Christian Science Monitor*, February 10, 2020.

3. 미래 전투의 모습

1) Bob Woodward, *Bush at War* (New York: Simon & Schuster, 2002), p. 247.

2) 작전에 관한 세부 사항은 다음을 참고: Doug Stanton, Horse Soldiers (New York: Scribner, 2009).

3) 여기에 사용된 이름은 특수부대원의 신원을 보호해야 하므로 가명을 사용했다. 다만 개인적으로 모든 주요 구성원들을 알고 있으므로 각자의 이야기를 종합하여 구성했다.

4) 구체적인 사항은 다음을 참고: C. H. Briscoe, R. L. Kiper, J. A. Schroder, and K. I. Sepp, *Weapon of Choice: ARSOF in Afghanistan* (Ft. Leavenworth, KS: Combat Studies Press, 2003).

5) Donald Rumseld, "Transforming the Military," *Foreign Affairs* (May/June 2002).

6) John Arquilla, *Worst Enemy: The Reluctant Transformation of the American Military* (Chicago: Ivan R. Dee, 2008), p. 8.

7) Robert V. Remini, *The Battle of New Orleans* (New York: Viking, 1999).

8) Lowell Thomas, *Raiders of the Deep* (New York: Doubleday, Doran & Company, Inc., 1928), pp. 10-28. U-9의 기록부에서 직접 보고한 내용을 담고 있다.

9) Jeremy Black, *Tools of War* (London: Quercus Publishing plc, 2007), p. 102.

10) J. B. Bury, *History of the Eastern Roman Empire* (London: Cambridge University Press, 1912),

p. 247.

11) Cyril Falls, The *Great War*, 1914-1918 (New York: G. P. Putnam's Sons, 1959), p. 152.

12) Barbara W. Tuchman, *The Zimmermann Telegram* (New York: Macmillan, 1966); Thomas Boghart, *The Zimmermann Telegram: Intelligence, Diplomacy, and America's Entry into World War I* (Annapolis: Naval Institute Press, 2012). 후자의 문헌은 60년 전 Tuchman도 몰랐던 기술적인 세부 사항을 새롭게 다룬다.

13) Robert Morris Page, *The Origin of Radar* (New York: Doubleday & Company, Inc., 1962), pp. 176-7.

14) Clay Blair, *Silent Victory* (New York: J. B. Lippincott Company, 1975), p. 44.

15) 이 교리는 다음 문서에서 소개됨: Pamphlet 525-5, "The AirLand Battle and Corps 86" (Ft. Leavenworth, KS: Training and Doctrine Command, 1981).

16) Thomas Rona, "Weapon Systems and Information War," Study ADB971302 (Washington, DC: Of ice of the Secretary of Defense, 1976).

17) 1980년대 논의는 다음 문헌에서 자세히 소개하고 있음: David Bellin and Gary D. Chapman, eds., *Computers in Battle: Will They Work?* (New York: Harcourt Brace Jovanovich, 1987).

18) L. Benjamin Ederington and Michael J. Mazarr, eds., *Turning Point: The Gulf War and U.S. Military Strategy* (Boulder: Westview Press, 1995). 특히 Kenneth Allard 대령이 저술한 "The First Information War" 장에서는 연합군이 매우 적은 비용으로 신속하고 결정적인 승리를 거둘 수 있었던 것은 주로 이라크군에 대한 정보 우위 덕분이라고 설명한다.

19) Thomas Gibbons-Neff, "Documents Reveal U.S. Of icials Misled Public on War in Afghanistan," *The New York Times*, December 9, 2019.

20) 군대에 정보를 심는 방법으로서 훈련의 중요성에 대해서는 다음을 참고: William McNeill, *The Pursuit of Power* (University of Chicago Press, 1982), and his Keeping Together in Time: Dance and Drill in Human History (New York: American Council of Learned Societies, 2008).

21) P. W. Singer, *Wired for War: The Robotics Revolution and Conflict in the 21st Century* (New York: Penguin, 2009), p. 234.

22) Manuel De Landa, *War in the Age of Intelligent Machines* (Cambridge, MA: The MIT Press, 1991), p. 46.

23) John Ringo and Travis Taylor, *Von Neumann's War* (New York: Baen Books, 2006). 이 책의 제목은 현대 컴퓨터의 선구자 중 한 명인 John Von Neumann의 이름을 딴 것이다.

24) James F. Dunnigan, *Digital Soldiers: The Evolution of High-Tech Weaponry and Tomorrow's Brave New Battle Field* (New York: St. Martin's Press, 1996). 특히 pp. 77, 79, 192를 참고.

25) Brian Nichiporuk and Carl Builder, *Information Technologies and the Future of Land Warfare* (Santa Monica: RAND, 1995), p. 53.

26) De Landa, *War in the Age of Intelligent Machines*, p. 45.

27) John Arquilla and David Ronfeldt, *Swarming and the Future of Conflict* (Santa Monica: RAND, 2000).

28) 이 세 제독의 중요한 업적은 다음과 같음: Arthur Cebrowski and John Garstka, "Network-

Centric Warfare," *Proceedings of the U.S. Naval Institute* (January 1998); Thomas Rowden, "Distributed Lethality," also in *Proceedings* (January 2015); and John Richardson, *A Design for Maintaining Maritime Superiority, 2.0* (December 2018), http://media.defense.gov 〉 May 〉 DESIGN - 2.0.PDF.

29) Arquilla and Ronfeldt, "Swarming: The Next Face of Battle," *Aviation Week & Space Technology*, September 29, 2003.

30) David Kahn, *Seizing the Enigma* (Boston: Houghton Mifflin, 1991).

31) Vice Admiral R. R. Monroe (USN, ret.), "Short-circuiting the Electromagnetic Threat," *The Washington Times*, May 21, 2018.

32) David Hamblin, "Pentagon Wants Cyborg Implant to Make Soldiers Tougher," Forbes, June 5, 2020; David Relman and Julie Pavlin, eds., *An Assessment of Illness in U.S. Government Employees and Their Families in Overseas Embassies* (Washington, DC: National Academies Press, 2020).

33) Frank Barnaby, *The Automated Battlefield* (New York: The Free Press, 1985), p. 1. 전 합참 부의장이었던 Bill Owens 제독은 *Lifting the Fog of War* (New York: Farrar, Straus & Giroux, 2000) 에서 비슷한 감정을 표현했다.

34) Olivia Solon, "Man 1, Machine 1: Landmark Debate Between AI and Humans Ends in Draw," *The Guardian*, June 18, 2018.

35) 기계지능 개발을 위한 초기 노력에 대해서는 다음을 참고: Chris Bernhardt, *Turing's Vision: The Birth of Computer Science* (Cambridge, MA: The MIT Press, 2016).

36) 이 작전 개념은 다음 문헌에서 상세히 분석: Arquilla, *Worst Enemy*. 특히 pp. 216-18을 참고.

37) 일부 병력을 추가하는 것이 작전 개념을 급진적으로 바꾸는 것보다 더 중요한지에 관한 논쟁을 가장 균형있게 평가한 문헌으로는 다음을 참고: Thomas E. Ricks, *The Gamble: General David Petraeus and the American Military Adventure in Iraq, 2006- 2008* (New York: The Penguin Press, 2009). 새로운 접근 방식보다 적은 수의 신규 병력이 훨씬 더 중요하다는 필자의 주장은 다음 기고문에서 확인: "The New Rules of War," *Foreign Policy* (April, 2011).

38) Peter J. Denning and Matti Tedre, *Computational Thinking* (Cambridge, MA: The MIT Press, 2019)

39) 이 설계의 전체 개요와 전략적 인사이트가 어떻게 도출되었는지는 다음 문헌에서 참고: Paul Davis and John Arquilla, *Deterring or Coercing Opponents in Crisis: Lessons from the War with Saddam Hussein* (Santa Monica: RAND, 1991).

40) Megan Garber, "Funerals for Fallen Robots," *The Atlantic* (September, 2013), 및 Jim Edwards, "Some Soldiers Are So Attached to Their Battle Robots They Hold Funerals for Them When They 'Die,'" *Business Insider*, September 18, 2013.

41) Julie Carpenter, *Culture and Human-Robot Interaction in Militarized Spaces: A War Story* (London: Routledge, 2016).

42) Kate Devlin, Turned On: *Science, Sex, and Robots* (Oxford: Bloomsbury, 2016).

43) Michael Roberts, *The Military Revolution* (Oxford University Press, 1956) 및 *Essays in Swedish*

History (London: Weidenfeld and Nicolson, 1967). 이 분야의 또 다른 중요한 연구로는 다음을 참고: Geoffrey Parker, *The Military Revolution: Military Innovation and the Rise of the West*, 1500-1800 (Cambridge University Press, 1988).

44) Michael Howard, "Men Against Fire: The Doctrine of the Offensive in 1914," in his *Lessons of History* (New Haven: Yale University Press, 1991), pp. 97-112.

45) Rumsfeld, "Transforming the Military," p. 28.

46) Colin McInnes, "Technology and Modern Warfare," in John Baylis and N. J. Rengger, eds., *Dilemmas of World Politics* (Oxford: Clarendon Press, 1992), p. 148.

47) 러시아의 사고방식에 대해서는 다음을 참고: Oscar Jonsson, *Russian Understanding of War: Blurring the Lines Between War and Peace* (Washington, DC: Georgetown University Press, 2019). 정보화시대 중국의 범죄에 대한 이해는 다음을 참고: Jeffrey Engstrom, *Systems Confrontation and System Destruction Warfare: How the People's Liberation Army Seeks to Wage Modern Warfare* (Santa Monica: RAND, 2018); 및 Michael Pillsbury, *Chinese Views of Future Warfare* (Washington, DC: National Defense University Press, 1997).

48) 네트워크에 대한 마지막 요점은 "탱크를 불태우려면 탱크가 필요하다"는 과거 개념에서 차용하였음: *Advent of Netwar* (Santa Monica: RAND, 1996). 특히 pp. 81-2를 참고.

49) Barbara W. Tuchman, *The Guns of August* (New York: Macmillan, 1962). 관련 종합적인 관점은 다음을 참고: George Quester, *Offense and Defense in the International System* (New York: John Wiley & Sons, 1977); 및 Jack Snyder, *The Ideology of the Offensive: Military Decision Making and the Disasters of 1914* (Ithaca: Cornell University Press, 1984).

50) 원격 전쟁에 대한 중요한 중국의 논문은 다음을 참고: Shen Zhongchang, Zhang Haiyin, and Zhou Xinsheng, "21st Century Naval Warfare," in *China Military Science* (Spring 1995). 이 개념에 대한 Pillsbury의 생각은 다음의 문헌을 참고: *Chinese Views of Future Warfare*, 특히 pp. xxxvii-xxxviii.

51) Erik Gartzke, "Blood and Robots: How Remotely Piloted Vehicles and Related Technologies Affect the Politics of Violence," *Journal of Strategic Studies* (October, 2019).

52) 정의로운 전쟁 이론에 대한 고전적 현대 연구는 다음을 참고: Michael Walzer, *Just and Unjust Wars: A Moral Argument with Historical Illustrations, 5th edition* (New York: Basic Books, [1977] 2015).

53) General Rupert Smith, *The Utility of Force: The Art of War in the Modern World* (New York: Alfred A. Knopf, 2007). 사용 가능한 옵션으로서 전쟁에 대한 더 이른 비판은 다음을 참고: Evan Luard, The Blunted Sword: *The Erosion of Military Power in Modern World Politics* (London: I. B. Tauris, 1988).

54) General Maxwell D. Taylor, *The Uncertain Trumpet* (New York: Harper & Brothers, Publishers, 1959), p. 6.

55) Julian Borger, "Trump Team Drawing Up Fresh Plan to Bolster U.S. Nuclear Arsenal," *The Guardian*, October 29, 2017.

4. 사이버 무기 확산의 돌파구

1) 그는 Jim Newton과 공직 생활에 대한 가장 깊이 있는 기록을 저술하기도 함: *Worthy Fights: A Memoir of Leadership in War and Peace* (New York: Penguin Press, 2014).

2) Leon Panetta 장관의 국가안보를 위한 기업 경영진에 대한 발언, October 11, 2012.

3) James Lewis, "The Key to Keeping Cyberspace Safe? An International Accord," *The Washington Post*, October 7, 2014.

4) Martin Giles, "We Need a Cyber Arms Control Treaty to Keep Hospitals and Power Grids Safe from Hackers," *MIT Technology Review*, October 1, 2018.

5) Robert Litwak and Meg King, *Arms Control in Cyberspace?* (Washington, DC: The Wilson Center, 2015), 및 Benoît Morel, "Could the United States Bene it from Cyber Arms Control Agreements?" in Phil Williams and Dighton Fiddner, eds., *Cyberspace: Malevolent Actors, Criminal Opportunities, and Strategic Competition* (Carlisle, PA: Strategic Studies Institute, 2016).

6) Dorothy Denning, "Obstacles and Options for Cyber Arms Control," in *Proceedings of the Conference on Arms Control in Cyberspace* (Berlin: Heinrich Böll Foundation, 2001), p. 3.

7) Erica D. Borghard and Shawn Lonergan, "Why Are There No Cyber Arms Control Agreements?" *Council on Foreign Relations,* January 16, 2018.

8) Joseph S. Nye, Jr., "The World Needs New Norms on Cyberwarfare," *The Washington Post*, October 1, 2015.

9) Martin Chulov and Helen Pidd, "Curveball: How US Was Duped by Iraqi Fantasist Looking to Topple Saddam," *The Guardian*, February 15, 2011.

10) The White House: Fact Sheet, "President Xi Jinping's Visit to the United States," September 25, 2015.

11) David Sanger, Nicole Perlroth, and Eric Schmitt, "Scope of Russian Hack Becomes Clear: Multiple U.S. Agencies Were Hit," *The New York Times*, December 14, 2020.

12) 이 주제에 대한 주요 초기 연구로는 다음을 참고: Janos Radvanyi, ed., *Psychological Operations and Political Warfare in Long-term Strategic Planning* (New York: Praeger, 1990).

13) Warwick Ashford, "US Joins UN Cyber Arms Control Collaboration," *Computer Weekly*, July 20, 2010.

14) John Markoff, "U.S. and Russia Differ on a Treaty for Cyberspace," *The New York Times*, June 27, 2009.

15) 이 에피소드는 2003년 4월 24일에 방영되었으며 더 이상 온라인에서 시청할 수 없다.

16) 대량살상무기의 확산을 통제하기 위한 초기 노력에 대한 포괄적 개요는 다음을 참고: Coit Blacker and Gloria Duffy, eds., *International Arms Control: Issues and Agreements, 2nd edition* (Stanford University Press, 1984). 대량살상무기를 제거하기보다는 관리해야 한다는 고전적 주장은 다음을 참고: Hedley Bull, Control of the Arms Race (New York: Praeger, 1961).

17) 1932년 11월 10일 하원 연설에서 발췌 (Parliamentary Debates, Col. 638).

18) George Quester, *Deterrence Before Hiroshima* (New York: John Wiley, 1966), p. 100.

19) *Documents on Nazi Conspiracy and Aggression* (Washington, DC: Government Printing Office, 1946), Vol. III, p. 388.

20) Rolland Chaput, *Disarmament in British Foreign Policy* (London: George Allen and Unwin, 1935), p. 344.

21) Quester, *Deterrence Before Hiroshima*, p. 106.

22) Max Hastings, *The Korean War* (New York: Simon & Schuster, 1987), p. 268.

23) Robert A. Pape, *Bombing to Win: Air Power and Coercion in War* (Ithaca: Cornell University Press, 1996).

24) Stanford Arms Control Group, J. H. Barton and L. D Weiler, eds., *International Arms Control: Issues and Agreements* (Stanford University Press, 1976), p. 202.

25) Winston S. Churchill, *The Second World War, Vol. I, The Gathering Storm* (Boston: Houghton Mifflin Company, 1948), p. 246.

26) 당시 상황을 잘 설명한 글: Luke Harding, "What We Know about Russia's Interference in the US Election," *The Guardian*, December 16, 2016. Robert Mueller 특검이 주도한 러시아 정치 공작에 대한 미국 정부 조사를 상세히 분석한 최근 문헌은 다음을 참고: Andrew Weissman, *Where Law Ends: Inside the Mueller Investigation* (New York: Random House, 2020).

27) Thomas C. Schelling and Morton H. Halperin, *Strategy and Arms Control* (New York: The Twentieth Century Fund, 1961), p. 1.

28) Alfred Thayer Mahan, *Armaments and Arbitration* (New York: Harper & Brothers Publishers, 1912), pp. 36-7. 강조 추가.

29) Robert K. Massie, *Dreadnought: Britain, Germany, and the Coming of the Great War* (New York: Random House, 1991), pp. 830- 2, 848-9.

30) E. L. Woodward, *Great Britain and the German Navy* (Oxford University Press, 1935), p. 418.

31) A. A. Hoehling, *The Great War at Sea: A History of Naval Action*, 1914- 1918 (New York: Thomas Y. Crowell, 1965), p. 188.

32) T. C. Schelling, *Arms and Influence* (New Haven: Yale University Press, 1966), p. 190.

33) Richard A. Clarke and Robert K. Knake, *Cyber War: The Next Threat to National Security and What to Do about It* (New York: HarperCollins, 2010), 특히 국가별 평가에 대해서는 p. 148.

34) General Curtis E. LeMay and Major General Dale O. Smith, *America Is in Danger* (New York: Funk & Wagnalls, 1968), p. 44.

35) James Canan, *War in Space* (New York: Harper & Row, Publishers, 1982), p. 20.

36) Helen Caldicott, *War in Heaven* (New York: The New Press, 2007); Joan Johnson-Freese, *Space Warfare in the 21st Century: Arming the Heavens* (London: Routledge, 2016); 및 Neil deGrasse Tyson, *Accessory to War: The Unspoken Alliance Between Astrophysics and the Military* (New York: W. W. Norton & Company, 2018).

37) Canan, *War in Space*, pp. 19-21.

38) Presidential Decision Memorandum 37, May 13, 1978.

39) 이 글을 쓰는 2020년 현재 109개국이 우주 조약에 서명하고 비준을 완료했다. 약 24개국이 서명했지만 아직 비준 절차를 완료하지 않은 국가도 있다.

40) Robert Axelrod and Robert O. Keohane, "Achieving Cooperation Under Anarchy: Strategies and Institutions," in David A. Baldwin, ed., *Neorealism and Neoliberalism* (New York: Columbia University Press, 1993), p. 110.

41) Albert Legault, "The Missile Technology Control Regime," in David Dewitt, David Haglund, and John Kirton, eds., *Building a New Global Order* (Oxford University Press, 1993), p. 362.

42) Kristina Lindborg, "Hypersonic Missiles May Be Unstoppable. Is Society Ready?" *The Christian Science Monitor*, May 18, 2020.

43) 이 훈련에 대한 개요는 다음을 참고: Sydney J. Freedberg, Jr., "AI & Robots Crush Foes in Army Wargame," *Breaking Defense*, December 19, 2019.

44) John Arquilla, "Can Information Warfare Ever Be Just?" *Ethics and Information Technology*, 1, 3 (1999), pp. 203-12. 다음 문헌에서 재출판: Joel Rudinow and Anthony Graybosch, eds., *Ethics and Values in the Information Age* (London: Wadsworth, 2002).

5. 밝은 미래를 향하여

1) Steven Levy, *Crypto* (New York: Penguin Books, 2001).

2) Everett M. Rogers, *Diffusion of Innovations, 5th edition* (New York: The Free Press, [1962] 2003).

3) 1893년 논문은 다음의 문헌에서 인용: Frederick Jackson Turner, *The Frontier in American History* (New York: Holt, Rinehart and Winston, [1920] 1948), pp. 3-4.

4) S. L. A. Marshall, *Crimsoned Prairie: The Indian Wars* (New York: Scribner, 1972).

5) 도적단의 유형에 대해서는 다음 문헌을 참고: Eric Hobsbawm, *Bandits, revised edition* (Boston: Little, Brown [1969] 2000), 특히 pp. 19-25.

6) *Ibid.*, pp. 16-17.

7) Bernard Pares, *A History of Russia, definitive edition* (New York: Alfred A. Knopf, [1926] 1966). 인용은 pp. 121, 176-7.

8) R. V. Russell, *The Tribes and Castes of the Central Provinces of India, Vol. III* (London: Macmillan, 1916), pp. 237-9, 474.

9) Frank Kitson, *Low Intensity Operations* (London: Faber, 1971), p. 65. 강조 추가.

10) J. P. Carlin and G. M. Graff, *Dawn of the Code War: America's Battle Against Russia, China, and the Rising Global Cyber Threat* (New York: PublicAffairs, 2018), p. 81.

11) 2013년에 실시된 설문조사와 미국 국립과학아카데미 및 Pew Research Center에서 수행한 최근 결과에 따랐다.

12) Leon Panetta, with Jim Newton, *Worthy Fights: A Memoir of Leadership in War and Peace* (New York: Penguin Press, 2014), p. 432.

13) John Arquilla, "From Blitzkrieg to Bitskrieg: The Military Encounter with Computers," *Communications of the Association for Computing Machinery*, 54, 10 (October, 2011), pp. 58-65.

14) Robert R. Leonhard, *The Principles of War for the Information Age* (Novato, CA: Presidio Press, 2000).

15) Douglas A. Macgregor, *Breaking the Phalanx: A New Design for Landpower in the 21st Century* (New York: Praeger, 1997).

16) Walter Millis, *Arms and Men: A Study in American Military History* (New York: G. P. Putnam's Sons, 1956), p. 6.

17) Eliot A. Cohen and John Gooch, *Military Misfortunes: The Anatomy of Failure in War* (New York: The Free Press, 1990).

18) Conflict Data Tracker of the Council on Foreign Relations, www.cfr.org.

19) Kenneth N. Waltz, *Man, the State, and War* (New York: Columbia University Press, 1959), p. 236.

20) Harlan K. Ullman, James P. Wade, and L. A. Edney, *Shock and Awe: Achieving Rapid Dominance* (Washington, DC: National Defense University Press, 1996).

21) Brian M. Mazanec, *The Evolution of Cyber War: International Norms for Emerging-Technology Weapons* (Lincoln: University of Nebraska Press, 2015), p. 4.

22) 앞의 단락들과 스워밍에 대한 모든 논의는 이 주제에 대한 다음의 초기 연구를 바탕으로 함: John Arquilla and David Ronfeldt, *Swarming and the Future of Conflict* (Santa Monica: RAND, 2000).

23) Jack Weatherford, *Genghis Khan and the Making of the Modern World* (New York: Crown Publishers, 2004), p. 94.

24) Michael Maclear, *The Ten Thousand Day War: Vietnam 1945-1975* (New York: St. Martin's, 1981), p. 205.

25) 이런 발전은 Lindborg의 다음 기사에서 확인 가능: "Hypersonic Missiles May Be Unstoppable."

26) 이 용어는 이란 해군에 복무했던 전직 이란 해군으로부터 알게 되었음

27) Jon Gambrell, "Amid US Tension, Iran Builds Fake Aircraft Carrier to Attack," *Associated Press*, June 10, 2020; 및 최근 글로서 "Iran Missiles Target Fake Carrier, US Bases on Alert," *Associated Press*, July 29, 2020.

28) 첫 인용은 다음 문헌을 참고: Russell F. Weigley, "American Strategy from Its Beginnings through the First World War," in Peter Paret, ed., *Makers of Modern Strategy* (Princeton University Press, 1986), p. 409. 두 번째 인용은 같은 저자의 *American Way of War* (New York: Macmillan Publishing Co., Inc., 1973), p. 35. Giap에 대한 구체적인 사항은 다음을 참고: Cecil B. Currey, *Victory at Any Cost: The Genius of Viet Nam's Gen. Vo Nguyen Giap* (London: Brassey's, 1999).

29) David Kahn, *Seizing the Enigma* (Boston: Houghton Mifflin, 1991)

30) John Diebold, *Managing Information: The Challenge and the Opportunity* (New York:

American Management Association, 1985), pp. 99-100. 강조 추가.

31) Carl von Clausewitz, *On War*, ed. and trans. Michael Howard and Peter Paret (Princeton University Press, 1976), p. 147.

32) Bertram Gross, *The Managing of Organizations* (Glencoe: The Free Press, 1964).

33) Alvin Toffler, *Future Shock* (New York: Random House, 1970), p. 301.

34) Jacquelyn Schneider, "Who's Afraid of Cyberwar?" *Hoover Digest*, 2 (Spring 2020), p. 102.

35) Department of Defense General Counsel, "An Assessment of International Legal Issues in Influence Operations" (May, 1999), p. 47.

36) Warwick Ashford, "US Joins UN Cyber Arms Control Collaboration," *Computer Weekly*, July 20, 2010.

37) Howard Schmidt, "Defending Cyberspace: The View from Washington", p. 49. 이에 관한 나의 반박은 "The Computer Mouse that Roared: Cyberwar in the Twenty-first Century"에서 확인할 수 있다. 두 기고문은 모두 다음의 저널에 실렸다. *The Brown Journal of World Affairs*, 18. 1 (Fall/Winter, 2011).

38) Roger C. Molander, Andrew S. Riddile, and Peter A. Wilson, *Strategic Information Warfare: A New Face of War* (Santa Monica: RAND, 1996). 전략적 공격 유형의 사이버전에 관한 또 다른 연구로는 다음을 참고: Gregory Rattray, *Strategic Warfare in Cyberspace* (Cambridge, MA: The MIT Press, 2001).

39) Carlo Cipolla, *Guns, Sails, and Empires: Technological Innovation and the Early Phases of European Expansion* (New York: Random House, 1965). Jarad Diamond, *Guns, Germs, and Steel: The Fates of Human Societies, revised edition* (New York: W. W. Norton & Company, 2005).

40) J. F. C. Fuller, *Armament and History* (New York: Charles Scribner, 1945), p. 176.

41) Thomas C. Schelling and Morton H. Halperin, *Strategy and Arms Control* (New York: The Twentieth Century Fund, 1961), p. 1. 강조 추가.

42) 공중 전투에 관한 논의와 인공지능의 승리가 갖는 윤리적 의미에 대해서는 다음의 문헌 참고: Will Knight, "A Dog Fight Renews Concerns about AI's Lethal Potential," *Wired*, August 25, 2020.

43) Elizabeth L. Eisenstein, *The Printing Press as an Agent of Change* (Cambridge University Press, 1980).

44) Elting E. Morison, *Men, Machines, and Modern Times* (Cambridge, MA: The MIT Press, 1966), p. 209.

45) *Ibid.*, Morison의 후속 논의에 대한 인용문과 요약은 p. 214.

46) John Markoff, *Machines of Loving Grace: The Quest for Common Ground between Humans and Robots* (New York: HarperCollins/Ecco, 2015).

47) Morison, *Men, Machines, and Modern Times*, p. 220.

48) 이 사례에 대한 훌륭한 설명은 다음의 글을 참고: Christine Armario, "Colombia's Medellín Emerges as Surprise COVID-19 Pioneer," *Associated Press*, June 14, 2020.

49) 이러한 그룹과 좌절된 음모에 대한 정보는 대부분 기밀로 유지되고 있으나 일부는 다음 문헌에서 확인

가능: Eric Schmitt and Thom Shanker, *Counterstrike* (New York: Henry Holt and Company, 2011). ch. 7, "The New Network Warfare." 참고.

50) 이에 관하여는 다음의 글을 참고: Dan Sabbagh, "Cyber Security Review May Spell End for Huawei 5G Deal," *The Guardian*, May 24, 2020.

사항색인

비트전: 사이버전의 혁신

저자 소개

John Arquilla

John Arquilla는 미국 해군대학원(The United States Naval Postgraduate School)의 석좌교수로 30년 이상 군사 및 안보 분야 연구자로 활동하면서 사이버 담론 형성에 기여하고 있다.

역자 소개

윤상필

윤상필은 고려대학교 정보보호대학원 연구교수로 사이버전과 사이버안보, 개인정보보호와 프라이버시, 데이터와 인공지능에 관한 법제도 연구를 주로 수행하고 있다. 광운대학교에서 법학을 전공하고 고려대학교 정보보호대학원에서 공학박사학위를 취득하였다. 저서로 사이버보안취약점의 법적 규제(박영사, 2022)가 있다.

ssangbbi@korea.ac.kr

김법연

김법연은 고려대학교 정보보호대학원 연구교수로 데이터 정책 및 개인정보보호, 사이버보안 법제도 및 인공지능 규제에 관한 연구를 주로 수행하고 있다. 광운대학교에서 법학을 전공하고 고려대학교에서 공학박사학위와 법학박사학위를 취득하였다.

kby82@korea.ac.kr

권헌영

권헌영은 고려대학교 정보보호대학원 교수로 전자정부와 디지털 혁신, 개인정보보호와 사이버보안, 데이터 및 인공지능 정책에 관한 연구를 수행하고 있다. 연세대학교에서 법학박사학위를 취득하였다. 한국인터넷윤리학회, 사이버커뮤니케이션학회, 한국IT서비스학회 회장 및 대통령 소속 전자정부특별위원회 전문위원, 4차산업혁명위원회 위원 등을 역임하였다. 현재 한국정보보호학회 부회장, 한국사이버안보학회 부회장 및 대통령 소속 디지털플랫폼정부위원회 정보보호분과 위원장으로 활동 중이다.

khy0@korea.ac.kr

한국해양전략연구소 총서 106
비트전: 사이버전의 혁신

초판발행   2024년 6월 26일

지은이   John Arquilla
옮긴이   윤상필·김법연·권헌영
펴낸이   안종만·안상준

편 집   윤혜경
기획/마케팅   김한유
표지디자인   BEN STORY
제 작   고철민·조영환

펴낸곳   (주) 박영사
             서울특별시 금천구 가산디지털2로 53, 210호(가산동, 한라시그마밸리)
             등록 1959.3.11. 제300-1959-1호(倫)

전 화   02)733-6771
f a x   02)736-4818
e-mail   pys@pybook.co.kr
homepage   www.pybook.co.kr
ISBN   979-11-303-1993-3 93340

* 파본은 구입하신 곳에서 교환해 드립니다. 본서의 무단복제행위를 금합니다.

정 가   17,000원